图书馆管理与服务创新研究

张译文 著

张译文 著

中国商务出版社
CHINA COMMERCE AND TRADE PRESS

图书在版编目（CIP）数据

图书馆管理与服务创新研究 / 张译文著． -- 北京：
中国商务出版社，2021.12
ISBN 978-7-5103-4132-8

Ⅰ．①图… Ⅱ．①张… Ⅲ．①图书馆管理－研究②图
书馆服务－研究 Ⅳ．① G251 ② G252

中国版本图书馆 CIP 数据核字（2021）第 244100 号

图书馆管理与服务创新研究
TUSHUGUAN GUANLI YU FUWU CHUANGXIN YANJIU
张译文　著

出　　版：中国商务出版社
地　　址：北京市东城区安定门外大街东后巷 28 号　　邮编：100710
责任部门：教育事业部（010-64283818　　gmxhksb@163.com ）
责任编辑：刘姝辰
总 发 行：中国商务出版社发行部 （010-64208388　64515150 ）
网购零售：中国商务出版社考培部 （010-64286917）
网　　址：http://www.cctpress.com
网　　店：https://shop162373850.taobao.com/
邮　　箱：cctp6@cctpress.com
印　　刷：北京四海锦诚印刷技术有限公司
开　　本：787 毫米 ×1092 毫米　1/16
印　　张：12.25　　　　　　字　　数：260 千字
版　　次：2022 年 8 月第 1 版　　印　　次：2022 年 8 月第 1 次印刷
书　　号：ISBN 978-7-5103-4132-8
定　　价：50.00 元

前　言

21 世纪是知识经济的世纪，信息、知识在促进经济和社会发展方面将发挥越来越重要的作用。科学技术正突飞猛进，迅速改变着这个世界，以知识和信息为基础，竞争与合作并存的全球化的市场经济正在形成，发达国家科技进步对经济增长的贡献已经超过了其他生产要素贡献的总和，人类的未来和国家的繁荣比以往任何时候都更加依赖创造和应用知识的能力与效率。而图书馆是聚集知识和信息的大宝库，如何使它所容纳的各种各样的知识与信息转化为现实的生产力，这就需要图书馆的创新管理。实际上，图书馆在适应社会的不断发展中，始终伴随着自身的进步与创新。

创新管理是图书馆管理工作的必要途径。图书馆是知识的海洋，对读者素质的提升起着重要的作用。图书馆优质的服务和广阔的知识，是读者获取知识的主要场所，这样既可以提升自我修养也可以增长知识，为社会的发展做出贡献。创新管理有利于图书馆管理工作的有效开展。

书籍的管理创新是为了增加图书馆的实力，是提升图书馆影响力的重要因素。在创新管理的推进下，图书馆管理工作必须要有创新的理念，才能满足读者的需求。所以增加书籍的管理创新，是非常有必要的。

在新形势下，创新管理是每个图书馆提升服务质量和服务水平的必要措施。图书馆的创新管理制度能够使图书馆的发展与社会的发展同步，紧跟时代的发展，以扩大图书馆的服务范围为核心，创新的管理制度能够让管理人员更加优质地为每一位读者提供更高效的服务。

所以本书在此基础上从不同方面，对图书馆的资源、质量、服务等进行创新管理，并且还论述了新媒体环境下图书馆的服务创新，对图书馆管理人员的管理和发展也进行了阐述。本书可为新时期图书馆管理工作提出建议和发展方向。

本书在著作过程中参阅了大量文献资料，在此，对相关作者表达诚挚的谢意。由于时间与精力所限，书中难免存在不足之处，恳请读者和同行批评指正。

目 录

第一章　图书馆管理 ………………………………………………………… 1

　　第一节　图书馆管理概述 ………………………………………………… 1

　　第二节　图书馆管理的主要原理 ………………………………………… 4

　　第三节　图书馆管理的内容和方法 ……………………………………… 7

　　第四节　图书馆管理的原则和意义 ……………………………………… 14

第二章　图书馆的管理与创新 …………………………………………… 17

　　第一节　图书馆管理科学理念的应用 …………………………………… 17

　　第二节　图书馆管理的创新 ……………………………………………… 25

第三章　图书馆资源管理 ………………………………………………… 43

　　第一节　图书馆资源的内涵 ……………………………………………… 43

　　第二节　图书馆资源的类型 ……………………………………………… 52

　　第三节　图书馆资源管理目标 …………………………………………… 62

　　第四节　现代图书馆资源战略管理 ……………………………………… 63

第四章　图书馆全面质量管理与策略管理 …………………………… 81

　　第一节　全面质量管理概述 ……………………………………………… 81

　　第二节　图书馆全面质量管理分析 ……………………………………… 85

　　第三节　策略规划的基本含义 …………………………………………… 88

　　第四节　图书馆策略规划 ………………………………………………… 92

第五章　图书馆人力资源管理与馆员职业生涯规划 ……………… 104

　　第一节　图书馆工作人员的教育培训 ……………………………… 104

　　第二节　图书馆志愿服务人员的教育培训 ………………………… 109

　　第三节　图书馆馆员自身专业生涯管理 …………………………… 113

第六章　图书馆服务 ………………………………………………… 122

　　第一节　图书馆服务理念 …………………………………………… 122

　　第二节　图书馆服务组织 …………………………………………… 127

　　第三节　图书馆服务用户 …………………………………………… 131

　　第四节　图书馆服务资源 …………………………………………… 137

　　第五节　图书馆服务环境 …………………………………………… 143

第七章　新媒体技术在图书馆服务中的应用 ……………………… 150

　　第一节　新媒体对大众阅读行为的影响 …………………………… 150

　　第二节　网络媒体在图书馆服务中的应用 ………………………… 159

　　第三节　手机媒体在图书馆服务中的应用 ………………………… 163

　　第四节　数字电视在图书馆服务中的应用 ………………………… 168

第八章　新形势下图书馆服务创新 ………………………………… 173

　　第一节　大数据时代图书馆服务变革与创新 ……………………… 173

　　第二节　新技术在图书馆服务中的应用 …………………………… 176

　　第三节　图书馆服务创新动力机制 ………………………………… 179

　　第四节　图书馆空间再造创新服务 ………………………………… 183

参考文献 ……………………………………………………………… 188

第一章 图书馆管理

第一节 图书馆管理概述

一、图书馆

（一）图书馆的定义

图书馆是收集、整理、收藏图书资料，以供人们阅读、参考的公共机构，是由馆舍、文献和人员共同构成的综合体。在图书馆中，人是活动的主体，图书馆中的各项活动都是以人为中心开展的。图书馆中的馆员是内部群体，读者是外部群体，两者之间在工作中的默契与配合，才能使得图书馆的工作正常开展，使图书馆的社会功能得以体现。具体来说，图书馆的定义可以从以下几个方面去考虑：第一，图书馆是一个信息交流与管理的系统；第二，图书馆是一个动态的系统，它的职能、机构、形态随着时代的变化而变化；第三，图书馆是一个公共性的科学、教育、文化、服务机构，是专门为公众服务的社会组织；第四，图书馆通过为所有的读者服务，从而达到为经济基础和上层建筑服务的目的；第五，图书馆的主要功能可以概括为管理信息和交流信息，并使其增值。

（二）图书馆的本质

图书馆的本质是图书馆学研究的根本问题，在图书馆诞生之初就随之产生。关于图书馆的本质，在学术界一直存在争议，各位专家、学者都提出了不同的看法和观点，概括起来主要有以下几种：

1. 知识、技术、社会三者统一说

图书馆的本质是知识本质、技术本质和社会本质三者合一的统一体。这个三合一的统一体是由精神层面的知识本质、技术层面的物质本质和社会层面的社会本质三个层次构成。

2. 变化是图书馆的本质属性

变化是图书馆特有的本质属性，它运用马克思主义本体论和方法论对图书馆的本质属性进行了分析。图书馆犹如一个生命有机体，通过不断地变化自身来适应社会的需要。因此，不断适应并发展是图书馆的基本特征和存在方式。

二、图书馆管理文献研究

国外对于图书馆的管理研究主要体现在以下几个方面：第一，将相关学科的理论与实践引入图书馆管理中的研究；第二，对于数字图书馆的研究；第三，对于图书馆管理人员及组织方法等问题的研究；第四，对于图书馆具体业务问题的研究；第五，对于图书馆知识管理的研究；第六，对于图书馆多元文化服务管理的研究。值得注意的是，以上研究不是国外图书馆管理的全部研究，还包括图书馆的管理营销、图书馆的服务质量，以及图书馆的人力资源等，这些都是图书馆应该研究的内容。

随着经济的发展、技术的进步，人们对于图书馆的管理实践也提出了更高层次的需求，这就使得图书馆越来越重视对于管理实践的研究，也使得馆际之间的交流更为密切。20 世纪末期，国内关于图书馆管理的论文就有 3000 多篇，这是图书馆管理研究的一个重大突破，也正是这些论文推动着图书馆管理研究不断地向前发展。

三、图书馆管理相关概念

（一）图书馆管理的定义

图书馆管理作为管理中的一种，是在遵循图书馆工作客观规律的基础上，通过计划、组织、领导、协调等手段，对馆藏资源、人力、物力、技术、设备资金等，进行合理配置和有效利用，以达成图书馆既定目标的活动。

（二）图书馆管理系统

针对图书馆的管理范围和业务特点，人们推出了可以系统监测国民经济发展的状况；利用过去的数据预测未来的发展趋势和发展状况；从企业发展的全局出发，对企业的发展进行辅助管理；利用信息控制企业的发展行为，从源头上对企业进行宏观调控；帮助企业实现其规划的目标。在管理的过程中，图书馆综合运用了多种学科知识，如统计学、计算机学、系统学、运筹学等，这些知识的运用使得图书馆管理系统更加科学。通俗地讲，图书馆管理系统包含三大管理要素：系统的观点、计算机的应用以及数学的方法。它的结构主要由四个部分所构成：信息源、信息处理器、信息用户、信息管理者。

（三）图书馆管理制度

图书馆管理制度是图书馆在建馆之初就应该制定下来的，并且需要全馆人员严格遵守的规章制度。图书馆的管理制度包含很多方面，如图书馆的借阅制度、图书馆按期归还制度、图书馆音像资料使用制度、图书馆遗失赔偿制度等，这些制度的制定保证了图书馆可以有序地运行下去。

（四）图书馆馆长

人们在提到图书馆管理的时候，往往会先想到图书馆的管理制度、图书馆的管理目标、图书馆的管理质量、图书馆的管理方法等，但是人们会经常忽视图书馆的一个重要组成部分——图书馆馆长。事实上，从 20 世纪开始到现今，图书馆管理的核心一直都是图书馆馆长，简单地说，图书馆的实际管理人就是图书馆馆长，馆长的行政水平决定着图书馆管理的发展方向，甚至决定着一个图书馆的好坏。所以，在讨论图书馆管理的时候不应该忽略这个重要因素，而应该将这个要素放在突出的位置上，如果忽略图书馆管理就只会存在理论价值而没有实践价值。

（五）图书馆管理员

简单地说，图书馆管理员其实就是对图书进行管理的人员，主要负责图书馆的部分选书工作、辅助图书的采购；对书刊进行分类，并需要将用户阅读后的图书复归原位；对图书馆进行管理，包括核对查阅者的身份、维护图书馆的馆内秩序；需要在一定程度上解答用户的疑难问题，或者帮助用户借助图书馆的检索工具对问题进行检索，最终获得问题的答案。

（六）图书馆管理对象

按照系统论的观点，人们会发现世界上的一切事物都可以被视作系统，宇宙、人类社会等，由于给定的参照物不同，而分属于不同的系统。所以，人们可以看出在一个系统内会存有多个子系统，当每个子系统都能达到最优解的时候，整个系统才能处于最优的状态。总的来说，现代图书馆的管理对象就是图书馆系统，而现代图书馆系统是由建筑、人员、文献资料、设备和技术等组成，所以现代图书馆的管理对象间接上就是对这些要素的管理。现代图书馆的管理目的就是根据图书馆的既定目标，对这些要素进行合理的组织设计，并选择最优的组合方法，使之成为一个真正优化的整体，并在最大限度上提高图书馆的系统功能。图书馆管理系统是一个开放的、多元的系统，它可以与外界进行物质、信息的交换，可以源源不断地将已经吸收的知识传送给用户，使用户获得最大的收获。概括地说，人类增长的知识与才干是图书馆系统输入的结果；对外提供的文献信息以及服务是图书馆系统对外输出的结果，正是因为图书馆系统具有开放性的功能，才使得它可以为社会所用。

第二节　图书馆管理的主要原理

一、原理诠释

原理是事物发展的本原及道理，是事物发展的最普遍、最基本的规律。哲学上讲事物是客观存在的事物，运动是客观事物存在的根本方式，如果没有运动，客观存在的事物也将不会存在，所以可以说客观存在的事物与运动是辩证统一的关系，两者之间既相互作用又相互制约。或者可以说，原理是事物存在的规律体现，同时也是事物发展的规律体现，更是事物存在和发展的基本规律体现，原理本身就包含事物的存在属性和运动属性。

在认识上，人们很难将原理和定律区分开来，但两者有着明显的不同，原理主要是陈述某些客观事实，用来揭示事物的本质规律；而定律是对某种或某类客观规律的总结，以便反映这类事物在一定时空下的发展变化。此外，有些定律是基于原理的基础上提出来的，具有概括性的特征。原理不同于原则，原则是规范人们生活、工作的准则，是一把标杆，引导、规范人们的行为。

二、图书馆原理诠释

（一）人本原理

人本顾名思义是就是以人为本，而图书馆的人本原理就是以人为本来进行管理。人本原理是指管理者要想达到既定的目标，那么所开展的一切组织活动都必须以人为前提，要把人的需求放在管理的第一位。管理的本质就是激励人们去实现既定的组织目标。管理作为一种特殊的社会活动，各种工作的开展都需要人去推动，所以在管理的过程中，管理者应该将人放在中心地位，并通过一系列的手段去激励人们行动。因此，在管理中要立足于人，要把人看作是管理的主要对象以及图书馆最重要的资源，这才是图书馆施行人本原理的关键。图书馆管理者要想充分调动人员的积极性，就需要遵守人本原理的几个原则。

1. 能级原则

管理意义上的能级具体体现在个人的能力上，这种能力不是管理本身所能决定的，而是取决于个人的先天素质（如智力）与后天努力（如专业知识、技能、职业道德素养、身体素质等）。换句话说，个人能力的大小是指个体对组织目标实现影响能力的大小。

在图书馆的管理系统中，各种管理的职能是不同的。图书馆的管理能级原则是指管理者根据管理功能将管理系统划分成不同的级别，并在其中添加相应的管理内容及其与之匹配的管理者，并为之建立各种标准和制度，形成严格的组织网络体系，使图书馆的管理活动可以有序地进行。随着用户对图书馆服务需求的日益增加，人们会发现很多图书馆把建立合理的能力作为图书馆优化管理的重要内容。

图书馆管理的能级必须按层次具有稳定的组织形态。通常情况下，相对稳定的组织形态向人们呈现的是三角形的形态，三角形之所以稳定是因为它上面具有尖锐的锋芒，但是它也具有宽厚的基础。图书馆管理的三角形呈现四个层次，最高层是图书馆的领导层，也可以说是决策层，它可以决定图书馆的发展方向；第二个层次是图书馆的管理层，这个层次主要起到上传下达的作用；第三个层次是图书馆的执行层次，主要执行管理层传达的指令，可以直接调动人员进行工作；底层是操作层，是指图书馆各岗位的操作人员，负责具体执行各项基础任务。

图书馆管理的不同能级都有不同的权利、职责，在管理的过程中不同能级需要根据自身具有的权利和职责开展工作，所谓在其位，谋其政。现代的图书馆管理需要使各个岗位人员处于相应的能级之上，但是需要关注各个岗位上的人员与能级的匹配程度，所以必须组织培训，使各岗位上的人能不断适应日新月异的变化，使之能动态地实现能级对应，这样才可以发挥管理的最大效用。

2. 动力原则

任何事物的运动都需要动力的支持，动力越大，运动就会越快越持久，如果动力太小就会使运动停滞不前。管理运动包含两个相互联系的问题，即动力源与动力机制。管理的动力源是指从事管理活动的人在管理的过程中产生的种种需求，如对于制度的需求等。管理的动力机制是指一种确定的刺激、引发、导向、制约动力源的条件机制。一个合理的动力机制，最开始需要把动力源激发出来，同时引导人们朝着指定的方向前行，这样才能推动组织目标的顺利实现。总体来说，图书馆管理的动力源主要有两种类型，包括从动力源角度划分的物质动力和精神动力；从动力机制角度划分的信息动力。

（二）系统原理

系统一词来源于英文单词"system"，可以说是英文单词翻译过来的词汇，系统是指将零散、杂乱的东西通过有序的排列、整理形成的具有整体性的统一体，并且系统各要素之间是相互作用和相互配合的。在宇宙中，任何事物都是依托系统而存在，可以说任何事物都离不开系统。从组成要素的性质来看，系统可以划分为自然系统和人造系统。自然系统是指物质世界的一切系统，包括非生命系统（如气象系统）和生命系统（如生物系统、生态系统），这是按照有无生命体征划分的。人造系统也可以称之为人工系统，是人类为达到某种目的而建立的系统，如交通系统、物流系统、航空系统等。

系统主要具备以下四个特征，即目的性、整体性、层次性和相关性。所谓系统的目的性是指整个图书馆系统的建立需要有一个共同的目标，目标不同就难以形成一个稳固的系统，这可以说是系统建立的前提条件。所谓整体性是指每个系统都不是独立存在的，它是由若干个子系统组成的，作为系统的组成部分，每个子系统之间都会相互影响、相互作用。因此，系统在建立的时候应该着眼全局，并需要从系统的整体出发，不能一概而论。所谓系统的层次性是指系统内部的子系统具有不同的功能，每个子系统都会有自己的主系统，这就表明子系统之间存在上下层次的关系，这种层次的关系不是只在一个系统中体现，在所有系统中都是普遍存在的。所谓相关性是指系统中各个要素之间都会存在相互联系、相互辅助的关系，它一方面可以表现为子系统与系统之间的关系，即子系统的存在会以系统的存在为依托；另一方面表现为子系统与内部系统之间不仅会相互联系，而且还表现出相互制约的关系。如果将图书馆作为一个完整独立的系统，用现代管理的理论指导学者对其进行分析，会发现图书馆的系统主要分为以下几个方面：

第一，系统要素。系统要素是指构成图书馆系统的组成成分以及构建图书馆组成的相关条件。第二，系统结构。系统结构是指构成图书馆系统各部分的组成方法以及相互关系。第三，系统功能。系统功能主要表现为系统整体与局部功能的总和。第四，系统联系。系统联系是指系统内部各个子系统与主系统之间的联系以及子系统与子系统之间的联系。第五，系统历史。系统历史是指图书馆系统产生及发展的过程史。

同样，图书馆系统是由不同层级的子系统组成的，各个子系统需要在各自的岗位上发挥应有的功效。高级子系统的主要任务是向下传达系统的指令，最后考核该层级子系统对于指令的完成情况；低级的子系统需要完成上一层级布置的任务，并在相关层级子系统的帮助下共同完成。所以，在图书馆系统的管理过程中需要协调好各个层级的子系统，必要时需要相关制度来配合执行，防止各部门在执行的过程中出现相互推诿的现象。

（三）动态原理

图书馆管理系统具有动态性的特征，所以管理人员在对系统进行管理的时候必须根据系统内部的发展关系、变化关系以及诸要素之间的关系进行有序的管理。此外，在管理的过程中需要对管理中遇到的问题进行反馈，也就是要做到闭环，在管理的各个环节尤其是重要环节要对目标进行管理，以确保这个目标可以顺利地实现，这个就是管理的动态原理。

动态原理的实质就是由系统的动态性特征决定的，而动态性特征又决定图书馆管理的灵活机动与留有余地，只有这样才能使管理具有应变各种问题的能力，才能保证目标的顺利实现。动态原理既要求管理者根据图书馆的实际情况采取灵活机动和留有余地的动态管理，又要求管理者在管理的过程中讲求效率。因而，作为图书馆的管理者，在以动态原理为指导原则的情况下，应该随时观察系统的时空变化特征。此外，管理者在观察的过程中还应该注意以下几点：

1. 注重时空的互换性

在系统的运动过程中，一定条件下时间因素通常可以转化为空间因素；反之，在一定条件下空间因素也可以转化为时间因素。例如，在一段时间内图书馆馆员总会感觉自己的时间有限，工作总是非常多，这个时候人们就会发现不是这个人的时间有限，而是他所从事的工作太多了，活动的范围也相对加大了，即这时的时间转化为空间。相反的是，如果某个图书馆的岗位常常是无事可做，那么这个岗位上的员工就会感觉时间过得非常漫长，日子很难打发，实际上是因为这个人的工作很少，他的活动范围变小了，可以说这时空间转化成了时间。

2. 注重时空的相对性

哲学上常常会把时间和空间的依存关系看成是事物的演化秩序，时间和空间是彼此联系的，时间不能离开空间而存在，空间也不能独立于时间而存在，可以说两者是相辅相成的关系。从这方面来看，人们会发现时间加长的时候空间就会被挤压；相反，当空间加大的时候时间就会被压缩。例如，图书馆的开放时间。如果没有时间的限制，图书馆可以延长开馆的时间，但这种服务模式是被动的，相当于等客上门，所以图书馆可以采取新的服务模式，如主动将书送到用户手中。

第三节 图书馆管理的内容和方法

一、图书馆管理的内容

根据图书馆管理的相关概念，图书馆是对馆内人、财、物以及时间、资源的有效管理，因而，作为管理的主要对象，人、财、物以及时间、资源等是图书馆管理的主要内容。

（一）人员管理

人员管理的目的是规范馆员及其他工作人员的行为，保证图书馆功能的正常发挥，以为读者提供良好的服务质量。人员管理要坚持人本思想，在以人为本理念的指导下，充分发挥馆员的能动作用，使其形成"读者第一"的服务意识，从而塑造图书馆背景文化及人文精神。此外，人员的管理还包括对馆内人员综合素质的培养，通过专业培训，使之成为"四有人才"，为图书馆可持续发展奠定坚实的基础。为保证人员管理的有效性，人员管理离不开相应的管理机制，在人员管理的方法上，需要建立公平、公正的竞争机制，同时兼顾物质与精神相结合的激励政策，以最大限度地调动人员的积极性。

（二）经费管理

经费是图书馆建设和发展的基础，是图书馆人力、物力资源开发的条件。因而，对经费的有效管理显得尤为必要，它是实现图书馆可持续发展的保障。经费管理即是对资金的安排与利用，是依据国家财政政策法规，运用现代财务管理理论，对现有资金进行合理的计划、分配，同时，经费管理还包括对经费使用情况的监督，以保证资金利用的有效性。建立在资源共享基础上的馆际合作，避免了资源的重复浪费，以最少的资金实现了资源的最大化利用，是节约经费的重要举措，有利于图书馆经费经济与社会效益的发挥。作为教育科研公益性学术机构的图书馆，其经费来源主要是国家政府财政拨款，而随着市场经济的发展，其来源渠道逐渐变得多元化。

（三）设备管理

设备属于资源的范畴，是图书馆资源的一部分。设备通常包括硬件设备与软件设备。早期图书馆设备主要以书架及桌椅为主；随着社会的进步，尤其是在现代化飞速发展的阶段，当前图书馆设备主要为各种现代化的设施，包括计算机、网络设备，打印、复印设备，音频、视频设备，等等，它与读者服务质量密切相关。设备管理水平直接影响图书馆工作的正常运行，因而，对设备的管理也是图书馆管理的一项重要内容。在图书馆管理中既要物尽其用，又要注意维修、保养。设备的管理是一个系统的整体性工作，贯穿设备购置、保管、使用及维修各环节。在采购设备之前，制订严格的采购规划，做到因需购置，落实设备的验收、安装，避免设备闲置造成不必要的浪费。在保管、使用及维修阶段，应严格掌握操作规程，做好运行记录，及时检修、维护，做到设备管理的科学化与规范化。

（四）馆藏管理

馆藏建设与管理是图书馆发展的灵魂，是图书馆服务的前提。图书馆馆藏是对其所收集文献的总和，其内容主要包括图书馆传统的纸质图书文献、信息情报资源、电子出版物，以及馆际可共享文献资源及经过下载、建库的网络文献信息资源，是经过馆员采集、加工、整理后形成的规模化、有序化资源体系。馆藏管理的目的是防止资源的损坏及丢失，保障馆内资源的完整性，这就需要对馆藏资源进行定期清点、修复与补缺。具体来说，在实践中要针对不同载体，选择不同的管理模式。

对于馆藏的纸质文献资源，要根据读者需求明确馆藏的重点，管理上树立"读者第一"的观念，加强读者需求信息的收集。另外，注重图书采购人员专业素质的培养，保证藏书质量；严格掌握借还制度、赔偿制度，以提高纸质资源管理的效率。对于电子文献资源馆藏管理，一是加强图书馆网站的管理，实现网上资源共享；二是密切关注网上发布的学术信息，对相关信息进行深度加工和综合处理，方便读者及时获取文献资料；三是加强专业数据库的建设与管理，优化各类电子文献资源阅读与检索的程序，便于读者查找相对应的信息。

（五）时间管理

时间是构成管理系统的要素之一，对时间的有效管理，是提高管理效率的重要举措。对于图书馆而言，加强时间管理，就是科学、合理地安排与利用时间，在有限的时间内提高图书馆工作效率，为读者提供更多的服务；同时让读者在最短的时间获取更多有价值的信息，提高信息利用的有效性。信息技术的发展，使图书馆服务突破了时间与空间的限制，时间选择上更加自由。图书馆对时间管理，第一，要体现人性化的原则，开馆时间从读者需求出发；第二，对自身工作时间的安排，要根据馆内实际，结合先进设备的优势，合理分配各部门的工作时间，并针对读者的规律进行适当调整；第三，对图书借阅时间的管理，要制定规范的章程，严格执行；第四，对馆员工作效率的管理，通过启发引导，甚至教育、奖惩等形式，不断提高单位时间内的工作效率。

（六）环境管理

环境是人类赖以生存的基础，图书馆环境是图书馆存在与发展的必要条件，是影响图书馆活动内外条件的总和。图书馆是人类先进技术与精神文明传承的重要场所，承担着传递知识与文化的职能，是展现竞争力的关键，是读者自主学习、提高专业技能的第二课堂……因此，加强图书馆的建设，尤其是对图书馆环境的建设与管理是图书馆发展的重中之重。图书馆环境包括外部环境与内部环境两部分，外部环境主要有政治、经济、文化环境，自然环境，技术环境，等等；内部环境主要是图书馆人文环境与人工环境。对图书馆的环境管理，就是调节、改善各环节间的相互关系，使其共同为图书馆发展创造条件。对政治、经济、文化环境的管理，即围绕国家的方针政策，在图书馆的发展中，切实推进两个文明建设，为图书馆发展创造良好的物种与文化环境；自然环境的管理，是对图书馆选址与周围环境的管理，选择环境清雅、宁静的场所，同时加强绿化的管理，起到美化图书馆的作用；技术环境的管理，在当下主要是网络环境，加强网络的优化及网络安全的管理；图书馆内部人文环境的管理是针对馆内文化氛围的管理，为图书馆营造一个适合学习的、文化氛围浓郁的学习园地；人工环境管理即是对馆内设计、布局以及环境卫生的管理，为读者创造安静舒适的环境。

（七）知识管理

图书馆是对庞大信息进行管理的机构，对知识的管理，从其字面理解，即指对知识本身所进行的各项管理；而深层次的知识管理是在此基础上对其他相关资源的管理，是组织知识管理的范畴。这不仅是对知识搜集、加工、存储、传递过程的管理，还包括对工作内容的知识管理，组织管理工作开展过程中的知识管理。其最终目的是满足用户的需求，有针对性地提高图书馆的管理效率。随着信息技术的深入发展，图书馆知识管理，就是通过建立显性知识与隐性知识的互动平台，对其展开有效的开发与利用。通过收集大量信息资源，加以筛选、评价及序化，促进知识的共享与创新，这就要求图书馆在信息管理技术和知识环境等方面进行更新，从而为读者提供优质高效的知识信息服务。

（八）服务管理

图书馆以读者服务为中心，因而，服务管理是图书馆管理的重要组成。服务管理是对涉及服务各要素的有何安排与优化，以提高服务管理的水平与服务效果。社会的发展和技术的进步，对传统的图书馆服务模式带来了一定冲击，为更好地发挥服务的功能，图书馆有必要加强服务管理，在服务理念、方式与手段等方面创新，始终以"读者第一"的观念为导向，以"优质服务"为目标，服务资源的最大化利用为最终目的，借助现代化技术与手段，制定科学的服务管理战略，以"两个文明"加强馆员的思想建设及文化、素质修养。同时，根据服务效果的反馈，及时调整工作，以真正提高图书馆服务质量，使其服务管理得到社会各界的认可。

二、图书馆管理常见的方法

（一）行政方法

行政方法是指管理人员运用制度、规定、条例等行政手段，按照组织能级的层次，以服从为前提，直接指挥下个能级的人进行工作的管理办法。行政方法的实质是通过行政组织中的职务和组织职位来进行管理，它主要关注在能级岗位上的职责和职权，对个人的能力和特权不是特别看重。此外，各级组织机构在图书馆管理中都有严格的职责和职权范围，任何组织个人都应该严格遵守。在管理的过程中上级有权对下级传达指令，这是由高级别职位所决定的，下级必须服从上级下达的指令，这是因为在组织管理中有这样的要求。它具有以下几方面的特点：

1. 具有权威

行政方法在执行的过程中具有权威性，它代表着管理者和管理机构的权威。管理者在管理中的权威越高，他向下传达的指令执行得越快。所以，在图书馆管理的过程中，行政方法的发布与实施无疑是提高权威的前提，而权威也反向地增强了行政方法执行的力度。同时，管理者的权威不应该只靠这种方法去增强，管理者必须依靠自身的努力来增强在人们心中的权威。

2. 强制作用

管理者以及相关行政单位发出的指令、命令等，在发出的时候就具有强制作用，它要求人们必须无条件地执行，甚至会通过一系列的规章制度保证其顺利实施。行政方法的强制性要求人们在组织活动上必须为统一的目标服务，在行动上形成高度的一致，但允许人们在方法上保持"个性"。

3. 自上而下

行政方法主要是通过图书馆行政系统、行政部分、规章制度来实施管理活动的，因此它属于自上而下的纵向管理。这是因为人们只会对领导传达的指令给予执行，对与自己平级的指令是不会执行的，因此在管理的过程中行政方法的运用必须是自上而下，切忌横向传达。

4. 比较具体

相比于其他图书馆管理办法而言，行政方法往往比较具体，这是因为行政指令针对的对象、内容都是具体的，并且在实施的过程中也会因为具体的对象而对行政方法进行适当的调节。所以，任何行政指令都不是一成不变的，指令会根据时间、对象的不同而产生变化，这说明指令具有明显的时效性。

5. 不可补偿

行政方法适用于组织管理，上级组织人员对下级组织人员的人、货币、货物的使用和调度不是基于平等的原则，开展一切工作都是行政管理的需要，不需要考虑价值补偿的问题。

6. 相对稳定

行政管理方法始终适用于特定组织的管理系统范围。由于行政体制一般具有组织严密、目标统一、行动统一、调控力度强、对外部干扰抵抗力强等特点，所以运用行政手段进行管理可以使组织具有较高的稳定性。

（二）经济方法

1. 经济方法的含义

图书馆的经济方法是在调节和影响图书馆活动的范围内，在理解和遵守经济规律的前提下，并以经济利益为基础，使用经济手段和经济杠杆等方法，如工资、补贴、奖金、罚款、价格、经济合同等，其核心是落实物质利益原则。对于图书馆来说，管理者在管理过程中应该明白员工、部门和图书馆的利益是一致的。此外，在管理的过程中图书馆可以利用一切利益机制来激励人员以及各部门的行为，使其行为与图书馆的总体目标保持一致。

2. 经济方法的特点

经济方法是一种指导管理者追求经济利益，并通过利益机制间接指导管理者行为的管理方法。经济方法是依照个人和部门的平时表现与工作中热情度来综合考量，并给予可衡量的、相应的物质激励来肯定管理者的工作。

随着经济的发展，经济方法在人们生活中应用的范围越来越广。经济学的方法在社会中的应用非常广泛，各种经济手段之间的联系复杂且广泛，而且每一种经济手段的变化都会影响许多经济关系的连锁反应。更有甚者，它不仅会影响当前图书馆的经济管理，还会给图书馆的经济发展带来长久的影响。

第一，不同的管理对象适用于不同的经济方法，在管理中不能使所有的管理对象都使用一种经济方法，这样将会给工作的开展带来非常大的阻碍。因此，图书馆中涉及经济的部门和不涉及经济的部门不能使用同一种经济方法，图书馆管理人员需要找出适合各个部门的经济方法。第二，同一管理对象在不同的时间、地点下应该采取不同的经济方法，以满足当前形势的需要，不断为图书馆的生存和发展开辟空间。

3. 经济方法的基本任务

图书馆经济方法的基本任务是：第一，根据市场经济的客观要求以及图书馆长短期的工作目标对大量的经济信息进行分析和预测，以预测的结果来指导图书馆的经济发展；第二，帮助图书馆获得最大的经济利益；第三，在整个图书馆的工作中实行按劳分配；第四，对图书馆的各项资金进行合理的使用。

（三）法律方法

法律方法可以说成是规律原则，这是由国家权力机关以法律的形式将其固定下来的，这是用来调整国家、图书馆和个人之间的法律准则。在图书馆管理过程中运用法律方法可以最大限度地保障图书馆的秩序和权威性。因此，在执行上，人们可以看出它比行政方法更具有权威性和强制性。与行政方法、经济方法一样，法律方法也是图书馆管理的必要方法，但是法律方法在图书馆管理上更具稳定性，一般情况下不会发生变更。图书馆法律方法是指图书馆依据国家法律、地方法律、图书馆法律来管理图书馆，也就是依法治馆。在图书馆运用法律方法的时候一定要保证"有法可依、有法必依、执法必严、违法必究"这十六字方针。图书馆法律方法具有如下特点：

1. 阶级性和利益性

法律不同于一般的行政法规，它具有特殊的行为规范，体现着管理机构和管理者的意志。图书馆法律也属于法律的一种，其实质是为图书馆的管理管理者和管理机构服务的。因此，图书馆法律在一定程度上体现了管理者和管理机构的意志。

2. 强制性

法律方法相比于行政方法、经济方法来说更具有强制性，它是以国家的强制力保证其实施的，一经发布就具有法律效力，因此具有不可侵犯的权威性。图书馆在管理的过程中采用法律方法实质上就是采用强制力来保证目标的达成。与此同时，法律方法还具有普遍的约束力。

3. 规范性

法律方法的规范性主要表现在以下两个方面：一方面，法律方法告诉人们权利、义务的划分，告诉人们什么是合法的行为，什么是不合法的行为，什么是不可以做且违法的，什么是不可以做且违反行政规则的；另一方面，法律方法对全体的社会成员具有普遍的约束力，这就表明不论是管理者还是被管理者都应遵守图书馆的法律方法。此外，在法律方法中还应标明了人们的权利和义务，这将为管理层提供了可借鉴的标准。

第四节　图书馆管理的原则和意义

一、图书馆管理需要把握的原则

（一）坚持求实态度的原则

图书馆在开展工作的过程中要坚持实事求是的原则，这是图书馆开展一切工作的出发点和落脚点。图书馆管理要想在 21 世纪有新的发展，就需要在工作中尊重事实，一切工作都必须从实际出发，既不能一味地强调创新而忽略客观实际，也不能闭门造车。而是要将图书馆的管理工作同人类的发展、时代的发展、国家的发展结合起来，只有这样才能使管理符合人的发展需求，才能在工作中找到新的突破点。

（二）坚持开放式管理原则

21 世纪，图书馆面临着越来越严峻的挑战。随着社会的发展，人们对信息需求的时效性、便捷性要求更高，传统的图书馆已难以满足读者的需求。在此背景下，现代图书馆的观念发生了明显的转变，突破了传统观念的束缚。传统的图书馆注重收藏，轻视利用，而现代图书馆注重收藏和利用相结合；传统图书馆主要为封闭式的图书馆，对指定的人群进行开放，现代的图书馆逐渐向开放式转变，向越来越多的人开放；传统的图书馆管理方式比较落后，现代图书馆开始利用新技术、新手段实现自动化管理。这种观念的变化与新时期社会政治、经济、文化的发展相适应，满足科教、文化各项事业的现实需要。

（三）坚持科学决策原则

在大数据时代下，很多图书馆还在借助几个领导的知识能力来解决各种复杂的问题，这极易造成决策上的失误。这就要求图书馆改变原有的决策方式，在进行决策的时候图书馆可以借助大数据、云计算等先进的信息技术，从中抓取、检索各类非结构化数据，实现对情报信息的有序化加工、处理。之后，建立一支专业的智囊团队伍，集思广益地听取他们的意见，这样可以提高图书馆管理的效率，较少因考虑不周而带来的失误。此外，为了保证决策的科学性，在决策的时候可以参照前人的经验或与其他图书馆进行沟通，积极吸取他人的长处，并从他人缺点中反思自己，努力实现科学的决策。

（四）坚持以人为本管理理念的原则

不管社会如何发展，图书馆都应该始终坚持以人为本、以读者为中心的服务理念，尤其是有着沟通读者与图书馆纽带作用的馆员，更应该树立人性化的服务理念。馆员在图书馆读者服务中起着关键的作用，馆员的态度、行为与素质直接影响读者服务的质量，因此，在图书馆的发展过程中，图书馆馆员需要具备创新服务的意识，这就要求图书馆馆员在对图书馆进行管理的时候，做到尊重读者、爱护读者，把满足读者的阅读需求作为自己工作的中心和重点。同时，需要与读者建立良好的关系，将被动的服务变为主动的服务，这是因为图书馆传统的被动服务已无法满足读者现代多样化的需求，为此，图书馆应该与时俱进，在转变服务理念的同时，还应积极了解读者需求的变化，创新服务内容，自觉主动地为读者提供服务。尤其是作为馆员，要在工作中不断完善自身专业素养与技能，对馆藏资源进行分门别类的整理，便于查找，同时熟悉工作流程与业务，能够针对不同的读者、不同的需求，及时主动地为其提供所需的文献信息，从而真正发挥图书馆馆员的主观能动性作用。

（五）质量管理的理念

图书馆的馆藏资源是其赖以生存的主要基础，是图书馆服务读者的载体。随着互联网技术和电子储存技术的不断发展及广泛应用，图书馆的馆藏资源形式也发生了重要变化，由原来单一的纸质文献资料和图书变为由电子文献、纸质文献、网络资源等共同构成的图书信息资源库，极大地丰富了图书馆的馆藏资源，同时加强了读者获取信息的时效，但馆藏资源类型的丰富不可避免地带来了一些问题，如资料重复、检索方法复杂等。由于各类文献资料所依赖的技术环境不同，因此图书馆应该依据其不同的特性，对图书馆馆藏资源进行优化整合，增强信息资源的利用价值和利用效率，并通过分析研究，为用户提供更好的学习环境和研究环境，从而更好地为用户提供服务。同时，要广泛征询读者的图书需求取向，制订合理的文献资源购置方案，从而进一步提高图书馆的服务质量。

（六）知识管理的理念

知识是人类文明的产物，是人类对世界探索的证明。21世纪是知识高速发展的时代，这要求图书馆在管理的过程中对知识进行优化，这将使图书馆的馆藏资源具有持续的生命力，也可以在最大限度上满足不同用户的不同需求。

（七）开源和节流原则

长期以来，我国图书馆在各项内容建设都存在比较严重的资金短缺问题，由此导致各项建设的硬件投入、软件升级、系统维护、人员培训等都无法顺利地开展，以至于图书馆的现代化建设和运行面临着严重阻碍。在图书馆的建设中，需要图书馆领导做好设备、软件设计、维护以及升级等问题的经费保障工作，尽可能满足建设各个方面对于资金的需求。同时，图书馆还需要积极拓展资金来源渠道，可以申请专项经费或者社会科学基金的支持，遵循开源和节流并重的原则，用最少的资金办尽可能多的事情。

二、图书馆管理的意义

图书馆最基本的工作是图书馆的管理工作，管理者可以通过加强图书馆的管理让读者了解最新的知识和方法。在书刊的流通过程中，图书馆需要通过对课堂教学内容进行补充来提高教学的质量。然而随着经济的发展，图书馆仅仅依靠课堂上的知识是远远不够的，这需要用户自主进行知识的更新。图书馆在用户进行知识更新的过程中，可以为用户提供更加便利的学习条件，这将有利于用户扩大知识面、更新知识结构。此外，有效的图书馆管理将对青少年的教育起到重要的作用，有利于青少年形成健康的"三观"（世界观、人生观和价值观）。

图书馆的管理不仅对用户起到十分重要的作用，对人员素质的提高、社会的发展也起到了十分重要的作用，因此对图书馆施行有效的管理就显得十分必要。因此在管理的过程中就需要提高馆员的服务水平，因为只有让馆员从思想上提高服务意识，才能让他们认识到图书馆工作也是一项非常有意义的工作，才能从根本上转变态度，提高工作的积极性，全心全意为用户服务，才能对用户产生潜移默化的影响，才能推动社会的发展、国家的繁荣昌盛。此外，随着经济的发展，传统的图书馆服务受到了很大的冲击，表现为越来越多的商家进入图书馆领域，甚至在一定程度上替代图书馆行使社会功能，这就要求图书馆转变原来的管理模式，变被动为主动，采取多种形式的阅读活动，如开展面向青少年的阅读活动等。

第二章　图书馆的管理与创新

第一节　图书馆管理科学理念的应用

一、用科学发展观指导现代图书馆的管理

科学发展观是全面、协调、可持续的发展观。它是对马克思主义发展观的丰富和发展。人类社会的不断进步和高校图书馆自身的建设都需要科学发展观的引领。和谐社会的发展进步离不开文化的哺育与支持。图书馆作为社会文化发展和建设的重要组成部分，在构建和谐社会的主旋律下应加强自身建设，成为和谐的典范。构建和谐图书馆要体现以人为本。图书馆学家施莱格曾强调："人本价值观念是图书馆职业的核心。"以人为本、倡导人文关怀、实行人本管理、提供人性化服务是现代图书馆的发展方向。

（一）用科学发展观来统领图书馆的改革与发展

坚持以人为本，树立全面、协调、可持续的发展观，促进经济社会和人的全面发展。学习实践科学发展观，坚持用科学发展观来统领图书馆的改革与发展是目前图书馆工作的当务之急。

1. 树立"以人为本"的现代图书馆的发展观

学习实践科学发展观要求我们坚定以人为本的管理核心理念，也就是意味着把人视为组织中最重要的资源，图书馆一切管理活动都是围绕着如何认识人、选用人、教育人、留住人、服务人而展开的，人是图书馆最核心的资源和力的源泉，其他资源都应围绕着如何充分调动"人"这一核心资源、如何服务于人而展开，这是科学发展观的本质和核心，也是科学人才观的出发点和立足点。图书馆树立"以人为本"的发展观是信息时代图书馆向现代化纵深发展所追求的一种新型的服务理念，是图书馆为读者提供全方位、多样化服务模式的必然趋势，也是图书馆工作者管理创新追求的目标。所谓"以人为本"的服务，就是在图书馆服务的过程中体现以人为本的思想，以满足人的需求、实现人的价值、追求人的发展、体现人文关怀为最终目的。因此做到"以人为本"就是要坚持服务以育人为本，以读者为主体，坚持"以读者为本"。

2. 树立有效协调的现代图书馆的发展观

科学发展观着眼于全面发展，而不是偏颇一个或几个方面。作为一个整体，图书馆有着自己完整的业务链，只有当各业务链的节点有机地连接起来的时候，图书馆才能发挥整体的功能和效益。从业务链的角度来看，从采访、编目到流通、典藏，从一般咨询到课题或项目咨询，每一个环节之间都是相互联系的，因此在发展过程中，需要有全面、综合的考虑。科学发展观着眼于协调发展，它要求系统之间、部门之间不应该各自为政、相互抵触，而应该和谐互补、共同发展。因此，图书馆在运作过程中要把握好多方面的协调关系。一是要确保图书馆服务功能的协调发展；二是要确保图书馆的信息资源建设有效、协调发展。此外，图书馆在文献资源的购进、管理、开发等方面也必须做到有效的协调发展。

3. 实现可持续性的现代图书馆发展观

科学发展观要求图书馆管理者在规划和管理图书馆的时候，必须着眼于可持续发展。在资源采集上，要着眼于处理好当前需求与潜在需求之间的关系，不能仅满足于当前需求来采集资源；在资源管理上，要着眼于做好现代处理方式与未来处理方式的衔接，现在已经有许多资源描述的方式，图书馆要考虑与适应国际规范的新格式接轨；在资源服务上，要着眼于处理好当前利用与未来利用之间的关系，特别是一些珍贵或稀有资源，不能一味追求方便利用而缩短资源的寿命；在资源开发利用上，应根据服务对象的范围，开发出有特色的专业数据库并不断完善。此外，在人才的使用、设备（如存储设备等）的引进、馆舍的布局等方面均应克服一切短视行为，坚持可持续发展战略，以推动图书馆事业的健康发展。

（二）图书馆践行科学发展观的主要途径

1. "以人为本"开展人性化服务

科学发展观所要求的以人为本的核心内容是尊重人的特性和本质，把人作为手段和目的的统一体，其最终目标是实现人的全面发展。以往的图书馆管理中的"以人为本"较多注重于服务客体（读者用户）的层面。实际上图书馆"以人为本"中的人包括两个方面，即作为服务主体的图书馆馆员与作为服务客体的读者。因此，我们所提的图书馆人本管理应该包括两个方面的含义：①对读者的人性化服务，即"读者第一"的思想。首先，馆员要树立"读者第一"的思想，要有热情的服务态度，要把图书馆办成读者之家，让读者到图书馆有宾至如归的感觉；其次，要为读者创造和提供良好的学习环境，让读者感受到图书馆是他们读书、学习的最佳园地，是文化传承的重要场所。馆员要不断地提高自身的综合素质，为读者提供全方位、多渠道、快捷的文献信息服务。馆员应该是读者利益的体现，最大限度地满足读者的需求。②图书馆领导对馆员的人性化管理。馆领导要树立为馆员服务的思想，即"馆员第一"的思想，要为馆员创造和提供优良、和谐、富有人性化的工作环境与必要的后勤保障及服务，同时要了解馆员的合理需求，为他们排忧解难，解除他们的后顾之忧，让他们保持愉悦的心情开展工作，充分发挥他们的积极性，以实现工作目标的最大效益。图书馆领导应该是馆员利益的代表。

2. 创建浓郁的人文氛围和育人环境

图书馆是吸取知识的高雅场所，应充满浓厚的学术氛围和文化气息，要通过各种细节服务来体现文化理念，突出书卷气息。图书馆在建筑功能和内部环境建设中都要体现"以读者为本"的理念，把读者的需要放在首位。图书馆应营造一种幽雅、宁静的良好环境。窗帘色调清淡、素雅；走廊、大厅摆放绿色植物；室内悬挂壁画、伟人肖像、名人警句等。在服务环境方面，馆员应提高服务意识、端正服务态度、提升服务质量，使读者有宾至如归的感觉。图书馆还应为弱势群体开设专门阅览室或提供相应的服务，充分为读者着想，体现人文关怀。图书馆应为读者创造一个安静的阅读环境，使读者走进图书馆就能脱离喧嚣，投身书海。

3. 建立健全合理的管理机制

合理的管理机制是图书馆实现"以人为本"管理与服务的根本。长期以来，图书馆管理机制上存在着许多不良因素，如职工岗位长期固定不变；人员缺乏合理的流动和竞争；职称、职务晋升存在着人为因素或论资排辈；等等。这些现象的存在制约着馆员的积极性，同时造成人才资源的极大浪费。因此，建立健全合理的用人机制、育人机制、竞争机制、流动机制、决策机制对图书馆馆员来说是最好的以人为本管理的具体体现。①管理者在管理中要注重馆员在图书馆中的重要作用，关心馆员的思想、学习、工作和生活，在各方面为他们创造可靠的保障；②要针对不同馆员的个体差异，调动每个馆员的积极性，充分发挥他们的潜能并鼓励和帮助他们实现合理合法的工作目标与人生价值；③制定科学合理的考勤、考核制度，按馆员完成任务的情况、科研成果情况、思想道德情况，建立一套良性的竞争机制，避免在职务、职称晋升及岗位安排中少数领导说了算的不公正做法；④要保证竞争的公开透明，公开公正；⑤制定出本馆的奖惩措施，满足馆员一定的物质和精神需要；⑥实行民主管理，让馆员参与管理，在制定目标和计划时，应广泛征求馆员的意见，使决策取得广大馆员的认可；⑦要建立一定的监督机制，保证各项措施的实行；⑧管理者要改变工作作风，深入工作实际和馆员当中，一切为馆员着想，一切从馆员利益出发，做馆员利益的忠实代表。

4. 重视馆员素质、服务水平的提高

图书馆能否发挥作用、能否体现效益在很大程度上取决于图书馆馆员的水平。图书馆领导应给每一位馆员平等的受教育的权利，为他们创造个性发展的空间，通过多种形式的培养教育提高馆员素质。馆领导要树立人才是第一资源的理念，加强人才培养，制订培训计划并形成长效机制。可以通过开展短期培训、学术交流、学术研讨、考察学习、岗位培训、脱产进修等措施努力打造一支人才队伍，让馆员适应环境的变化，鼓励馆员创新，这样才能把图书馆的事业做大做强。

总之，加快现代图书馆建设必须面向未来，科学定位，树立科学发展观，坚持以人为本，把丰富的馆藏信息资源以最便捷的服务方式、最优良的服务质量、最充足的服务时间给读者提供最有用的信息，把全面发展与可持续发展有机地结合起来，创新服务机制，以推动图书馆事业的健康和谐发展。

二、人本管理思想在图书馆管理中的应用

在网络化和数字化的今天，知识经济给图书馆界带来了严峻的挑战。不少图书馆纷纷采取应对措施。在硬件上，建立数字图书馆；在软件上，实行人本管理。虽然很多人对于后者远没有对前者那么重视，但实际上，人本管理在提高图书馆的竞争力、促进图书馆可持续性发展方面的意义丝毫不亚于前者。

（一）人本管理的内涵

管理是人类的一种基本实践活动，图书馆管理是一般管理的一部分，是管理科学的分支学科，图书馆的人本管理则是图书馆管理中的一种新模式。这种新模式的内涵与传统的图书馆管理有着很大的不同，但它并不是完全脱离传统的图书馆管理凭空产生的，而是在传统图书馆管理的基础上吸收现代管理学中的新的研究成果而生成的，其内涵是这二者的有机结合。可以定义如下：图书馆人本管理就是通过确立人在图书馆管理工作中的核心地位，充分调动人的主观能动性，以此推动人和组织的共同发展，并求得最好地发挥图书馆职能的一种管理活动。

（二）图书馆管理工作的核心主体

传统图书馆管理的管理对象是馆员、经费、文献及设施，通称人、财、物三要素。人本管理则在此基础上突出强调人在管理要素中的核心地位，即一切管理活动均应以人为中心、以人为目的地开展。在一切因素中，人始终是第一要素，是最为活跃、起决定作用的

要素。这里的人具体来说就是指图书馆馆员，因此有人提出了"图书馆员第一"的口号。但现在有一种较为流行的看法，认为人本管理中以人为本的人包括两个方面，即作为服务主体的图书馆馆员和作为服务客体的读者，以至引起"馆员第一"和"读者第一"的论争。这是将图书馆的管理对象与服务宗旨两个范畴的概念搅在了一起。树立"读者第一"的服务宗旨是管理的目的，管理的目的是在被管理的系统之外的，而管理是在一定的系统之内进行的，管理的对象只能是系统内的所有资源。如同金融、保险、电信、商业等窗口行业一样，其服务对象是不能纳入其系统内部的管理机制之中的。在图书馆管理工作中，我们可以提出"馆员第一"来强调人在管理中的核心地位，但无论如何它不能取代图书馆的服务宗旨。同样，作为服务对象的读者也不在管理对象之列，既不能取代也不能并列于管理要素之中，我们所说的在管理工作中具有核心地位的人员是指图书馆馆员。

（三）调动人的主观能动性是人本管理的核心

1. 主观能动性是人的主要特征

谈管理离不开人，谈人则牵涉到对人的本质的认识，但这实在又是一个相当复杂的哲学问题，虽然有很多的专家、学者做了深入的研究，但至今尚无一种学说能被普遍认可，较有影响的有实践说、劳动说、工具说、语言说、意识说等。虽然是众说纷纭，难有定论，但大多论述都肯定主观能动性是人类的一个主要特征。

主观能动性是指人的主观意识和活动对客观世界的反作用。人不是像镜子那样消极地、被动地反映客观世界，而是在实践中积极地、能动地认识客观世界，并且在认识的指导下能动地改造客观世界。人的主观能动性不仅表现在对客观世界的认识和改造上，人还能够自我认识、自我锻炼和改造、自我实现，在实践中不断提高自身的认识能力与改造能力。这种主观能动性是人类特有的，其他事物不具备的。人的主观能动性主要表现为意识活动具有自觉性、目的性、创造性和现实性，人的独有的这种主观能动性是人本管理运行机制的哲学基础。

2. 需求是调动主观能动性的基本动力

上述意识的能动性表现正是馆员高素质的基本组成成分。但是人的主观能动性并不是随时随地、自然而然、无条件地发挥出来的，它要求调动，这就是人本管理中管理者的核心工作。

人的行为是由动机支配的，而动机又是在需求的基础上产生的。需求是一种个性倾向，它反映个体对内外环境的要求，是个体的心理与行为的基本动力。需求常常在主观上以一种不满足感被人感受和体验，是人的行动的积极性的源泉。人的需求是多种多样的，高层次的需求对人有一种拉动力。

不同的人及处于不同阶段的人都有他们的不同需求。管理者要做的工作有：①了解：了解不同人不同阶段的不同需求，为有的放矢地调动主观能动性奠定基础；②刺激：需求人人都有，但有的强烈，有的轻微，有的彰显，有的沉隐，因此对那些不那么强烈的或是潜在的需求要给以刺激，要让每个人在每个时期都能有追求的目标；③调整：人们的追求目标并不一定都是符合实际、现实可行的，这需要管理者根据个体的条件和客观实际给予调整，不切实际地追求目标将会伤害人们的积极性；④帮助：管理者不仅要对馆员提出要求，而且应该为馆员达到这些要求创造条件，尽可能地提供帮助。

3. 正确认识主观能动性

我们把主观能动性作为人本管理的哲学基础，这种主观能动性是建立在辩证唯物主义基础上的。我们强调人的意识对客观世界有巨大的反作用是以存在决定意识为前提的，但切不可过分夸大它的作用。

主观能动性的发挥受客观存在的制约。意识的能动作用一般说来有两种不同的性质和结果。一种是促进事物的发展；一种是阻碍事物的发展。正确反映客观事物及其规律，严格按客观规律办事，就能对事物的发展进程起积极的推动作用；歪曲反映客观事物及其规律，不顾客观条件，不按客观规律办事，就会对事物的发展进程起消极的阻碍作用。因此，管理者在充分调动人的主观能动性时要注意引导馆员尊重客观规律，正确地发挥主观能动性。

（四）基于需求层次理论的图书馆激励机制是人本管理的基础

1. 图书馆实施激励机制的前提——制定明确的目标

目标对人具有诱发导向，清晰的目标能激发人的动机，规定行为的方向。众所周知，图书馆由于缺乏内部竞争动力，而每项具体工作又都比较琐碎而乏味，经过一段时间熟练之后，馆员非常容易产生能力上的满足和心理上的懈怠，不思进取，得过且过，逐渐丧失工作的热情和目标，从而失去自身的驱动力。这时，馆领导就要根据形势和任务确定一个时期内切实可行的组织目标和个人目标，引导大家围绕着组织目标的实现来满足个人目标的需求，从而调动起馆员努力工作的积极性。同时，图书馆组织目标的实现还能满足职工的自尊心和自信心，使他们焕发出极大的工作热情，形成同心同德、群策群力的局面。

2. 满足馆员基本需求的基础——物质激励

在需求层次论中，马斯洛把生理需求看成人类的最低级要求，这也就意味着物质需求是满足人们生存要求的最基本也是最重要的需求，物质激励虽不会满足人们需求中的最高目标，但它在目前经济不是太发达，广大馆员收入不高的情况下还是十分有效的。通过调查发现，图书馆职工几乎没有归属感，没有感到自己是单位的成员，有相当多的人对图书馆工作不感兴趣，意欲转行。造成这种被动局面的一个主要原因就是多年来图书馆工作人员的工资、福利、住房等诸多基本生活需求一直得不到很好的满足。因此，作为图书馆的管理者应首先把满足馆员的基本生活需求作为物质激励的基础，通过适当地创办各种福利事业来增加职工的收入，改善他们的工作及住房条件，从根本上调动起全体馆员工作的积极性和热情。目前，我国图书馆工作人员的工资大多数是按国家的统一标准进行发放，而岗位津贴和奖金则由单位自主分配。图书馆可根据员工的敬业精神、实际工作情况和业绩做不同级别的分配，鼓励员工多出绩效，多出成果，这也是现阶段图书馆比较可行的做法。在使用物质奖励时一定要严格按照"按劳分配"的原则实行，必须理顺绩效、目标、报酬三者之间的合理关系，这样才能提高激励的吸引力。同时，还要注意保持物质奖励的相对满足性，如果认为越满足，激励效果就越好，那是片面的，也是不符合马斯洛需求层次论的。过分奖赏不仅会使被激励者感到不安，也会使周围的人无法接受，不但起不到激励作用，还会挫伤许多人的积极性。

3. 重视馆员潜能发挥的根本——精神激励

人的内在力量不同于动物的本能，人的本能要求其内在的价值与潜能得以实现——自我实现。也就是说，当物质需求得到一定程度的满足后，人们的精神需求便成了其他层次需求的主导因素。由此可见，利用人的本能动机来充分发挥人的潜在能力，这便是精神激励得以实现的根本。积极引导职工参与管理，充分行使他们的民主权利。长期以来，图书馆在管理体制上往往把工作人员置于一种被支配和服从的地位，馆员很难发挥自主性，只能机械地、被动地进行运作。其结果使广大馆员产生严重的依赖心理，既不"参政"，也不"议政"，变得懒惰、消沉甚至麻木。按照前面对需求层次理论的理解，馆员诸如尊重、自我实现、民主、参与等高层次的需求是否能得到满足常常是影响其积极性发挥的重要因素。所以，管理者必须充分发扬民主作风，要尊重职工，重视他们提出的各种合理要求和建议，积极动员和吸收每位馆员参与重大问题的决策，充分行使他们的民主权利，这也是对馆员的一种尊重和信任。让每位馆员意识到自己在集体中的地位和作用，从而增强主人翁意识和责任感，这必将激发其极大的工作热情。

营造公平的竞争环境，使人尽其才，各显其能。一般来说，图书馆的工作人员都希望到最能发挥自己才干和潜能的岗位上工作，在工作中获得成就，实现自我价值。但现实中由于图书馆缺乏有效竞争机制，在岗位的聘任与职位的任命上往往不是依据个人的能力与才干，更多的则是领导的喜好和各种人际关系，这样导致许多业务工作能力强的人员无法在最适合自己的岗位上发挥作用，挫伤其积极性。当前，图书馆要实现富有实效的竞争，首先必须要有一个可操作的衡量标准和任用制度，图书馆可以根据业务要求科学设岗，并对各岗位实行动态化管理，规定其聘期（聘期不宜过长，一般情况下两年比较适宜），每次新的聘任都要本着公开、公平、公正的原则择优录用给有能力、有愿望的馆员提供晋升和施展才华、实现其自我价值的机会，只有公平竞争才能真正激发出馆员的工作热情，形成人人争先恐后的竞争局面，注重人的内激，完善人才培养机制。内激即自我激励，指馆员自己采取一定的调控手段，挖掘自身潜在的激励因素，使自己内心产生一种积极的行为。自我实现作为马斯洛需求层次论中的最高目标，要求图书馆工作人员必须清楚地意识到传统的服务型馆员已经远不能适应时代的要求，知识经济时代需求的是信息咨询员、知识导航员、网络中介员，是高层次的知识型人才，广大馆员只有激励自己不断地获取新知识、掌握新技能，通过自身素质能力的提高来实现自我价值，满足自我实现的需求。实践证明，外部激励的力量往往会随外部激励措施的消失而难以持久，但内激的力量却是持久的，只要人的内在动机不止，它就不会消失。因此，注重调动人的内激力量，将外激和内激紧密结合，馆员的工作积极性才能持久。

人才发展是图书馆发展的主旋律。图书馆要发展创新就必须建立完善的人才培养机制，做到统筹安排，合理规划。将社会需求、图书馆培养目标和工作人员自身价值的实现有机结合起来，并根据工作需要有计划地安排工作人员上学、进修或培训，拓宽其知识面，优化其知识结构，多途径地提高员工的整体素质，让他们开阔视野、挖掘潜能，使图书馆拥有可持续发展的原动力。

三、运筹学在图书馆管理中的应用

Operation Research（OR）原意是操作研究、作业研究、运用研究、作战研究，译作运筹学是借用了《史记》"运筹策帷帐之中，决胜于千里之外"一语中"运筹"二字，既显示其军事的起源，也表明它在我国已早有萌芽。

（一）运筹学基本理论

运筹学是现代数学的一个重要分支，属于信息科学和数学的综合科学，是20世纪40年代发展起来的一门具有较强实践性的综合学科，它使用许多数学工具和逻辑判断方法来研究系统中人、财、物的组织管理、筹划调度等问题，以期发挥最大效益。运筹学是软科学中的一个学科，是系统工程学和现代管理科学的基础理论之一，是许多学科不可缺少的方法、手段和工具。

目前普遍认为，运筹学的活动是对于系统配置、聚散、竞争的运用机理深入研究和应用，形成一套比较完备的理论，如规划论、排队论、图论、对策论、库存论、决策论、网络技术等。

运筹学将许多具有典型性的问题抽象成具有共性的数学模型，对模型求解，再对解进行切合实际的解释，然后把结果用于这类问题。它是科学、定量地研究问题，对复杂的数量关系进行分析研究，建立一定的数学模型，然后运用数学的有关原理求得问题的最优解，找到最合理的方案。

（二）图书馆资源共享的运筹学问题

运筹学主要研究效率问题，图书馆资源开发就是要实现资源的价值，使投入更有效率。我们经常发现，几所相邻大学图书馆藏书结构相似，这样它们都有一些供不应求的资源，也都有一些不能充分利用的资源。双方若能将有限的资金运用于建立具有个性的藏书结构，在藏书结构上互补，且能互相利用对方的图书馆，则效率会大大提高，资源也得到充分利用。不能做到充分的资源共享的关键就是各自都局限于自己的小系统看问题，在资源共享中必须要打破一些条条框框，树立协作思想，才能做到共同受益。

（三）排队论在图书馆管理中的应用

1. 排队论的概念

排队论也称随机服务系统理论，是运筹学的组成部分，是研究要求获得某种服务的对象所产生的随机性聚散现象的理论，"聚"表示服务对象的到达，"散"表示服务对象的离去。排队过程的共同特征表现为：有请求服务的人或物称之为"顾客"，读者借书过程中的"顾客"就是等待借书的读者；有为"顾客"提供服务的人或物称之为"服务台"，读者借书过程中的"服务台"是图书管理员；由顾客和服务台构成一个排队系统。如果到达的顾客能进入服务设施就受到服务。如果他们必须等待就开始参加排队，直到他们能受到服务为止，然后以恒定的或变化的服务率接受服务，接着便离开系统。

2. 排队模型

典型的排队模型有三种（最简单的排队模型、单台-单相随机排队模型、多台-单相随机排队模型）。在这里研究最简单的模型。顾客到来的速度用 X 表示，服务的速度用 Y 表示，若这两者都是固定的，则有三种情况：①$Y > X$，则服务设施可有 $1 - X/Y$ 的空闲时间；②$Y < X$，则排队愈来愈长；③$Y = X$，不用排队，服务设备也得到充分利用。

第二节　图书馆管理的创新

管理创新是指管理者用新思想、新技术、新方法对企业现有资源的重新组合，以促进企业管理系统综合效益不断提高的过程。运用先进的、科学的管理方法创新图书馆的管理可以更好地体现现代图书馆为科研、教学充分服务的功能。图书馆管理创新的方向首先是观念的创新、创新图书馆管理战略；其次是创新管理制度以及创新管理文化等。

一、管理创新概论

管理是一个动态的、不断创新的过程。只有不断地创新，图书馆才能适应时代的要求，不断发展和进步。今天，传统的图书馆管理理论已经不能满足图书馆师生日益多元化的信息需求，众多图书馆开始尝试并实行管理各个方面的创新。

创新是当今时代发展的趋势，现代图书馆管理体制也在创新之列，图书馆的决策者和管理人员是图书馆行业的主力军，其作用具有不可交换性，是不可替代的，只有不断地进行管理创新，才能适应经济社会快速发展的需要。

（一）创新的意义

1. 创新是时代发展的鲜明特征

创新是一个国家民族发展和壮大的法宝，创新这一概念的内涵和外延在不断变化并随着时代的发展而不断赋予它新的内容。根据人们的认识和需要，创新目前已形成了多种类型，如有促成物质实物的发明或革新的实物创新与提出解决问题新对策的创新对策，有设计某种新的制度、体制、管理方式方法的制度创新与提出某种理论构想的理论创新，还有提出观察事物的新角度、新认识、新观点的认识创新等。

2. 现代图书馆管理的本质在于创新

知识经济时代的来临将不可避免地从根本上动摇各类组织的管理思想、管理制度和管理方式。图书馆是知识的载体，是信息的阵地。所以，图书馆的管理创新概莫能外，从一定意义上说，这也正是现代图书馆管理的本质所在。

（1）管理创新是图书馆自身发展的原动力

面对科学技术发展日新月异，知识量、信息量剧增和市场剧变的新世纪，谁能感觉敏锐、抓住时机、当机立断，快速做出反应，力争处处先行一步，谁就会在竞争中获得胜利。管理上的创新能使图书馆打破常规，改革管理工作流程，大大提高管理效率；能使图书馆以敏锐的观察力密切关注未来变化的新趋势、新动向、新问题，从而能以超前的意识果敢决策，适应未来发展的要求。

（2）管理创新是迎接知识经济挑战的外在需要

以往图书馆的管理制度和管理模式的设计通常以规范人的行为、使人不犯错误为出发点，有着过多的管制和约束，这种过细过严的规则通常会窒息那些最初很难识别的新生事物的嫩芽，致使图书馆管理僵化，抑制了首创精神。国内外管理理论研究表明，决定社会发展竞争优势的是人才和科学技术，而决定人才、科学技术发展的主要因素是创新，所以强调创新已成为现代管理的时代趋势。

（3）管理创新是深化图书馆改革的内在需求

新世纪是一个孕育着巨大变革的时代，是一个从计划经济形态向市场经济形态的转变时期。随着我国政治体制与经济体制改革的纵深发展，原有的一套管理模式已不能适应新世纪图书馆的运行发展，图书馆要继续生存与发展，就必须对传统的管理理念和管理方法进行改革，通过改革创新建立起一套崭新的管理运行机制以适应其发展的趋势。

3. 领导者是图书馆管理创新的主体

管理创新总是不断以新的观念、新的措施和新的方法使管理系统总体功能不断优化，在保持一种最佳效果状态的同时也创造条件引导系统环境，向有利于管理创新的方向发展。从我国图书馆目前的状况来看，管理创新的关键是观念的转变，就是要将管理的重点放在对人的能力的开发、积极性的调动、创造性的激发上，在管理机制上要使人们总能得到一个正确的、奋发向上的信号。

（1）创新意识是领导者创新的基本素质与先决条件

创新意识是人脑在不断运动变化着的客观事物刺激下自觉产生的改变客观事物现状的愿望和理念。领导者即领先、引导、组织、协调者。创新意识之所以成为其重要的根本素质，是在新世纪知识经济和信息社会里，科学技术快速突破的背景下，由经济和社会发展的要求与领导者的根本职能和职责决定的。这一背景要求图书馆领导者必须具有高度的适应性，不仅要适应变化的对象和内容，而且要适应变化的力度和节奏，要善于敏锐地发现变化的动向，善于果断地捕捉变化的契机，善于促进本馆工作的变革与更新。这也正是图书馆领导者与一般员工的根本区别之所在。

（2）学习是领导者创新的内在动力与关键环节

图书馆领导者必须要有深厚的文化基础与渊博的知识，这不仅是当前形势发展的需要，也是领导工作的客观要求。作为创新主体的领导者，其综合素质的高低不仅直接影响到自己个人形象、创造力的发挥，也直接关系到单位事业的兴衰成败。因此，领导者不仅要大力提高自己的思想政治素质，还应该提高创新思维和理论思维能力，同时还要大力提高自己的科学文化素质，要潜下心来致力于构建符合创新要求的科学合理的知识结构，要伴随着大胆的实践和探索，使理论与实践、知与行相统一。

（3）良好的环境是领导者创新的外在动力与根本保证

设计和维护一种环境可以使身处其间的人们在集体内一起工作，以完成预定的使命和目标。因此，一个健全的创新环境成为管理创新能否有效、健康开展的根本保证。如同阳光、空气和水分之于植物生长一样，管理创新也需要有适宜的环境和营养，需要有激发人们突破陈规陋习、大胆创新的原动力，切忌当领导者的管理创新出现失误或问题就采取横加指责的态度。适当的政策扶持、激励、引导和保护是管理创新的催化剂，具有不可替代的效果。同时，还必须在馆内外营造一种健康有序、宽松和谐、鼓励创新、支持探索、"百花齐放，百家争鸣"的文化氛围。

（4）创新机制是培养领导者创新的催化剂

图书馆创新要有人才。在出人才的问题上要鼓励和支持冒险，鼓励和支持当领头雁，鼓励和支持一马当先。目前，我国图书馆界的论资排辈现象仍相当普遍，压制了大批年轻的创新骨干人才的脱颖而出。这就需要图书馆本着珍惜人才、人才为本的原则，选好、培养好、用好杰出青年人才的成长，在物质待遇和精神待遇上向创新人才倾斜，使他们真正感受到自身价值的实现、地位的崇高和责任的重大。

（二）创新的方式

管理是对组织资源进行有效整合以达成组织既定目标与责任的动态创造性活动。而管理创新则是指一种新的更加有效的资源整合范式，这种范式既可以是新的有效整合资源以达到组织目标和责任的全过程式管理，也可以是新的具体资源整合目标制定等方面的细节管理。综合上述两个方面来考察管理创新，可以得出这样一种思想：管理创新是在创造和掌握新的科学管理知识基础上，主动适应外部环境，提高组织各要素，在质量上发生新的变化和新的组合的过程。

第一，创设一种新的适合图书馆事业发展的新思路及与其相配套的组织机构。这种新的发展思路应该对整个行业而言都具有普遍的指导意义，而组织机构是图书馆管理活动及其他活动有序化的支撑体系，因此，这种新的组织机构要能够有效运转。

第二，提出一种或一套新的管理方式方法。这是一个组织新的文化氛围和精神风貌的开始。形成新的方式方法对图书馆来说能提高服务效率，或使人际关系更加协调，或能更好地激励工作人员等，这些都将有助于图书馆各种资源的有效整合，以达到既定的目标。

第三，设计一种新的管理机制。新的管理机制则是指在图书馆各类资源最佳的配置的基础上使图书馆的各种活动能规范、优质、高效地完成。这样一种管理机制对图书馆的管理而言是新的，自然是一种创新。

第四，进行一项制度创新。管理制度是图书馆资源整合行为的规范，既是图书馆行为规范，也是工作人员行为规范。制度变革会给图书馆及其工作人员的行为带来变化，进而有助于资源的有效整合，使图书馆事业的发展更上一层楼。因此，制度创新也是管理创新之一。

二、图书馆思想、观念的创新

（一）管理观念、理念创新的重要性

管理观念、理念的创新是一切管理创新活动的前提。人类社会结构的变迁、人与人之间关系文明形式的改善、无穷无尽的物质财富和精神财富的不断涌现等都应该首先从人的观念、理念创新中去寻找根源，特别是管理者的创新理念更显得尤为重要。我国图书馆由于长时间受"藏书楼"的传统观念影响，长期以来，在管理思想上重藏轻用、重书轻人、重内轻外。这些传统的观念严重地束缚了图书馆的发展。思想指挥着人们的行为，图书馆要生存、发展、创新，首先就必须更新思想观念，这样才能适应知识创新和未来图书馆事业发展的需要。

图书馆管理的观念首先要改变。面对结构迅速变化和飞速发展的时代，一个优秀的图书馆管理者必须树立创新意识，不因循守旧，要勇于冲破旧的传统，根据图书馆自身发展的客观规律和知识经济时代对图书馆的需求制定正确的发展策略和管理模式；对于不适应的管理机制，必须勇于改革、善于改革，必须不断地学习，不断地改进。持续改革的过程会带来真正的创新，让图书馆产生一个质的飞跃。

（二）管理观念、理念创新的原则

管理思想的创新就是要更新陈旧过时的管理理念，用新的管理观念替代传统，要实现管理观念的创新需要注意以下几个原则：

1. 系统原则

即把整个图书馆的工作看成是相互关联的、相互补充的有机整体。管理实际上是一个实现目标的过程，系统原则就是要围绕这个既定目标，合理地配置图书馆系统的人、财、物，使图书馆系统健康、协调地运行，发挥其最大效能，以达到预期目标。

2. 发展的原则

即管理思想应随时代的发展而发展变化，与时俱进地适应外部环境的要求。随着社会的进步，图书馆要转变传统的封闭的观念，树立在时间、空间、服务内容以及服务方式上的全方位的开放观念。传统经验管理的思想与传统管理时代相适应并起了一定积极的作用。然而，知识经济时代靠经验管理是不能充分发挥管理的效用的，甚至可以说，那种传统的管理思想是现代图书馆发展的桎梏。因而，管理思想要随外界环境的变化而变化，要不断深入研究新形势，总结新经验，从而获得与外界环境相适应的新的管理思想。

3. 信息性原则

即不断吸收新情况、新内容，丰富思想内涵。要重视新信息，不断掌握新信息并吸收它为己所用。要摒弃传统的闭关自守的思想，积极与外界沟通，逐步将图书馆融入社会生活中。

4. 效益性原则

即注重社会效益和经济效益的有机结合。在计划经济体制下，图书馆"等、靠、要"思想严重。而在市场经济体制下，社会效益和经济效益要统一是图书馆亟须解决的问题。管理思想创新的最终目的就是要提高管理效率，获得两个效益的统一。

5. 竞争性原则

竞争是市场经济的产物。在社会主义市场经济体制下，竞争体现在社会的方方面面，"优胜劣汰"对于图书馆而言同样适用。在管理中，如果没有竞争意识，就难以在市场经济体制的环境下生存和发展。

（三）管理观念、理念创新的内容

1. 在图书馆管理思想观念上创新

图书馆能否适应21世纪发展的需要，关键仍在于是否进行管理思想观念的创新。虽然，图书馆的管理目标是从效率和效用两方面管理好资源，但由于环境的变化，实现目标的具体途径和手段将不能因袭旧法，必须从观念到结构做出全方位的调整，资源共享、共建应成为图书馆管理的重要理念。

（1）管理思想必须实现两个转变

①即从一般化建设向特色化建设转变。网络时代的图书馆必须摆脱传统自给自足的小农经济思想，要站在一个宏观的角度来考虑资源建设问题，把资源建设建立在合作和共建的基础之上，各个图书馆在整体分工的基础上应加强自己资源的特色化建设，这样做一方面可以解决长期以来困扰着图书馆的经费短缺问题；另一方面可以实现真正意义上的共享。自给自足的观念和建立百科全书式的信息资源体系的做法已离我们太远，那是一个完全不同的时代，只有合作才能提供单个图书馆无力支付的资源。②从"重拥有"向"重存取"转变。拥有是存取的前提和基础，没有拥有，也就无所谓存取。但在网络时代，在注重资源特色化建设的同时，更应突出图书馆的存取功能。因为，图书馆事业的本质即存取，也就是说，是使信息和知识为用户所利用。对用户来说，他不在乎信息是怎样获得的，是从哪里获得的。在21世纪，大多数图书馆资料将根据需要以电子形式或印刷形式来传输，一个图书馆的馆藏将由存取能力而不是拥有量来界定。

（2）以人为中心的管理是当代管理的新概念

美国罗森帕斯旅行管理公司总裁罗森帕斯创立了"顾客第一"的新企业管理法。把"人本管理"理论应用到图书馆，提出图书馆要确立"员工第一，读者第一"的新观念。从我国大学图书馆的服务主动性较差、服务态度还有待进一步改进等方面的情况看，强调读者第一仍然有现实意义。从职工管理的角度，要提高服务质量和服务水平，强化职工的主观能动性和重视职工的意识能够起到较好的效果，但要根本解决职工管理问题要从人事分配制度改革入手。

"能本管理"是一种以能力为本的管理，是人本管理发展的新阶段。它是通过有效的方法，最大限度地发挥人的能力，从而实现能力价值的最大化，把能力这种最重要的人力资源作为组织发展的推动力量，并实现组织发展的目标以及组织创新。把这一理论运用到图书馆，开辟图书馆人力资源管理的新思路。

2. 在图书馆发展的途径上创新，走内部合作、外部联盟的可持续发展之路

目前，图书馆面临两个方面的挑战。一是网络的迅速普及和发展已经使电子图书馆虚拟图书馆得以应运而生，并向传统图书馆提出了严重的挑战；二是在 21 世纪，信息技术将以更快的速度向前发展，信息服务业也将成为最热门的职业之一，越来越多的机构人员将进入这一领域。因此，作为信息服务业一个组成部分的图书馆，在 21 世纪将处于一个更加充满竞争和压力的环境之中。我们认为，尽管传统图书馆在最近与其他信息服务机构并存的前景不容置疑；但是，我们也应看到，当图书馆的大部分职能与功能被其他信息服务业所取代，而现有的图书馆的职能与功能又没什么新的发现的时候，就是它被读者遗忘的时候。这种情景就犹如中国封建藏书楼被公共图书馆所替代一样。因此，面对网络环境给我们带来的挑战与机遇，我们必须转变观念，树立竞争与协作的思路，克服传统图书馆各自独立、各自封闭的办馆模式，把图书馆事业作为一个整体对待，全面规划、统筹安排，打破馆际原有的界限，在办馆模式上由独自办馆向馆际合作、网络一体化方向转化，把已分化的各种图书馆类型在新的层次上加以综合和整体化，实现跨部门、跨地区的协作。与此同时，图书馆界还应与其他竞争对手不断加强联系、谈判、解决矛盾、加强合作，走内部合作、外部联盟的共同发展之路。

3. 市场营销理念的引入

市场营销是与市场经济相对应的概念，随着理论的发展，在 20 世纪 80 年代中期以后，市场营销领域对营销的定义进行了新的拓展，市场营销不仅仅限于企业的活动，而且可以扩展到非营利性事业组织与公共机构等。营销理论引入图书馆界后，各大学图书馆陆续进行营销实践，但都是相当有限的。例如有的图书馆设立了公共关系部门或者岗位，有的图书馆开始进行比较不规律或者规律的读者满意度调查等活动。这些已有的营销实践是

很不成熟的。在当今的信息时代，图书馆的无形的劳务（服务）作为产品的三种形态之一，如何更好地使一切业务活动均以消费者（读者）为中心并将营销观念贯彻到所有的图书馆活动之中。也就是说，图书馆工作必须改变传统的管理理念，将目光放长远，避免简单的读者需要什么就提供什么。在实施的过程中注意以下几点：

第一，营销管理的前提是战略管理。"就营销谈营销"已经无法解决问题，可能还会带来新的问题。整个组织必须加强战略管理。

第二，没有战略管理的组织根本无法实施良好的营销管理，因此营销要重视战略。

第三，重塑形象是图书馆营销的首要任务。要改变传统的认为营销仅仅是用于图书馆一些"创收性"的业务领域的观念。对图书馆来说，最重要的是通过提供服务（产品）取得社会效益，从而获得学校财政的投入与支持、社会的投入和支持（企业和个人的捐赠）。图书馆营销战略的首要任务是帮助图书馆提高服务水平和质量从而提升图书馆产品的社会效益。塑造良好的形象，确保社会对于图书馆的投入不断稳定增长。图书馆必须把营销管理的重点放在那些为完成图书馆使命而创造效益的领域——营销必须有利于塑造图书馆的形象。

在进行营销活动管理过程中，要运用营销理念和方法，按照社会营销管理过程来进行。分析社会营销环境—调查目标接受群—设计社会营销战略—计划社会营销组合方案—组织、实施、控制及评估社会营销活动。

三、图书馆战略的创新

近年来，越来越多的图书馆开始重视战略的制定和规划。所谓战略，就是指对一个机构的未来方向制定决策并实施这些决策。它规定机构的使命，制定指导机构设定的目标和实施战略的方针，建立实现机构使命的长期目标和短期目标，然后根据确定的目标决定行动的方向。而图书馆战略管理主要是为了适应外部环境的变化，使之能长期、稳定地健康发展，实现既定的战略目标而展开的一系列事关图书馆全局的战略性谋划与活动。我国图书馆的战略多变演变成了简单的目标制定，而往往忽视了战略的执行和控制。所以我们提出要进行战略的创新，主要为重视高科技发展战略、秉性战略和战略逻辑创新。

（一）重视高科技发展战略

在工业化阶段，图书馆主要靠传统的服务来满足读者的要求。图书馆的馆藏成为衡量图书馆水平的一个很重要的指标，从而形成了图书馆重藏轻用、重书轻人的观念。在知识经济时代，图书馆属于信息机构。在信息行业，图书馆面临着各种信息服务企业和机构越来越激烈的竞争。信息技术革命和以计算机、通信网络技术为核心的一系列高新技术的应用，使得人们获取信息知识的渠道和手段都有了极大的发展，出现了更多的机构、组织、信息咨询公司可以满足读者的信息需求，对图书馆形成了强烈的威胁，减少了读者对传统图书馆的依赖。而互联网等网络通过给人们提供获取信息的直接途径，也对图书馆员所扮演的传统角色提出了挑战。同时上述环境的变化又会带来诸多的发展机会。战略管理强调审时度势、统揽全局、长远谋划，积极主动地迎接未来的挑战。图书馆应该将高科技发展作为战略制定和规划的重要因素。

（二）战略逻辑创新

所谓战略逻辑，指在设计战略时用什么样的逻辑思维来进行思考。图书馆能时刻跟着外界及内部环境变化，满足不同读者要求的主要原因之一就是图书馆的管理者具有一种创新的战略逻辑思维。他们能够根据图书馆的外部环境和图书馆自己发展特点用不同的逻辑来设计战略。管理者要善于辨识企业目前的战略逻辑，敢于向其挑战，能够静下心来仔细考虑战略制定前对行业做出的假设以及企业的战略焦点。在制定战略时，要问行业中哪些要素应予以消除，哪些要素在低于行业标准时反而更有价值，哪些要素在高于行业标注时会更有效，哪些要素是行业从未提供过而目前需要增加。通过自问这些问题，管理者可以发现现行战略逻辑的不足或错误之处，同时改善以实现创新。战略创新所追求的是时刻保持新的思维方式，在新的思维方式下设计崭新的战略，使图书馆能迅速适应环境的变化，时刻以最好的服务向读者提供高效的产品从而满足他们的需求。

（三）战略创新的原则

1. 先进性原则

图书馆属于服务性行业，面对行业内竞争，一家图书馆在满足用户信息需求方面只有达到了社会平均水平才能生存，只有超过平均水平才能发展。也就是说，门槛是平均水平，而不是自身原有的水平。图书馆实施战略管理后，即使他在满足用户服务要求的水平方面比过去有了长足的进步，但只要没有达到平均水平，它同样将面临被淘汰的问题。同时由于竞争，平均水平也是不断发展的。所以图书馆战略管理所追求的目标必须包含比平均水平更加先进的内容。

2. 环境适应的原则

成功的图书馆战略管理重视的是图书馆与其所处外部环境的互动关系，目的是使图书馆能够适应、利用甚者影响环境的变化。图书馆应随时监视和扫描内外部环境的震荡变化，找出内部环境中的优势和劣势以及外部环境中的机会和威胁，理清它们之间的关系并据此提出战略计划。

3. 全过程管理原则

图书馆战略管理要取得成功，必须将战略的制定、实施、检察、提高（即管理学通常所说的 PDCA）看成一个完整的过程来加以管理。忽视其中任何一个阶段都不可能获得有效的战略管理。具体而言，再好的战略计划如果无法实施或不实施，那就是没有意义的。战略管理需要实践来检验，如果没有实事求是检查和评价，就不可能发现战略管理中的问题，错误的战略管理不仅不能解决生存和发展的问题，而且是非常有害的。仅仅发现问题或只有批评意见也是解决不了问题的，还必须提出新的、有效的对策。总之，只有实施全过程，管理才能取得螺旋式上升的预期效果。

4. 整体优化的原则

成功的图书馆战略管理是将图书馆视为一个不可分割的整体来加以管理，目的是提高图书馆的整体优化程度。它通过制定图书馆的宗旨、目标、重点和策略来协调各部门、各单位的活动，使之形成合力。应特别注意的是，这种优化应该是积极的和能动的。面对图书馆某一关键部门的落后，不应简单地要求其他部门按照它的低水平进行调整，应积极寻求资源的结构重组，以期实现更高水平上的整体优化。

5. 全员参与原则

图书馆战略管理不仅要求图书馆高层管理者的决策，也需要全体馆员的参与和支持。更确切地说，图书馆战略制定过程的分析、决策主要是高层管理者的工作和责任，而这种分析和决策又离不开中下层管理者的信息输入和基层馆员的合理建议。一旦图书馆战略目标确定，战略的实施就在相当大程度上取决于全体馆员的理解、支持和全心全意地投入。

6. 反馈修正原则

图书馆实施战略管理的目的是寻求稳定和健康的发展，战略规划的时间跨度一般在五年以上。总体战略规划的实施通常又包括一系列中短期行动计划，它们使图书馆战略在行动上具体化和可操作化。然而其实施过程又不可能是一帆风顺的，环境的风吹草动往往会影响图书馆的战略部署。所以只有不断地跟踪反馈才能确保图书馆战略的适应性。从某种意义上说，对现行图书馆战略管理的评价控制又是新一轮图书馆战略管理的开始。

四、图书馆管理组织机制的创新

管理机制创新是在自动化目标的控制下，对图书馆管理工作与业务流程进行再设计和重建的过程。机制创新的核心内容就是以自动化作业为中心，打破传统的分工理论和方法，正确地运用信息技术，建立图书馆在自动化环境下新的管理机制，以迅速适应不断变化的信息环境。机制创新的中心思想是"流程观"和"重新设计观"。图书馆在自动化环境下的管理机制和在传统手工作业环境下的管理机制是不同的，手工作业最大的特征是以物化的文献作为处理对象，手工作业形成的业务模式并不完全适用于自动化发展的需要。因而图书馆必须构建新的运行方式才能使自动化在信息开发与信息服务中充分发挥作用，这就需要在自动化环境下进行图书馆管理机制的创新。

（一）图书馆管理机制的创新

图书馆管理机制包括内部和外部两种形式。网络环境下图书馆管理机制创新就是实行外部机制重组和内部机制重组。

1. 图书馆外部机制重组

建立外向型信息管理机制，确立图书馆在竞争信息环境中的领导地位，在自动化网络环境下，图书馆必须从物质流的管理向信息流的管理发展改变，面向内部资源管理为面向外部信息管理扩大职能范围，从而占据信息环境的领导地位。可以采取以下四种措施。第一，以自动化为主导，研究并参与制定信息政策，组织、激励支持和协调各类社会信息活动，使图书馆成为社会各类信息活动的支撑点。积极参与改造，建设信息技术和设施，不断完善信息保证体系并成为中间力量。利用信息技术主动开拓信息市场，不断增大图书馆在信息市场的占有份额，扩大图书馆在网上的信息容量。第二，研究和培养信息用户，发挥自动化信息服务优势，不断扩大信息用户类型和数量，使图书馆始终处在信息用户的核心位置。第三，面向网络建立信息流集中管理、物质流分散负责的机制，针对网上信息的开发和获取的共用性和无限性的这一特点对信息流宜采取集中管理、共建共享的方式，图书馆之间建立协议，共同遵守。第四，与信息技术革新部门合作建立自动化技术不断进步的互动机制。在现代化技术应用中，图书馆必须打破"馆"的传统思维定式，与社会相关领域建立良好的合作关系，求得发展，这是图书馆自动化发展规律之一。例如在计算机设备与软件开发方面可与计算机制造商及软件部门等建立合作关系，使计算机设备和软件系统能跟上计算机发展水平；在信息网络方面，可与电信、网络中心及信息技术部门建立合作关系，从而加速图书馆自动化网络建设；在文献数字化方面，可与数据库产业部门建立合作关系，以促进数字图书馆的发展以及信息产品的生产等。在合作的基础上，一些领域如文献数据库建设、网上信息开发以及信息产品的生产等，可与合作部门试行股份制，加强图书馆自动化在信息产业中的地位与作用，使图书馆与社会建立起自动化技术不断进步、不断创新的互动机制。

2. 图书馆内部机制重组

在自动化网络环境下，图书馆应把面向用户解决实际问题放在图书馆工作的前沿和中心位置，突破图书馆传统的线型业务流程和以资源结构划分的封闭组织体系，具体措施是建立以自动化为中心，融合固定部门、跨部门灵活的组织机构，以对用户需求做出快速反应并能为用户解决实际问题，建立面向用户快速反应的管理机制。

图书馆应从利用自有文献为用户提供服务转变为利用各种自动化技术、手段与广泛的信息资源为用户提供服务。图书馆应从让读者走进图书馆转变为让馆员走出图书馆，走近用户、走近各种信息设施和各种信息系统，在现场为用户服务，充分利用自动化技术和馆际合作提高文献采访、组织与加工效率，使馆员投入更多的智能和精力到更具挑战性、吸引力的信息服务工作中。以自动化为中心重组新的业务模式，根据用户需求制定信息服务内容和范围的管理机制，线型业务流程被打破，取而代之的是能够完成多种业务的、独立的、自成体系的计算机网络系统和控制机构。这些机构具有同等的业务能力。我国图书馆文献馆藏丰富但利用率不足，业务重组以开发利用资源为突破口，提高信息组织与利用的能力。根据用户需求对多元化的信息资源进行合理组配和深层次加工，开展各具特色的业务工作，组成有序的和有针对性的情报信息服务体系。

以市场经济为导向建立新的业务模式。市场经济为导向的信息服务模式以主动性、多样性、开放性和动态性为特征，提供全方位、高质量的信息服务，树立全新的市场观念、遵循市场规律，把信息市场与经济效益相结合，建立新的业务模式，做好科研与市场之间的中介与桥梁，加速科技成果的转化，促使产、学、研接轨，实现效益。

（二）图书馆组织机制创新

1. 创建扁平化组织结构

组织创新是图书馆创新体系的重要组成部分。传统的图书馆的金字塔形官僚层次结构是机械的、刚性的、永久性的结构，这种结构不能适应多变的技术和管理的要求，网络信息环境下的图书馆组织表现为动态的联盟。因而，图书馆组织行为能体现图书馆活力，有效地解决分权与集权的矛盾，组织结构向扁平化、虚拟化、网络化方向演变。

图书馆进行结构重组要按照一定的步骤进行。首先需要根据现阶段图书馆的功能确定分工的程度，然后进行分工；其次要重新划分部门，合并一些功能相近的、联系密切的部门，根据新增的业务再增设新的部门；接着要解决权限关系及其授权程度；还要设计人员之间合适的沟通渠道和协商渠道；最后根据图书馆信息沟通、技术特点、经营战略、管理体制、组织规模和环境变化来选择合适的组织结构。

信息技术和计算机网络开展使得知识在管理者及劳动者之间共享，组织等级结构已不再受到管理幅度的限制，纵横交错的渠道造就了一种崭新的组织结构——扁平化的组织结构，即矩阵式组织结构。图书馆可根据不同文献的载体的采访、编目、典藏、流通和阅览工作应有不同部门的来完成的特点，在横向上整合业务和职能部门；同时根据部门之间的合作的必要性，在纵向上根据工作任务设置不同的项目组，以项目的形式展开信息服务。

2. 实施图书馆组织联盟

由于经费的限制，一所图书馆不可能收藏所有的有形和无形文献资源。为了更加合理地使用现有资源，提倡形成组织联盟。现有很多地区的已经在实践当中。组织联盟的目的在于将各组织的优势综合起来，以便能及时把握时机，降低成本、减小风险，优化图书馆组织的整个价值链，从而对外部环境的变化做出敏捷的反应、果断的决策和及时的行动。例如，在采购工作中，组织联盟可以统一规划，根据各个学科重点进行合理的采购的安排，对于传统型文献的购买可以通过统一的规划，形成规模效应或者避免重复购买。而对于数字资源的采购，则可运用网络技术，形成组织联盟的局域网，从而达到数字资源、数据库资源的共享，极大地节省成本。组织联盟在实施过程中会受到我国图书馆现行体制和组织结构的影响，所以要形成高效的真正意义的组织联盟，首先要对我国图书馆的体制和组织结构进行创新。

五、图书馆文化的创新

图书馆文化来源于文化理论在图书馆管理中的应用。它反映和代表了对该组织起影响和主导作用的团队精神、行为准则和共同的价值观，20 世纪以来，传统图书馆处于不停的变革之中。新的技术环境对图书馆的影响更是全面性的，图书馆的工作方式、服务方式、组织形态、馆藏发展、人员角色以及运作方式等都受到强烈的冲击。因此图书馆的文化也处于调整和变革之中。当今人类社会正处于知识经济时代。知识经济时代所需要的图书馆文化是一种全方位的知识创新和知识创新体系。图书馆的创新文化作为图书馆文化中的重要组成部分，是图书馆为适应新的竞争形势而形成的关于创新的一系列知识内容、意识形态和文化氛围。现代图书馆不仅要用创新观念去适应变化，而且要用创新观念去创造变化，成为新变化的发动者和参与者。只有这样，才能在激烈的竞争中不断赢得主动和胜利。

（一）建立团队文化

网络技术环境下的图书馆组织文化必须善于吸收其他文化素养，以建构合理、优秀的文化，团队文化是现代组织精神必须强调的重要内容。过去图书馆组织的价值观受传统金字塔形结构的制约，形成领导权威至上、各职能部门只关心自己分内事情、部门相互之间不合作不团结的风气，这种组织文化对图书馆有极大的毁灭性。被这种等级文化所困扰，必然导致不精简、不灵活、不公平、缺乏创造力、士气低落的后果，也就无法获得读者的支持。团队文化具体包括如下几点：第一，具有共同的战略和目标：团队成员清楚地了解并认同组织共同的战略和目标，认同组织的价值观并乐意为之奉献。第二，相互信任、相互尊重：团队成员的技能相互补充，共同努力才能达成组织目标。成员之间形成互相信任、互相学习的气氛。人人承担责任，同时享受个人发展的权利。第三，良好的知识共享氛围：团队提倡开发、坦诚的沟通氛围，成员间信息渠道畅通，知识共享。第四，自我管理：团队工作得到领导的充分的信任和尊重，团队以自我管理为导向，在决策上更为民主，提倡参与，注重个人能力的发挥。

图书馆建设团队文化不是一朝一夕的事情。由于原来的组织文化有足够的稳定性，在任何变革的时候都会受到传统旧的文化的阻碍，这要求图书馆人进行长时间的努力。

（二）倡导学习型组织

在全球经济一体化格局中，为了在竞争中求生存，我国各大企业也正积极地创建学习型组织。学习型组织已成为企业做好知识管理工作和提高竞争力的必备条件。如何有效地激发组织的创新和创建成功的学习型组织已成为现代管理的两大主题。在这股风靡全球的学习型组织热潮带动下，已有创建"学习型社会"思想的提出。

1. 学习型组织

对于学习型组织的概念主要有以下几种观点：①在学习型组织里不能不学习。因为学习已经完全成了生活中不可分割的一部分，学习型组织是一群能不断增强自身创造力的人组成的集合或团体。②学习型组织是有自己哲学的组织。它在预期对变化的应对和反应、复杂性和不确定性等方面都有自己的一套方法。③学习型组织是能够通过改变信息处理和评估的规划、方式来适应新的信息要求的一个团队。④学习型组织是指以信息和知识为基础的组织，这种组织实行目标管理。成员能够自我学习、自我发展和自我控制。概括起来说，学习型组织是指通过培养弥漫于整个组织的学习气氛，充分发挥员工的创造性思维能力而建立起来的一种有机的、高度柔性的、扁平的、符合人性的、能持续发展的组织。这种组织具有持续学习的能力，具有高于个人绩效总和的综合绩效。

2. 学习型组织的特点

组织成员有一个共同的愿望，组织的共同愿望来源于员工个人的愿望而又高于个人的愿望。它是组织中所有员工的共同理想，能增强员工的凝聚力，朝着组织共同的目标前进。

善于不断持续学习是学习型组织的本质特征。所谓"善于不断学习"主要有四点含义：①强调"终身学习"，即组织中的成员均能养成终身学习的习惯才能形成组织中良好的学习气氛，促使其成员在工作中不断学习。②强调"全员学习"，即企业组织的决策层、管理层、操作层都要全心投入学习，尤其是经营管理决策层。他们是决定企业发展方向和命运的重要阶层，因而更需要学习。③强调"全过程学习"，即学习必须贯彻于组织系统运行的整个过程之中。④强调"团体学习"，即不但重视个人学习和个人智力的开发，更强调组织成员的合作学习和群体智力的开发。

学习型组织通过保持学习的能力，及时铲除发展道路上的障碍，不断突破组织成员的极限，从而保持持续发展的态势，有利于员工的相互影响、沟通和知识共享。

（三）培育"以人为本"的文化

图书馆的存在是为了满足"各种类型的人"——读者对知识、信息的客观需求，这是当下图书馆存在和发展的根本原因。而图书馆之所以能够存在，依靠的是图书馆人对事业的不断追求和奋斗。因此，"人"始终是图书馆存在和发挥的动力与支点。

图书馆树立"以人为本"的价值观、实行"以人为本"的管理模式依赖于图书馆文化的支撑。一个有着共同价值取向的图书馆能够对其管理人员和读者倾注最深切的关怀。其管理人员在充分取得自身发展、实现价值的同时，必将更加忠实图书馆的集体事业和未来发展。其读者在获得图书馆良好服务的同时，也必将进一步强化对图书馆的认同感和忠诚度，图书馆由此获得更好的公众形象。这里的"读者满意"就是"以人为本"的具体体现，是图书馆发展的原动力。所以，在图书馆的各种服务活动中，应真正树立以读者为本的理念，使读者能够公平、公正、自由、方便地利用和获取各种文献信息，平等享受各种服务，真正体现"图书馆是所有人都可以利用的场所"这一宗旨。图书馆的工作对象是文献信息，服务对象是读者，其中读者是主体。这就是说，读者是图书馆的重要组成要素，读者服务是图书馆赖以存在和发展的根本依据。印度图书馆学家阮冈纳赞曾提出"图书馆学五定律"，其中前四条都是围绕着图书馆的"读者服务"来展开的，充分体现了"以读者为中心"的服务理念和人文关怀。因此，图书馆在提供服务的过程中，就是要通过这种服务理念，多想读者之所想，多为读者提供方便，在阅读环境、开放时间、借阅方式、书架设置、信息产品的提供等方面体现出"倾情"。

"以人为本"还应体现在对图书馆员的关怀和管理上，尤其是要致力于建设符合组织与个人共同发展的良好工作和学习氛围，使馆员感受到尊重，体现自己的价值，从而能自觉地工作，在完成图书馆目标的过程中实现自己的愿望。

六、图书馆管理创新实践

新技术的快速发展给图书馆带来了前所未有的机遇和挑战。图书馆只有积极改革和探索才能适应新的形势。管理的改革是当前图书馆改革发展的重点和关键。

（一）调整内部机构，强化服务职能

根据图书馆工作变化的需要，许多图书馆及时调整业务机构，精简机构和人员，有利于业务工作的开展，有利于提高管理的效益。

具体方法是实行采编合一、藏阅合一等，合并调整业务部门，精简基础工作的部门和人员，加强服务工作的部门和人员；根据本馆服务特色和发展需要，增设新的业务部门。

长期以来，后勤成为图书馆的负担，制约了图书馆的发展。将后勤从图书馆业务和行政机构中分离出来是图书馆管理改革的重要举措。目前，我国一些公共图书馆试行后勤企业化管理。国家图书馆后勤保障部门实行管理与服务职能的分离，走服务社会化、管理企业化的道路，组建人员精干的行政管理处，代表馆方行使管理职能；组建后勤服务中心，不定行政级别，实行企业化管理，开展对内对外双向服务。

（二）改革人事分配制度，建立激励机制

实施人事分配制度改革，从职称管理改为岗位管理。第一，实行全员聘任制，定岗定编定酬，竞争上岗，责、权、利统一。第二，减少全工、增加临时工。根据国外大学图书馆的经验，图书馆工作人员中，馆员数量只占很小的比例，图书馆应大量使用临时工主要是学生工来承担一般的服务管理工作，由此可减少图书馆正式职工的数量，减少图书馆服务的成本。有的学校图书馆为解决人手紧张的问题，采取了从学生读者中招收义工的办法，取得了很好的效果。

（三）修订规章制度，实施新的管理办法

图书馆的规章制度反映了图书馆的管理水平。及时修订规章制度既是为了适应变化的需要，改正不合理的规定，针对新情况、新问题做出新规定，使制度不断完善，保持制度的合理性和适用性；也是为了管理改革，以制度的更新为杠杆，推出新方法和新举措，调动各种积极因素，实施制度化管理，保持制度的科学性和新颖性。目前许多图书馆的规章制度早已过时，不能适应新时期图书馆工作的需要和读者对图书馆的要求。一些不合理的规定（如书库闭架借阅、阅览室区分使用等）必须改革，使规章制度适应变化的需要，保持制度的新颖性和适应性。

图书馆的工作内容和方法在最近十余年有了很大的发展。大多数图书馆改革管理方法，打破闭架和部分开架的管理模式，实行全开架借阅管理；打破书库与阅览室分离的管理模式，实行藏阅一体化管理；打破书刊样本与流通阅览本的区分，开放样本库；打破严格按文献类型采集和管理的办法，从实际出发采取书刊一体化等。特别是随着图书馆出现的新情况、新问题，不断解决新的矛盾，必须做出新规定，使制度不断更新，保持制度的科学性和合理性。当下，图书馆自动化管理对传统图书馆有很大的冲击，每更新一个自动化系统意味着管理模式的引进和管理方法的更新。清华大学图书馆就是通过更新自动化系统进行图书馆内部机构的调整与改革。许多大学图书馆根据自动化管理的要求修订的制度，增加新的制度，保持了制度的周期性和实用性。

管理也要创新。图书馆要提高管理和服务水平，引进国内外先进的管理方法和经验是一个重要途径，通过推出新的制度，不断改进和完善，保持制度的先进性和创造性。为了管理改革，以制度的更新为杠杆，推出新方法和新举措，调动各种积极因素，实施制度化管理，保持制度的科学性和新颖性。

（四）图书馆自动化以评促建

继全国高校图书馆第一轮评估后，许多省市开始了第二轮图书馆评估，这次评估把图书馆自动化方面的评估放在了重要的地位。

为贯彻落实《中共中央办公厅、国务院办公厅关于加快构建现代公共文化服务体系的意见》精神，发挥以评促建、以评促管、以评促用的作用，促进全国公共图书馆事业发展，按照每四年进行一次全国县级以上公共图书馆评估定级工作的要求。此次评估采取线上数据审核、实地评估和第三方测评相结合的方式进行。线上数据主要采取人工填报和平台自动更新的方式进行采集。

（五）采用业务管理新模式

书目预订一直是图书馆采购的主要方式，但存在着不能全面反映图书市场、图书广告与实际存在差距等问题，另外在图书市场日益竞争的形势下，多渠道销售使书目预订失去了原有的地位。这已经对图书馆采访带来了难度和困惑。在这种情况下，图书馆应采取更科学的方法。在图书馆服务工作中，引进先进的设备和管理模式不仅在于提高服务的质量和效率，更重要的是方便读者，充分发挥图书馆资源的效用。

（六）全面提高队伍素质，开发人力资源

重视图书馆馆员的选拔，提高图书馆馆员的任职条件。近几年来，很多图书馆改变过去对馆员学历、职称等要求偏低的状况，大力选拔图书馆学专业的高学历人才担任馆员，或选拔有学术地位的专家教授、博士生导师担任馆员。一些图书馆请中科院院士出任馆员。从某种意义上，提高馆员的任职条件对于提升图书馆在大学的地位是有益的。

（七）图书馆建筑与数字化并驾齐驱

传统图书馆建筑有许多不适应现代管理和服务的弊端。例如图书馆书库与阅览室的分离、空间小、层高不一等不利于图书馆藏阅一体化和机构的调整，严重制约了图书馆的发展。扩建图书馆能够缓解图书馆空间与藏书量激增的矛盾。20 世纪 90 年代以来的扩建不仅考虑到建筑规模、藏书容量、藏阅一体化模式、校园环境以及"三统一"（统一入网、统一层高、统一荷载）的要求，而且充分考虑到网络、自动化系统、消防与监控系统、空调系统以及其他现代化的设施，用现代化的手段管理现代化的图书馆。

第三章 图书馆资源管理

第一节 图书馆资源的内涵

一、图书馆资源的概念与构成

图书馆是对信息、知识的物质载体进行收集、加工、整理、积聚、存贮、选择、控制、转化和传递，提供给一定社会读者使用的信息系统，是文献信息的存贮与传递中心。图书馆资源一词早在 20 世纪 80 年代中期就有人提出了，20 世纪 90 年代后期，图书馆界开始讨论图书馆资源的概念和构成，形成了多种观点。国外关于这方面的研究开展得较早并取得了很大的进展。如图书馆资源的存在状况与分布规律的研究、图书馆资源的利用状况的研究、图书馆引进现代化技术拓展服务的研究、图书馆与其他社会机构的资源的合作研究、对图书馆人员素质的研究以及读者和公众的研究等。进入 21 世纪以来，由于国民阅读率持续降低、图书馆的利用严重不足、对图书馆的社会认知程度不高等现实问题，我国逐渐开始重视如何对图书馆的资源深度利用的研究，并围绕着如何促进全民阅读，对现有公共图书馆资源及其利用情况进行积极的研究和探索。最近几年，虽然对"图书馆资源"一词使用频率较高，但很多人对图书馆资源与文献资源的真正含义并不十分清楚，对它们的构成也不明了。就目前国内外的研究现状来看，图书馆资源含义逐渐扩大，涉及图书馆全部的物理和虚拟空间资源。

（一）图书馆资源的概念

随着信息科技的产生与发展，目前的图书馆拥有丰富的纸质资源和电子资源。图书馆是搜集、整理、收藏图书资料以供人阅览、参考的机构，早在公元前3000年就出现了最早意义上的图书馆，图书馆具有保存人类文化遗产、开发信息资源以及参与社会教育等职能。

20世纪80年代中期，当图书馆学界提出文献资源、信息资源概念的时候，就有人开始使用图书馆资源一词，到了20世纪90年代，图书馆界逐渐开始讨论图书馆资源的概念和构成，并且形成了多种观点。随着图书馆事业的不断发展，图书馆资源有了较为清晰、合理的概念。

图书馆资源有广义和狭义之分。广义上的图书馆资源是指图书馆为了资源整合利用而组织起来的相互联系的多种资源的动态有机整体。这里所说的图书馆资源包括信息资源、人力资源、图书馆馆舍、硬件设备、技术以及资金等。其中信息资源包括图书馆可供利用的所有信息，包括印刷型文献信息资源、电子型文献信息资源以及网络信息资源；人力资源包括图书馆馆员和读者资源。狭义的图书馆资源仅指馆藏的信息资源。图书馆资源的概念目前尚未有一个明确的定义，比较有代表性的观点有两种：一种观点认为图书馆资源是指为了对资源的利用而组织起来的一个信息集合，它的实质是一种动态的信息资源体系。另一种观点认为图书馆资源是各类资源组成的有机整体。从公众的角度来看，图书馆资源主要是图书馆的信息资源，人们来到图书馆的主要目的是借阅和利用馆藏信息资源。但是图书馆资源的其他方面是支持这一过程的必不可少的部分。图书馆资源具有以下几个特性：

1. 联系性

联系性是指系统中各组成要素间有着相互作用、相互关联的关系。图书馆资源各要素之间有着相互依存和影响的关系，这种关系决定了图书馆资源内部联系的特性。

2. 整体性

整体性是指按一定方式构成的系统各要素之间的相互联系和制约，体现出各个部分之和小于该整体以及要素与系统间的不可分性。图书馆资源各组成要素构成了一个整体，各要素之间必是密不可分的，但其整体发挥的功效要大于各要素的简单相加，也就是人们常说的"1+1>2"效应。

3. 可用性

图书馆资源是为图书馆而存在并被加以利用，因而其具有可用性，任何资源失去了可用性，也必然失去了其存在的价值。

4. 动态性

动态性是指系统各组成要素必须随着时间的推移以及外部环境的变化而不断发展变化。图书馆资源的动态性决定了图书馆资源会随着时间的变化而不断发展变化，正如图书馆资源从诞生开始发展到如今，其内涵和外延逐步加深和扩大。

5. 有序性

图书馆资源应该是一种有序存在的资源，这样会有助于对其利用。比如图书馆文献资源如果是无序的，稍具图书馆知识的人都能知道它将无法被利用。那么图书馆的人力资源是否具有有序性呢？人们常说的人力资源的整合即是对人力资源的整序，人力资源不进行整序，就如同一盘散沙，无法发挥其最大作用。同样，设备资源如果无序，也无法发挥其应有的作用。

综上所述，图书馆资源是指图书馆为了资源利用而组织起来的多种资源相互联系的动态有机整体。

（二）图书馆资源的构成

对于图书馆资源的构成也同样存在着多种观点：一种观点是从图书馆资源作为一种动态信息资源体系的角度出发，认为它有四个方面：信息资源、用户资源、信息人员资源（主要指图书馆馆员）、信息设施资源（包括硬件设备和软件技术）；另一种观点认为有四个内容：文献资源（包括馆藏文献资源）、网络信息资源（包括静态的文献数字化信息和动态的社会各类网络信息）、人才资源（包括图书馆馆员和读者资源）、设备资源（包括馆舍及各类设备）；第三种观点比较泛，认为图书馆资源有七个要素：文献信息资源（主要指馆藏文献资源）、人力资源（主要指图书馆馆员）、设备资源、技术资源、建设资源、资金资源、读者资源；第四种观点认为有八个方面的资源：入藏的文献、图书馆专业人员、图书馆馆舍、图书馆设备、图书馆品牌、图书馆市场（读者以及潜在的读者）、图书馆的政策和法规、图书馆的理论和方法。

实质上，图书馆的构成要素亦即图书馆资源的构成要素，只不过随着时代的发展，它的内涵和外延都在不断地加深和丰富罢了。

其实图书馆资源的构成不外乎三个方面：信息资源、人力资源、设施资源。这也是当前比较流行的看法，只是人们对此三方面都有各自的理解。从广义的角度去看，这三个方面较准确地囊括了上述多种构成，即在三个大资源下再细分各从属小资源，形成一个分类体系。从系统要素的相关效应来分析，上述多种要素已包含在三大资源中，具体分析如下：

1. 信息资源

信息资源是图书馆存在的基础，包括图书馆中可供利用的所有信息，可分为两部分：文献信息资源、网络信息资源。文献信息资源指的是图书馆内所收藏的为用户提供需求的各类信息资源，它包括纸质印刷型与电子型；网络信息资源是指存在于现代计算机网络系统之中，并以联机方式向用户提供服务的信息资源，包括静态的文献数字化信息和动态的社会信息。近年来，图书馆信息理论的发展，也有人将图书馆的信息资源分为现实馆藏和虚拟馆藏。现实馆藏相当于上述的文献信息资源；虚拟馆藏广义上相当于上述的网络信息资源，狭义上则指各馆根据本馆的具体情况经过认真组织和筛选的网络信息资源。

2. 人力资源

人力资源是图书馆可持续发展的关键因素，包括图书馆各种人员（包括图书馆馆员和读者资源）及由这些人员所衍生出的管理方法，其中图书馆馆员资源又包括了图书馆理论、图书馆政策及相关法规、技术资源。狭义上的人力资源仅指图书馆馆员。事实上近年来一些有关于图书馆人力资源开发和管理的研究大多是从狭义的人力资源的定义上来进行的，很少会把读者资源纳入人力资源研究的范畴中。实质上如果让读者参与图书馆的管理，能够为图书馆事业注入新的活力，如有些图书馆会建立自己的专家顾问团、青年志愿者服务队、大学生图书馆管理协会等，通过这些方式给自己提供一些更好的建议，集思广益，有助于图书馆的发展，这些都是对读者资源的开发和利用。

3. 设施资源

设施资源并不单指设备资源，它包括馆舍、设备以及一些其他用品。其中设备是主要的资源，其可分为传统设备（如藏书架、阅览桌椅等）和现代化设备（如计算机、网络交换机等），也有人将现代化设备称为信息设备，包括自动化系统、网络，因为现代设备与技术已融合在一起，所以有不少人称之为技术设备资源，不过从理论上讲，设备与技术应分属于不同的资源范畴。设施资源是图书馆的物质基础，代表了图书馆的先进程度，特别是在当代，现代化设备的配置已成为现代化图书馆的标志，因而其越来越受到重视。

当今，信息技术飞速发展，数字化图书馆发展迅猛，图书馆资源也正在走向集成一体化。

二、图书馆资源的功能与作用

（一）图书馆资源的功能

1. 存储、积累知识与信息的功能

图书馆的文献资源是为了保存和传递社会经验与知识的需要，文献的发展与丰富，根本的原因在于社会知识的积累与知识需求的急剧增长。文献作为知识的载体，其基本功能价值之一就体现在它记录着人类创造的知识，能够满足社会的知识需求。

2. 传递、扩散信息的功能

在人类社会中，个人、团体、国家为了生存与发展，必须随时掌握大量的有关信息，以监测环境，应付环境的变化，做出相应的决策和行动。图书馆正是信息文献资源的集散地，是人与自然、社会联系的中介。图书馆在人类文化交流中活动的场所，在人类信息交流体系中占有独特的地位。

3. 社会教育的功能

通过图书馆资源，社会成员可以学习、掌握各种生产、生活方面的知识，尤其在当代社会中，文献资源的利用是终身教育的重要手段之一；随着时间的推移及社会的发展；各种社会风俗习惯、伦理道德、哲学及法律等社会观念都会被记录在文献中，可以通过文献的传播，将已确立的一整套社会观念传给下一代，促成信息社会中年青一代的社会化，并且时刻影响着社会成员，成为社会的自我控制力量。

4. 文化传播的功能

图书馆的文化保存和传播的过程，同时也是文献生产和传播技术不断进步的过程，是一个社会信息数量不断增长和信息传递加速的过程。每项新的文献信息都增加了个人和集体的记忆、保存信息的能力，从而使人们能够从事过去所不能从事的活动。换句话说，对于文化发展来说，文献的交流与传播是其发展的基本条件和手段，文献传播的实质是文献信息交流，因而，文化的发展实际上建立在文献信息交流的基础上。所以，文献信息是人类社会文化不断发展进步的基础之一。文献的文化传播功能主要体现在：第一，文献传播具有文化的整合功能。通过文献传播，可以使不同的文化彼此了解、吸收、借鉴，直至认同和融合，趋于一体，文献可以发挥整合文化的功能。第二，文献传播具有文化评价功能。通过文献，人们可以对记录下的自身所处的文化环境进行审视和评价，确定文化的价值，并据此采取行动。第三，文献传播具有文化积淀功能。文献传播不仅可以在空间上横向传播，同时也可以在时间维度上纵向继承，这使得人类的文化财富代代相袭，积累下来，成为宝贵的文化遗产。

5. 娱乐欣赏的功能

文献信息资源包括文学影视作品、音乐美术作品和游戏软件等，以满足阅览者平时丰富业余生活的需要；精美的文献插图和丰富多彩的多媒体信息，能够给阅览者带来愉悦感；同时，阅读文献作为一种休闲方式，也能起到怡情养性的作用。

（二）图书馆资源的作用与职能

图书馆是具备收藏、管理、流通等一整套使用空间和技术设备用房，面向社会大众服务的机构，具有广泛的作用和职能。

1. 图书馆资源的作用

（1）服务作用

图书馆面向全社会开放，它的藏书是综合性的，为社会各种文化层次的读者服务。图书馆是整个科学研究大系统的一个子系统，是为科学研究收集、整理、提供文献信息资料的社会机构。它对人类文明得以继承延续、发展有着不可磨灭的功绩，这里有厚重的历史文明，有求真的科学精神，更有丰富的资源和空间为人们所利用。如我国的公共图书馆，其特点是收藏学科广泛，读者多样。由国家中央或地方政府管理、资助和支持的、免费为社会公众服务的图书馆。它可以是为一般群众服务，也可以是为某一特定读者如儿童、工人、农民等服务的。

（2）教育作用

教育的定义有狭义和广义之分。狭义的教育一般来说专指学校教育；广义的教育即社会教育，任何以传授文化知识，能够影响和改变人们的思想、意识和品德，增强人们体质的活动都可以归为广义教育。图书馆的教育即是一种社会教育。图书馆是一个重要的教研机构，因为有丰富的资源和先进的设备，在开展社会教育中具有举足轻重的地位。图书馆可以通过与教材出版机构和学校合作来进行教育教学数据库的建设，来给予正规教育有力的支持。图书馆逐步降低入馆门槛，甚至"零门槛"入馆，对社会各个阶层的用户通过信息的传递进行对应的教育，是人们终身学习的基地。同时通过开展各种形式的文化娱乐活动，潜移默化地对用户进行审美教育和素质教育，有力地促进人们的全面发展。

图书馆作为一种社会教育机构是具有其悠久历史的。早在封建时代的皇家书院和藏书阁，便是拥有万卷藏书之所，也是封建王朝培养自己人才的地方。在近代的图书馆史上，更是拥有一批集图书馆人与教育家于一身之人，如梁启超、康有为、鲁迅、胡适等，他们既是教育家，同时又都曾是图书馆人，从老子到康、梁，并非单纯的历史巧合，必然有其内在的依据。现代的图书馆更是被称为"没有围墙的学校"，是人们进行终身教育的最佳场所。

（3）学术作用

说到图书馆的学术作用，图书馆外的人也许会嗤之以鼻，图书馆工作者则难以理直气壮地宣传其学术性，似乎唯有服务性才是其本质属性。我国古代图书馆（或者称为藏书阁）是极富学术性的，特别是汉代以后，全国的藏书集中于政府的图书馆。图书馆不仅保存了古代典籍，而且参与了各个时代的学术论争，对促进学术发展起了很大作用。图书馆是学术信息交流的中心，它能够广泛地收集社会知识和文化信息资源，并对之进行整合与加工，以科技查新、学术报告等形式向用户提供检索和使用。在整个学术信息交流过程中，图书馆起到承上启下的作用。图书馆工作本身就是对知识信息进行保存、加工、整序并给人们加以利用的，其工作性质也恰恰体现了图书馆的学术性，所以说要做好这些工作，就需要有相应的专业知识和技能，这也体现着图书馆工作特有的理论和方法。

（4）社会作用

图书馆与社会关系密切，不仅是全社会的文化设施和工具，同时也是保障公民基本信息权益的社会公共服务机构与制度。在我国，由于公共图书馆立法尚未完成，所以一直没有将公共图书馆当作一种以"公益性"为核心的社会机构和制度来建设，公共图书馆运作实践中往往是"有条件服务""区别服务""有偿服务"，从而忽略了公共图书馆建设的"社会性"。

图书馆的业务简单来说就是收藏文献信息和提供读者服务。图书馆储藏的知识信息具有社会性。图书馆馆藏的都是具有社会性的知识信息，这些信息包罗万象，是人类社会千百年来发展积累起来的智慧结晶。图书馆也可以使读者充分地利用人类的文化遗产，因而其信息服务的对象也是具有社会性的。通过文献信息提供给读者阅读使用，进一步促成知识的传播和信息的交流，并介入社会的政治、经济、科学、文化等各个领域。图书馆是提供人们共同使用图书财富的文化机构，具有明显的社会性。

（5）文化作用

中国近代图书馆从藏书楼嬗变中诞生。图书馆通过各种文化活动，如提供阅读文献信息、开展网上服务、开办专题知识讲座、开设流动图书馆服务等方式，积极拓展服务范围，积极增强图书馆的文化服务水平。图书馆本身并不能创造文献信息，它是通过对社会文化资源的整理、加工、存储后再向广大读者以及科研人员提供阅读使用，它是知识生产与知识利用之间的纽带，起到了中介性和服务性的作用，能够使各种文献信息发挥最大作用，从而满足各种读者的需求。通过图书馆拥有的大量的文化信息，使其在工作过程中能够突破空间和思想的障碍，使不同行业在不同意识形态的文化内容上能够进行互动，达成共识和合作，这样无形中就完成了对社会文化资源的整合，从而促进了地域性文化建设，并对经济的发展进行服务。长期以来，我国公共图书馆建设被定位于国家的文化建设领域内，而其他类型图书馆也从政策、法规与业务方面受文化部门的制约与指导，这就强化了图书馆的"文化性"。"当今时代，文化越来越成为民族凝聚力和创造力的重要源泉，越来越成为综合国力竞争的重要因素，丰富精神文化生活越来越成为我国人民的热切愿望。"在这个判断的基础上，图书馆的"文化性"就表现在，图书馆必须坚持社会主义先进文化前进方向，投身社会主义文化建设新高潮，为激发全民族文化创造活力、提高国家文化软实力，使人民基本文化权益得到更好的保障，使社会文化生活更加丰富多彩，使人民精神风貌更加昂扬向上。

2. 图书馆资源的职能

图书馆是具有多种职能作用的整体。图书馆的职能主要有：文化职能、教育职能、信息职能、休闲职能。

（1）文化职能

图书馆的文化职能主要体现在它能够保存文化遗产和促进文化传播上，是重要的文化活动中心。最初的图书馆是作为保存人类文化财富的机构而存在的，它将人类社会发展中所积累的经验和知识进行收集、整理、加工并系统地保存下来而流传至今，造就了当今人类社会丰富的精神文化财富。随着科技的发展，图书馆通过各种先进的科学技术改善文献的保存条件，从而使得文献的保存寿命得到了大大的提高，使人类的文化遗产得以继承和发扬。图书馆作为信息存储和传播的中介机构，通过对人们提供文献、书刊以及开展各种形式的教育活动，从而达到了传播科学文化知识的作用，并提高了读者对一些文化遗产的认识和对艺术的鉴赏力，促进了不同文化之间的交流，从而提升整个社会的文化氛围，促进社会文化的发展。随着现代信息技术的飞速发展，文化信息的传播更加快速。

（2）教育职能

图书馆的教育职能体现在它是普及科学文化、终身学习中心的地位和弱势群体文化权益保障的功能上。除了在学校的正规教育外，还包括各种社会教育，社会教育的宗旨在于面向全社会知识的普及和人才的培养，而图书馆恰恰是社会教育的重要组成部分。随着在我国"活到老，学到老"的终身学习理念深入人心，图书馆的教育职能也日益受到社会的重视，图书馆通过向读者推荐优秀的文献、书刊以及开展各种形式的讲座等活动，达到培养读者高尚的思想情操、良好的道德修养和健康的社会观念，使读者能有一个积极向上的生活态度，从而提高人们整体的精神素质。

（3）信息职能

信息职能指的是图书馆提供信息咨询服务以及推动文化信息产业发展的职能。图书馆通过读者间的文献传递、馆际互借功能以及文献资源的各种询问方式（包括电话、电子邮件等）形式向读者、团体以及当地企业等提供必要的信息服务。由于现在许多科研活动和生产活动的开展及后续进程对图书馆的信息依赖有所增强，图书馆开展咨询服务的方式和范围也在不断地发生变化，要根据不同用户的需求开展不同的服务，比如，针对普通读者加强文献传递和参考咨询服务；而对企事业单位需要进行必要的科技查新服务，为其生产和科研提供有力的保障。

（4）休闲职能

图书馆作为公共文化设施有丰富群众业余生活的职能，是群众休闲娱乐的重要场所之一。

图书馆通过开展各种文化展览、讲座及演出活动来满足广大人民群众的休闲娱乐需求，图书馆的休闲职能是近年来随着图书馆事业发展的结果，是图书馆文化向更广范围的读者提供服务，体现人文关怀，增强文化活力的整合社会文化资源，为读者服务。图书馆本身并不创造文献信息，而是通过对社会文化资源进行加工、整理、存储、管理并向读者和科研人员提供阅读使用，在社会知识交流活动中是知识生产与知识利用之间的重要桥梁，起到服务性和中介性的作用。能够最大限度地发挥文献信息的作用，来满足读者千差万别的文化信息需求。图书馆拥有大量的社会文化信息，在其工作过程中能够超越空间障碍和突破思想障碍，形成不同行业、不同意识形态的文化内容上的互动，达成共识与合作，无形中对社会文化资源进行整合。

三、图书馆资源的重要性

文化是一个人、一个民族乃至一个国家的精神支柱，在我国五千多年的历史发展长河中，创造出许多博大精深、享誉世界的中华文化，为中华民族的振兴提供了强大精神力量，同时也为整个人类文明的进步做出了不可磨灭的贡献。进入新世纪，文化已成为一个国家综合国力的重要考量，国与国之间的竞争、人与人之间的交往，越来越表现为相互间文化的碰撞与交流，加强文化建设已经成为大势所趋。现在我国已经进入全面建设小康社会的新阶段，所以加快文化建设、丰富文化内容以及提升文化品位已不仅仅是社会中的小众要求，而是全社会所追求的必然趋势。而图书馆作为社会公益性的文化服务机构必然是文化建设的一个重要组成部分，其收藏的文献资料具有种类齐全、覆盖面广、形式多样等特点，可以满足社会上不同人群对信息不同需求的特点，对个人文化素质的构建和社会文化事业的构建，以及个人自身文化素质的构建正起着日益重要的作用。

图书馆是信息交汇与信息共享的资源平台。上到传承千年的人文经典，下到当今社会各种瞬息万变的资讯以及各种学科高精尖的专业技术，在图书馆都可以获取和分享到你所需的信息，这就是图书馆的功能价值。社会上每个人对共享社会的信息资源都有平等的机会，都有权利享受图书馆的服务。在这里，无论知识的载体形态如何千变万化，图书馆都可以作为一个储存与传播的平台，将无形的知识与文明传承。作为社会信息汇集共享的中心，图书馆自然而然地担负起引领社会文化的走向，并担负引导社会核心价值观念的责任。图书馆将这些精神财富继承下来并对其进行广泛的传播与应用，潜移默化地影响着国民的整体素质，为构建和谐社会起着重要的作用。

随着社会发展，人们对文化知识越来越渴求，接受再次教育的期盼日益强烈。图书馆作为公共文化服务机构，具有很强的社会宣传教育功能，通过丰富的馆藏和各种媒介，传播先进的思想、道德、科学技术和文化知识，在帮助群众提高自身素质，促进全民学习等方面都发挥重要的作用。人们在这里学习不受时间、空间、年龄、文化层次的限制，深受广大群众的喜爱。社会主义文化事业的建设发展要求我们要大力发展公益性文化事业，保障人民基本文化权益。满足人民基本文化需求是社会主义文化建设的基本任务。图书馆以其公益性、便利性、广泛性受到了广大人民群众的欢迎。图书馆通过基础设施的改善，阅读、文艺表演等各类活动的开展，丰富了人们日常生活，满足了人们对精神食粮的需要，让人们普遍均等地享有公共图书馆服务和阅读权益，对文化事业推广、科学知识传播等方面的发展起到积极促进作用。

第二节　图书馆资源的类型

一、传统图书馆文献资源

传统的图书馆收藏的资源比较单一，以实体文献资源为主，按照文献资源不同的标准划分可以有很多种类型。

（一）按文献的加工深度划分

文献是信息的主要载体，根据对信息的加工层次可将文献分为一次文献、二次文献和三次文献。

1. 一次文献

人们对自然信息和社会信息进行首次加工而成的文字记载，这是文献信息源的主要部分。例如专著、报纸、期刊、专利文献、标准文献、会议文献、样本等成品文献属于一次文献。一次文献数量极为庞大，在内容上是分散的、无系统的，不便于管理和传播。

2. 二次文献

为了控制文献，便于人们查找，对一次文献进行再加工，通过整理、提炼和压缩，并按其外部特征和内部特征进行有序化管理，形成另一类新的文献形式就是二次文献。例如目录、书目、索引、文摘等。二次文献不是一次文献本身的汇集，而是一文献特征的汇集，通过它们可以很方便地找到一次文献，或了解一次文献的内容。二次文献内容相对集中，系统相对性强，便于管理和传播。

3. 三次文献

利用二次文献，选择有关的一次文献再加以分析、综合而编写出来的第三个层次的文献形式就是三次文献。例如专题报告、综述、进展以及手册、百科全书、年鉴等工具书。三次文献具有系统性、综合性、知识性和概括性的特点，它从一次文献中汲取重要内容，便于高效率地了解某一领域的状况、动态、发展趋势和有关情况。因此，要在浩瀚的一次文献中查找所需资料，文献中查找所需资料，往往离不开二次文献和三次文献。

（二）按文献的载体形式划分

随着信息的记录与存取技术的更新换代，文献载体形式也呈现出多样化，出现了早期如音像磁带、胶卷，到现代的光盘、数据库等载体，这些非传统纸质载体文献的出现使文献的记录和保存范围进一步扩大，并使文献传递更加迅速，使信息的存储和利用更加便捷。目前，文献主要有印刷型、缩微型、电子型（机读型）、音像型四种。

1. 印刷型文献

印刷型文献是以手写、打印、印刷等为记录手段，将信息记载在纸张上形成的文献。它是传统的文献形式，便于阅读和流传，但存储密度小、体积大，不便于管理和长期保存。

2. 缩微型文献

缩微型文献是以感光材料为载体，用缩微照相技术制成的文献复制品，如缩微胶卷、缩微平片。按其外形可分为卷片型和平片型；按对它的穿透力可分为透明体和不透明体，前者须用透射式阅读机阅读，后者指缩微印刷品，用不透明感光纸印制而成，用反射式阅读机阅读。缩微型文献的特点是存储密度大、体积小，便于保存和传递，但必须借助专门的设备才能阅读。世界上许多文献信息服务机构都将欲长期收藏的文献制成缩微品加以保存。

3. 电子型文献

电子型文献是指以数字代码方式，将图、文、声、像等信息存储到磁、光、电介质上，通过计算机或类似设备阅读使用的文献，也称机读型文献，如各种电子图书、电子期刊、联机数据库、网络数据库、网络新闻、光盘数据库等。其特点是信息存储量大，出版周期短，易更新，传递信息迅速，存取速度快，可以融文本、图像、声音等多媒体信息于一体，信息共享性好，易复制，但必须利用计算机才能阅读。

4. 音像型文献

音像型文献是采用录音、录像、摄影、摄像等手段，将声音、图像等多媒体信息记录在光学材料、磁性材料上形成的文献，又称为声像资料、视听资料、音像制品，如音像磁带、唱片、幻灯片、激光视盘等。音像型文献脱离了传统的文字记录形式，直接记录声音和图像，给人以直观的感觉，又称为直感型资料。其特点是形象、直观，尤其适于记录用文字、符号难以描述的复杂信息和自然现象，但其制作、阅读需要利用专门设备。

（三）按照文献的出版形式和内容划分

按照文献的出版形式和内容，可以将文献分为图书、期刊、报纸、特种文献（学位论文、会议论文、专利文献、标准文献、科技报告、政府出版物、产品样本资料等）。

1. 图书

联合国教科文组织对图书的定义是：凡由出版社（商）出版的不包括封面和封底在内

49 页以上的印刷品，具有特定的书名和著者名，编有国际标准书号（ISBN），有定价并取得版权保护的出版物称为图书。

图书是以传播知识为目的，用文字或其他信息符号记录于一定形式的材料之上的著作物；图书是人类社会实践的产物，是一种特定的不断发展着的知识传播工具。它包括专著、教科书、词典、丛书、工具书、百科全书等。

2. 期刊

期刊也称杂志，是由多位作者撰写的不同题材的作品构成的定期出版物。期刊有固定刊名，是以期、卷、号或年、月为序，定期或不定期连续出版的印刷读物，每期内容不重复期刊出版单位出版期刊，必须经新闻出版总署批准，持有国内统一连续出版物号。根据期刊的出版周期可将期刊分为旬刊、半月刊、月刊、双月刊、季刊、半年刊、年刊。期刊按用途不同可以分为科普类期刊和学术类期刊两大类。学术类期刊按主管单位的不同，可以分为省级期刊、国家级期刊、科技核心期刊（统计源期刊）、中文核心期刊、双核心期刊等。

3. 报纸

报纸也是连续出版物的一种，是以刊载新闻和时事评论为主的定期向公众发行的印刷出版物。它是大众传播的重要载体，具有反映和引导社会舆论的功能。根据出版周期，报纸可分为日报、早报、晚报、双日报、周报、旬报等。

4. 特种文献

（1）学位论文

学位论文是指为了获得所修学位，被授予学位的人按要求所撰写。学位论文是学术论文的一种形式，有严格的格式要求，一般不公开出版。学位论文分为学士论文、硕士论文、博士论文三种。

（2）会议论文

会议论文是指在会议等正式场合宣读的首次发表的论文。会议论文属于公开发表的论文，一般正式的学术交流会议都会出版会议论文集。会议论文集不是期刊，但是有的期刊为会议论文出增刊。

（3）专利文献

专利文献是包含已经申请或被确认为发现、发明的实用新型和工业品外观设计的研究、设计、开发和试验成果的有关资料，以及保护发明人、专利所有人及工业品外观设计和实用新型注册证书持有人权利的有关资料的已出版或未出版的文件（或其摘要）的总称。

（4）标准文献

标准文献是经公认权威机构（主管机关）批准的一整套在特定范围（领域）内必须执行的规格、规则、技术要求等规范性文献，简称标准。

（5）科技报告

科技报告是记录某一科研项目调查、实验、研究的成果或进展情况的报告，又称研究报告、报告文献。每份报告自成一册，通常载有主持单位、报告撰写者、密级、报告号、研究项目号和合同号等。它按内容可分为报告书、论文、通报、札记、技术译文、备忘录、特种出版物。

（6）政府出版物

政府出版物是由政府机构制作出版或由政府机构编辑并授权指定出版商出版的文献。常见的政府出版物有报告、公报、通报、通讯、文件汇编、会议录、统计资料、图表、地名词典、官员名录、国家机关指南、工作手册、地图集以及传统的图书、期刊、小册子，也包括缩微、视听等其他载体的非书资料。

（7）产品样本资料

产品样本资料是指厂商或贸易机构为宣传和推销其产品而印发的资料，如产品目录、产品说明书、产品总览、产品手册等。

二、现代性图书馆资源

20世纪末的图书馆现代化进程始于图书馆自动化，在这个进程中，随着技术的不断改进和革新，先后出现了电子图书馆、数字图书馆、虚拟图书馆等概念。它们都是计算机技术、多媒体技术、网络技术和其他相关技术发展的产物。运用当代信息技术，对文献信息资源进行采集、整理和储存，构成了现在图书馆中的电子文献和电子出版物。另外，利用现代网络技术，图书馆创建了各种各样新的服务平台。这些跟随图书馆现代化进程脚步而产生的资源可以被称作是图书馆的现代性资源。

电子信息资源是信息资源的重要组成部分，是电子化了的信息资源，它是以数字化的形式，把文字、图形、图像、声音、动画等多种形式的信息存放在光、磁等非印刷型介质上，以电信号、光信号的形式传输，并通过计算机、通信设备及其他外部设备再现出来的一种信息资源；是一个分布式的大型知识库，即以分布式海量数据库为支撑，基于智能检索技术和宽带高速网络技术的大型、开放、分布式的信息库群。按传统载体对资源类型的区分方式，电子资源的类型包括电子图书、电子期刊、电子报纸以及其他作为图书馆馆藏的数字格式的资源，如学位论文、会议论文、地图、乐谱、政府工作报告等；另外，一些经济统计数据库、材料属性、相图数据库等事实型数据库也正在逐步发展中。

（一）电子图书数据库

电子图书是纸质版图书的电子化形态，两者都是系统论述或概括某一学科、某一领域或某一主题知识的出版物，共同特点是作者对已经发表的科研成果及其知识体系进行的概括和总结，因而内容比较系统全面，所载信息比较成熟可靠；主要用于求知解惑，系统学习某一领域的基础知识。作为一种馆藏资源，电子图书从最初单纯只是单种纸质版图书的图片化集合，随着技术的飞速进步，很快进化到以 PDF 等格式为代表的电子文档，并随着数量的激增，由数据库软件对众多的电子图书进行管理。其带来的最大好处是，与纸质版图书相比较，即便是单本的中文电子图书，也具备检索系统。

（二）电子期刊数据库

随着期刊的种类急剧增加，尤其是外文期刊的价格大幅上涨等原因，互联网作为一种价廉物美的出版发行渠道，电子期刊已成为数字图书馆不可或缺的馆藏资源。电子期刊多数来自纸质版期刊的电子化，也有一部分期刊不再出版纸质版、而仅以电子版的形式出版。但无论纸质版还是电子期刊，两者都是一种有固定名称、有一定出版规律的定期或不定期的连续出版物。与图书相比较，期刊的最大特点是内容丰富新颖，发行面广，能及时传递信息。

期刊论文一般都是作者研究的最新成果，它所刊载的科学事实、数据、理论、技术方面的构思和猜想，都具有重要的参考价值。电子期刊数据库的最大特点包括：收录期刊的类型繁多、数量巨大，既有题录信息，也包含全文。例如，CNKI 包括万余种期刊，涵盖理工农医体、文史哲等所有学科门类，既有纯学术性期刊，也包括时事周刊等非学术性期刊。除个别优先出版的论文之外，大多数电子期刊及其所载论文的发行时间相比纸质版期刊要晚数周甚至数月。

（三）会议文献数据库

会议文献是指在学术会议上和专业学术会议上宣读或交流的论文、材料、讨论记录、会议纪要等文献。学术会议本身可以实现面对面交流，对科学研究的初步成果、难点和可能的发展方向等在同行面前进行当面评审或议论；会议文献的最大特征是涉及的专业内容集中统一，专业性和针对性强；传递信息速度快，能够反映相学科领域的最新研究成果和水平。但会议文献的主要不足之处在于出版不规律，具体体现在出版时间、出版地点和出版社等经常发生变化，这使得图书馆通常不太容易将其收藏为资源。因此，会议组织者在出版纸质版供与会者使用的同时，很乐意将会议文献交由为数不多的数据库商集中出版，方便各个数字图书馆统一收藏会议文献的电子版。

（四）学位论文数据库

学位论文是指高等院校、科研机构的毕业生和研究生，为获得相应学位所提交的学术论文；在撰写的过程中，尤其是博士论文，会在收集资料并进行研究的基础上提出一些独创性的观点，因而具有一定的科学价值。由于需要经过专家评审并在获得学位之后，将学位论文提交给其学位授予单位，因此，学位论文通常会印刷一定数量的纸质版。由于纸质版学位论文大部分是不公开出版的，即便出版，印刷数量也有限，因此，很难为广大的图书馆所收藏。

为此，建立学位论文数据库成为广泛传播这一类型文献的主要途径。

三、图书馆特色资源

所谓特色资源就是有别于其他个体属性的资源，并且获得人们的广泛认同。世界正是由于不同特色的物质资源和精神资源构成一个斑斓而多维的空间与思维空间。特色资源的产生与发展是与人类的活动和诉求密切相连的。我们对特色资源的态度应当既要尊重历史，更要根据现实情况进行经营与创造，发挥它不可或缺的作用。

（一）图书馆特色资源的内涵

图书馆在人类历史的长河中已经存在和发展了 3000 余年，它之所以能有如此强大的生命力，是因为它有别于其他个体的文化机构，有其特有的功能和文化内涵。图书馆资源一般可分为特色资源和一般性资源。其中特色资源为图书馆的优质资源，因此，一个图书馆的潜在价值在相当程度上取决于其特色资源的数量，图书馆特色资源越多，其生存和发展的空间就越大，同时也容易获得读者和社会的认可。从图书馆特色资源的内涵上分析，其主体是特色信息资源。

1. 特色信息资源

图书馆的特色信息资源建设是随着网络时代的开启而被赋予的一项重大任务，它是图书馆间信息资源共建与共享的基础，是对读者进行特色服务的依托。虽然在网络诞生以前，特色信息资源的建设已经从不同的层面上展开，但无论其规模还是影响力都是很局限的，它的社会意义从来没有像今天这样随着网络时代的来临而越发重要。在当代，各类图书馆评估过程中，几乎所有人都认识到基于网络而开展的特色资源建设的重要性和必要性。图书馆特色信息资源主要包括：系统特色资源、区域特色资源和专题资源库三大部分。

（1）系统特色资源

系统特色资源是指每个图书馆的系统会通过各自的办馆宗旨、服务对象及发展方向，在资源建设过程中逐渐形成相对差异但又各具特色的信息资源。比如，高校系统资源建设应注重于教学信息与科研信息资源的获取与收藏，突出为教学与科研服务的馆藏特色；公共系统图书馆在资源建设上则需要考虑到社会上各个层次的用户，尽量在信息的获取及收藏上做到涵盖面要广，有些公共图书馆也可以根据用户的具体需求来做一些特色资源建设，形成点面结合的馆藏特色；从上述两个类型图书馆的资源比较来看，我们不难发现它们都有各自不同特色和优势。这些特色和优势构成各个图书馆的系统与系统之间资源共享的物质基础。系统特色信息资源可视为图书馆安身立命之本，各类图书馆都应当采集与储备系统特色信息资源，为教学、科研、读者以及政府决策提供相应服务。

（2）区域特色资源

区域特色是特色信息资源重要组成部分。如以我国省市区域进行划分，区域特色资源就是指国情、省情、市情乃至县情等。不同的地域必然会形成不同的经济文化、政治状况、风俗民情等。正是由于这些不同的地域差异构成了五彩斑斓的文化世界，形成了各种各样的特色信息资源。

（3）专题特色资源库

专题特色资源库，即该资源库是针对某特定专题而建。各图书馆可视具体情况而建。比如，学校图书馆可以分别建立教师和学员专题库，其中包含教师和学员的科研成果（如已经发表的著作、论文等）以及他们的简历档案等；另外公共图书馆也可以建立相关的专题库，如读者专题库，用于收集该区域内有关读者的信息。

2. 人才特色资源

图书馆的第一资源即为人才资源。其中的人才是指相关的计算机网络人才、管理人才、复合型人才等。

（1）计算机网络人才

随着计算机网络的普及，现代图书馆必然向网络数据化发展，因此该类型人才是图书馆转型后所必需的人才，以保障图书馆相关网络的正常运行。该类型人才要对计算机软硬件以及网络安全进行维护，对图书馆的相关网络应用、信息数字化进行处理。并维护开放转型后的相关应用功能，满足读者的需求。可以这样说，该类型人才是图书馆现代化标志性人才之一。

（2）管理人才

管理人才分为行政事务管理人才以及专业技术管理人才。图书馆人才的核心即是管理层人才。行政事务管理工作包括日常行政的组织、协调、实施、检验以及业务组合；专业技术管理工作包括技术资源配置等。图书馆的管理工作，可以将分散的个体、事务以及资源进行有机的整合以组成一个有机的整体，使图书馆在人事、业务组织层面以及发展规划层面都能够有效运作，以保证图书馆各项功能正常发挥。

（3）复合型人才

复合型人才是指能够适应各种岗位工作，能够在业务上主动学习提高适应发展形势，即能在宏观上进行管理，又能在微观上掌握先进的技术及其应用。可以说是前面提到的两种类型人才的结合体，是当今大力倡导和培养的人才。

3. 环境特色资源

图书馆环境特色资源包括外部环境资源和内部环境资源。

（1）图书馆外部环境资源

外部环境资源指的是图书馆的建筑的造型及外围环境。大多数的图书馆都有自己的特色建筑造型，世界上不少图书馆的特色建筑造型，已经成为一个区域或者一所学校的地标性建筑物。更有些优秀的图书馆特色建筑，成为人类建筑遗产和建筑文化的组成。比如美国西雅图中央图书馆，其建筑造型美观、风格新锐、结构复杂，吸引了来自世界各地的游客前往参观和游览。

但所谓的建筑特色，并不等于标新立异，得到大部分人的认同。建筑物造型要大气、美观、协调，给人们以美的享受的同时，要能够体现有别于其他建筑物的文化氛围。如果条件允许，图书馆的外围环境应当是公园式的环境，与其建筑物相吻合，为读者提供户外舒适的学习或休闲的环境。

（2）图书馆内部结构及装饰

图书馆的内部结构，首先考虑到安全，即指安全通道、消防等；其次考虑图书馆的舒适性，即采光和透气；再次考虑读者借阅是否方便、友好等。图书馆服务区域的发展，趋于集藏借阅于一体的大开间，这种大开间，既方便读者的借阅、利用信息资源，又方便图书馆的管理。馆内装饰，应该明亮、简洁、大方。所使用的装饰材料要重视环保节能，确保所用材料达到政府或行业规定的要求，尽量避免有害气体的排放。在装饰上，要能够体现图书馆特有的人文氛围和人文景观。

（二）图书馆特色资源建设

图书馆的特色资源建设是图书馆的生存和发展的根本。因此，建设者需要根据自身的相关资源，如建设资金、技术能力、质量要求、所应用的平台以及各个独立馆之间的协作等因素，确立图书馆的建设原则和发展的方向，制订出一套可行性高易出成果的方案。

1. 特色资源建设的原则

（1）针对性原则

首先，建设有明确的针对读者需求的特色资源，特色馆藏最重要的因素是针对读者的需求形成。特色资源需要有读者问津才有现实意义；其次，图书馆须针对所在区域的经济、民族、风俗文化、政治以及教育等特色的要素建立特色资源。比如，民族图书馆，就是要针对该民族的特点、相关的服务范围和对象进行建设。

（2）实用性原则

即需要贴近现实，考虑到投入与产出的关系，与建馆的实际需求紧密连接。特色资源建设如果要得到读者的欢迎和认可，必须能拉近与读者的关系，不忘特色资源建设的初衷，才能更好体现建设特色资源的价值。

（3）系统性原则

指特色资源建设尽可能将建设对象内容系统地收集到特色资源库中去并进行整理，能够做到从不同的维度（如时间坐标、地域坐标等）考察它都是一个比较完整的特色资源体系，避免遗漏。

（4）规范性原则

此为技术层面上的问题。特色数据库建设有符合规范标准的软硬件。其建设要严格按照国际、国家和行业标准，采用统一规范的格式，以成熟的软件和通用标准为技术平台，建立规范化、标准化的特色数据库。因为数据库的格式标准化将直接影响到其使用效果效率、存在的价值以及发展前景。

（5）可扩展性和兼容性原则

就是特色数据库应具有良好的可扩展性，具有发展空间和升级能力，硬件上能够对不同的设备和网络系统进行兼容，软件上能够实现跨平台、多媒体技术的综合应用。

（6）联合共建原则

由于网络的诞生和飞速发展，为资源共建共享提供了技术上的支撑，并使其拥有了广阔的前景。所谓的联合共建，就是建设特色数据库，充分利用各个独立馆、各信息单位以及社会力量的参与和支持，发挥群体优势，实现互通有无、取长补短、优势互补。既可以加强与社会的联系，又能够扩大图书馆的影响。资源共建共享，通过各信息单位分工合作，可以有效地消除各自为政的局面，对有限的人力、物力和财力等资源进行了整合，弥补资源的不足。

2. 确立特色资源发展方向

特色资源在决定如何建设的同时，还需要考虑今后的发展方向。特色资源只有准确定位，才能达到可持续发展的目的，才能更具有生命力。

（1）读者需求是特色资源建设的原则

一个图书馆特色资源形成需要根据读者的需求进行不断的调整，不是一朝一夕之功。

（2）与读者需求紧密相关

图书馆特色馆藏主要是在不断满足读者需求的过程中进行调整，逐渐积累，形成自己独特的资源。因此，建设特色资源的过程，需要对各个群体和各个层次的读者进行深入的调研和采样，将读者的真正需求充分体现在建设方案中。这样我们的建设特色资源才能够满足图书馆历来所强调的"读者至上"的服务宗旨，使我们建设的特色资源才有依据和现实意义。个性化中心资源、特色资源是满足读者需求的方法，特色资源建设的起点和最终目的的实现都是体现在满足读者的诉求上。

（3）特色资源建设的基础是重点学科建设

除了满足读者诉求外，图书馆特色资源建设另一个重要的指向是以学科为依托。每一个图书馆的信息资源建设过程中，都会根据自身的服务对象，对不同的学科，在资源收藏上进行主次区分，而其重点学科资源的建设，将逐渐转化为该图书馆的特色资源建设的基础。

各图书馆重点学科的特色资源，一般都是在发展过程中逐步积累形成的，已经具有相对独特而稳定的藏书体系。图书馆的学科建设一旦形成特色资源，就应该对该特点进行巩固、健全和发展，使之成为馆藏的核心主体部分，能够反映所在该馆藏书个性，能够代表馆藏资源发展的重要方向。为了建立一个有主有次、系统完整的特色藏书体系，重点学科资源建设过程中，必须对兼顾学科的不同档次、深度、目的的文献需求进行合理配置整合。

（4）特色资源建设的标志是特色数据库建设

随着读者需求日益多样性和个性化，早期的图书馆书目数据库已不能满足读者的需要，特色数据库的建设需求也日益强烈。随着数据库技术和各种应用的不断发展，各种资源库也相继问世。特色资源库作为其中一个载体，其发展是能够跟上读者需求的变化的。特色数据库的类型众多，基本类型有地方特色数据库（包括统计数据库、民风民俗数据库等）、学科特色数据库以及各类型的专题数据库等等。图书馆为了满足读者的需求，以区域特色、学科特色和专题资源库为依托，以信息网络的联合共建为平台，循序渐进，科学地推进特色资源建设。

第三节 图书馆资源管理目标

图书馆资源管理目标就是对资源管理有战略发展计划，并为这一计划制订详细的方案，而这种方案又具有人性化和生态化的目标。

一、对信息资源的管理

文献信息资源是图书馆三大资源的核心。因此，文献信息资源管理成了图书馆资源管理的一项重要任务。图书馆为了更好地发展壮大自己，首先应不断优化馆藏结构，对馆藏资源进行合理布局，突出馆藏特色。比如，高校图书馆应根据该校的重点学科而选择在本馆发展具有资源优势和发展潜力的专业、专题和项目，并以此为基础逐步开展馆藏资源数字化建设和网上资源虚拟化建设，形成具有自己特色的实体馆藏和虚拟馆藏数据库。其次，加大电子文献资源的比重。由于信息时代的来临，数字图书馆在不断兴起，加上电子文献资源和传统文献资源相比有整编简洁、提取便捷等优势，因此很多图书馆都在大力扩展自己电子资源的馆藏。最后，注意传统文献与电子文献的协调。电子文献资源虽然好，但并不是所有文献资源都能够转化为电子文献资源，如传统文献资源中的古籍等文献电子化太难，因此传统文献的收藏图书馆也非常重视。最后，就是在图书馆资源服务上，开展人性化的参考咨询服务，提高文献信息资源的共享化程度。

二、对设施资源的管理

图书馆设施资源包括馆舍、电子设备、日常办公用品、资金等。对于馆舍的管理，按照国家相关的规定执行，保证馆舍的质量过关，尤其在地震多发地区建立的图书馆要特别注意这一点。在图书馆内安装防火、防潮、防盗等器械，并定期进行维护和维修，以保证图书馆财产的安全。对于电子设备，图书馆需要安排专业人员进行日常维护和维修工作，保证图书馆内的电子系统能够正常运行。对日常办公用品的管理，这个就比较简单一点，一般都是要求大家平时对办公用品的使用要爱护，不能私自拿走图书馆的办公用品。对于资金的管理，图书馆应设有管理财务的部门，专门负责图书馆各种资金预算、分配等工作。

三、对人力资源的管理

首先，建立完善的用人机制，不断优化图书馆人员队伍结构，提高馆员素质；其次，进行人本管理，根据马斯洛的需要层次理论，对于一个社会人来说，进行人本管理，将会是雇员和雇主之间相互受益；最后，实行目标管理和绩效管理，这样有助于图书馆的管理效益和提高图书馆馆员的工作激情。

四、对财力资源的管理

图书馆财力资源管理的目标是图书馆财务活动所希望实现的结果，是评价图书馆理财活动质量的基本标准，是图书馆财务实践、财务决策的出发点和归宿，也是图书馆财务管理的行为导向，图书馆的一切财务活动是围绕这个目标而进行的。

图书馆财力资源管理的目标是努力增收节支，合理安排支出结构，控制经费支出，提高资金使用效果，充分利用有限的资金。

第四节 现代图书馆资源战略管理

战略是我们借以取胜的一个详细而周密的计划，做出的一系列决策和行动都是为实现这个长期目标，战略也是我们选择的一种路径。所谓图书馆战略管理，就是指图书馆管理工作人员在对图书馆外部实际环境和内部资源状况合理的分析和预测之后，制定战略目标和战略使命并且付诸行动，从而保障图书馆生存和长期稳定发展的过程。

一、现代图书馆战略管理概述

图书馆战略管理是为了获得长期、稳定的发展，选择和确定图书馆的战略目标，培养图书馆的相关能力，并把这种规划和决策付诸实施。战略管理是有关图书馆发展方向的管理，是以社会信息需求发展为导向的管理，是面向未来的管理，是动态的管理。战略管理的主要因素有两点：战略意图和战略使命，二者相互依存。战略管理过程基于这种认识，为了能够在必要时及时做出调整，图书馆工作人员应连续地注视图书馆内部及外部的状况，以及变化趋势对图书馆产生影响的外界变化的速度与规模。所有的图书馆都必须做到敏捷地识别和适应变化，才能在变化中保持生存的能力。战略管理的总体目标是使图书馆持续而有效地适应变化的环境，战略管理可以使图书馆更加主动，而不是被动地塑造自己。它使图书馆勇于创新、引领潮流，而不是被动地对环境做出反应。

（一）现代图书馆战略管理

1. 图书馆战略规划的内涵

（1）战略规划

战略规划源于 20 世纪 50 年代，但由于各种战略规划模型在实际中并没有起到太大的作用，直到 90 年代战略规划以战略管理的姿态重新出现在了人们面前，才得到更广泛的应用。战略规划是一个持续的制定与实施的过程，同时在实施过程中随时根据实施的反馈情况来评估既定目标的实现情况。

战略规划是一个为人熟知的概念，它是指一个组织为实现优先行为而制订并实施的全面和长远的计划，目的是为组织未来发展提供明确的目标和方向，完成组织的使命和愿景。

战略规划是系统化制定当今企业决策、获得未来最重要知识以及系统化执行组织决策所需的各种工作，并利用有效反馈对照原有预期测评决策成效的一种持续过程。

所谓战略规划，就是制定组织的长期目标并将其付诸实施。很多大企业都有意识地对大约 50 年内的事情做出规划。制订战略规划分为三个阶段：第一个阶段就是确定目标，即企业在未来的发展过程中，要应对各种变化所要达到的目标；第二阶段就是要制订这个规划，当目标确定了以后，考虑使用什么手段、什么措施、什么方法来达到这个目标，这就是战略规划；第三阶段是将战略规划形成文本，以备评估、审批，如果审批未能通过的话，可能还需要多个迭代的过程，需要考虑怎么修正。在规划相对长（3 年及以上）的未来时，存在两种设计思路或指导思想，因而存在两种规划过程：长期规划与战略规划。尽管这两个术语在很多场合、被很多图书馆当作同义词使用，但无论在管理学领域还是图书馆学领域，战略规划的研究者们都认为，二者存在根本区别。

（2）规划

规划是一个组织对其未来及通向未来的路径进行设计的过程。图书馆规划定义可分为以下过程：对未来进行评估，根据未来情景确定具体目标，设计实现这些目标的行动路线，对行动路线做出选择。由于评估、设计、选择的过程都需要建立在充实、全面、准确的数据及其分析之上，因此，图书馆战略规划的制定过程也是一个贯穿了收集数据、分析数据、概括结果、形成决策的研究过程，通常由一个专门团队（委员会）共同完成。

（3）战略规划的特点

战略规划的有效性包括两个方面，一方面是战略正确与否，正确的战略应当做到组织资源和环境的良好匹配；另一方面是战略是否适合于该组织的管理过程，也就是和组织活动匹配与否。一个有效的战略一般有以下特点：

①目标明确

战略规划的目标应当是明确的，不应是二义的。其内容应当使人得到振奋和鼓舞。目标要先进，但经过努力可以达到，其描述的语言应当是坚定和简练的。

②可执行性良好

好的战略的说明应当是通俗的、明确的和可执行的，它应当是各级领导的向导，使各级领导能确切地了解它，执行它，并使自己的战略和它保持一致。

③组织人事落实

制定战略的人往往也是执行战略的人，一个好的战略计划只有有了好的人员执行，它才能实现。因而，战略计划要求一级级落实，直到个人。高层领导制定的战略一般应以方向和约束的形式告诉下级，下级接受任务，并以同样的方式告诉再下级，这样一级级细化，做到深入人心，人人皆知，战略计划也就个人化了。个人化的战略计划明确了每一个人的责任，可以充分调动每一个人的积极性。这样一方面激励了大家动脑筋想办法，另一方面增加了组织的生命力和创造性。在一个复杂的组织中，只靠高层领导一个人是难以识别所有机会的。

④灵活性好

一个组织的目标可能不随时间而变，但它的活动范围和组织计划的形式无时无刻不在改变。战略计划只是一个暂时的文件，应当进行周期性的校核和评审，灵活性强使之容易适应变革的需要。

（4）图书馆战略规划

图书馆战略规划是面向未来，确定图书馆使命、愿景、目标、战略及其实施计划的思维过程与框架。它需要图书馆员工和管理者对未来进行战略思考，在多种竞争压力和可选方案中，只选择那些与图书馆和外部机会一致的战略方案，以及那些可以最大化资源并使图书馆更有效实现未来目标的方案。因此，图书馆战略规划首先是一个战略决策过程，致力于何种规划、何时进行、如何进行、由谁负责、步骤是什么。

图书馆战略规划要通过某些合适的方式（如章程、手册或网站）公开向用户阐明图书馆的使命、愿景、目标和行动纲要，它实质上是向人们表明一种态度、承诺、工作重心和服务方式。这既有利于图书馆在未来行动中做到有章可循，也有利于图书馆就工作绩效接受广大用户的监督与评价。图书馆战略规划是图书馆管理者与广大员工及相关人员共同经过一段特定时间的创造性思维所形成的一整套计划，它涉及长期战略问题的决策、实现战略和完成工作的操作可能变化的预先计划、业务计划或预期的收支绩效目标等。战略规划还是一种主要分析工具，可系统识别图书馆未来存在的机会与威胁、优势与劣势，并利用相关数据为图书馆制定最佳决策提供基础。

然而，图书馆战略规划并非试图制定图书馆未来决策。决策只能在当时做出；预先的规划要求在未来可能性事件中做出选择，但针对它们的决策却只能在当时做出。

图书馆战略规划也并非试图勾画教条的蓝图，它不是用钢铁铸成的一套固定计划，可以日复一日地使用，而不必考虑未来的一切变化。大多数公司定期修订其战略规划，通常一年一次。图书馆战略规划也应有一定的灵活，要根据不断变化的环境加以调整，这种调整不能太频繁，可以年度为单位。

一个优秀的有前瞻性和操作性的战略规划，能够帮助图书馆了解所处的外部环境，了解自身的优势和劣势，以及可能面临的机遇和挑战，明确未来努力的目标和方向，从而优化资源配置，提高图书馆服务绩效，推动图书馆事业跨越式发展，更好地为地方的社会、经济、文化发展服务。

2. 战略规划与图书馆的关系及其对图书馆发展的影响

（1）战略规划对公共图书馆的价值

战略规划对公共图书馆产生的最显著价值就是引导图书馆应对变化，把握未来。在战略规划过程中，规划人员（通常是由图书馆管理人员和其他利益相关者代表共同组成的团队）首先要通过规范的调研方法，收集有关图书馆环境及其变化趋势的数据，然后对这些数据进行分析，根据分析结果确定未来任务和目标，最后设计行动方案，确保目标实现。在每个规划期末，他们还要通过系统的评价方法，对规划实施情况进行评价，为下一轮规划提供参考。与其他针对未来的决策方式（如依赖管理者个人经验和直观判断、沿循过去的发展轨迹、模仿其他图书馆的做法、听任主管部门的安排等）相比，这一过程具有显著的规范性、理性、民主性，有助于图书馆完整地认识其所处环境、自身条件、未来情景，对未来做出明智的选择。

战略规划对公共图书馆产生的第二个价值是规范组织行为，增强组织活力。调研显示，战略规划确定的图书馆使命、任务、目标等，可以为全体员工提供明确一致的努力方向，资源配置、部门协调、绩效评价、公共关系等提供蓝本；它确定的行动方案一旦启动，可以给图书馆带来变化、注入活力，如改善馆藏结构和服务、克服组织惰性、改善部门沟通和利益协调、提高组织凝聚力、培育自我评估意识等。

战略规划对公共图书馆产生的第三个价值是宣传价值。它确定的图书馆使命、任务、目标、行动方案可以成为图书馆向地方政府争取经费、向潜在的捐赠者争取捐赠、向公众宣传图书馆作用的依据；它形成的规划书可以作为图书馆向利益相关者陈述自身责任和存在理由的基本文献。

对于图书馆而言，战略规划较之单纯的工作计划有更为重要的意义。图书馆不可能存在于不变的封闭环境之中，做有计划的事情比处理突发事件要更为有效。因此，图书馆应重视与推广战略规划。战略规划将提供一套实际的、可测量的目标，激发图书馆员工开展各项工作来实现这些目标。虽然战略规划的某些环节（如评估环境威胁和机会、确立目标、检查和选择行动方案）可以在其他一些规划活动中发现，但是战略规划不同于其他规划，它以关键战略问题为中心。战略规划与其说是一组程序，不如说是一种参考框架和思维方式。

图书馆需要重新思考其愿景、使命与目标，重新审视本身的优势与弱势，识别那些阻碍未来发展的威胁和促进未来发展的机会。不管人们是否认为大学规划影响大学图书馆、城市规划影响公共图书馆、教育制度规划影响媒体中心、企业规划影响专门图书馆，如今大多数图书馆都被卷入战略规划之中。图书馆战略规划以了解图书馆现有环境和开展未来业务为中心，鼓励创造力，向客户主动推销服务，并鼓励图书馆管理者采取系统途径来调配资源。这些系统途径包括：提供一种机制以避免牺牲图书馆整体利益来过度强调图书馆部门利益；指引管理者做出与图书馆目标和战略一致的决策；提供测评整个图书馆、部门和个人绩效的基础；促进高层管理者关注重要战略问题；加强员工培训；鼓励员工积极参与组织目标建设。

战略规划可帮助图书馆在资源、需求和机会之间建立、维持足够灵活的战略，可以为图书馆员工提供获悉图书馆环境与工作过程的机会，并由此允许图书馆员工开展创造性、合作性的工作来实现共同目标；战略规划也能提供极好的公共关系机会，并能作为一种手段使图书馆动态融入环境之中；战略规划还能进行环境扫描，识别图书馆面临的发展环境、机会与威胁，然后根据图书馆的优势与劣势制定合适的发展战略。

随着图书馆生存环境的日益变革与复杂化，如今图书馆开展战略规划比以往任何时候都显得更加重要。吴建中博士则认为，越来越多的图书馆开始重视制订战略规划，战略规划逐渐成为当今图书馆管理的一个热门话题。

（2）图书馆战略规划的重要性

我国图书馆战略规划落后的主要原因除了基础因素外，最主要的还是认识问题。为什么我国关于战略规划只有一些零散的研究，只有少数大型馆才想到做战略规划呢？这反映了我国图书馆界战略意识整体缺乏的现象。特别令人遗憾的是，许多图书馆还觉得战略规划太抽象不具体，不能解决图书馆现实问题；也有一些馆长认为，即使做战略规划，也不会执行，不如不做。值得一提的是，一些在国内颇有影响的、被业界称之为优秀的图书馆，也没有战略规划。管理者对战略规划不以为意，根本不认为战略对一个图书馆，特别是对于先进图书馆具有重要意义。如何看待中国图书馆界的这个现象，一方面是时机和条件未成熟，从这个意义上来说是正常现象；但从另一个方面来说，近十年来，我国一些图书馆大量学习国外的先进经验，虽然有的只是一味模仿，但也使图书馆焕然一新，为什么学习了国外的那么多好的做法，却没有学到做战略呢？从这个方面来说，又存在着不正常现象。当然，我们经营图书馆总有一天是要做战略研究和规划的，但不可盲目等待。无论图书馆实际工作者如何看，从研究的角度，必须要有前瞻意识，不能只做实践的注解工作，包括图书馆建筑、总分馆制、图书馆服务等研究。图书馆学研究应该是超前的，这个超前不是脱离现实，造成理论与实际的脱节。从一般意义上说，战略规划在我国图书馆的必要性和重要性反映在三个层面：

①社会层面

图书馆战略规划是我国社会环境发展的要求。其一，全球化知识化进程的加快和竞争环境的日益复杂化，使得战略管理、战略规划成为组织生存与发展的重要工具；其二，文化大发展大繁荣下的图书馆必须在公共文化服务体系中获得战略地位和新的作用；其三，结合科学发展观的学习，图书馆如何科学发展，离不开战略规划。

②事业层面

图书馆战略规划是我国图书馆事业发展的要求。一是图书馆行业整体发展需要战略规划，二是图书馆转型需要战略规划，三是图书馆类型与定位需要战略规划。

③业务层面

图书馆战略规划是我国图书馆工作和业务发展的要求。任何一个图书馆，都要考虑与实务相关的重要问题，这些重要问题也是战略规划必须解决的问题。明确图书馆业务与战略的关系十分重要，那些认为没有战略规划同样可以搞好服务、做好管理的馆长，不是从图书馆的长远发展和整体来考虑的，而只是考虑一个任期、一个局部。那么整体水平的提高、业务流程的变革、公共模式的转变、能力结构的优化、目标任务的升级，这些关系到可持续发展的问题，都与战略有密切关系。一旦解决了认识问题，就应该有相当数量的图书馆提早考虑战略规划。尽管战略环境与条件尚不具备或不理想，但是战略规划对我国图书馆来说势在必行。实践者应当先行，研究者更应该抢先一步。

3. 现代图书馆战略管理

（1）图书馆的宏观管理战略

图书馆的发展趋势是发展图书馆联盟，开展馆际合作，实现图书资源共享。馆际之间要加强协调，国家的宏观管理也必不可少。但与传统的宏观管理不同，宏观管理要把重点落实在协调和支持上，以促进图书馆联盟的发展，国家要出台建设图书馆联盟的政策，同时，因信息技术的快速发展，图书馆联盟要依托网络环境，建设计算机网络的图书馆协作信息系统，国家及各级政府要全面负责图书馆协作网络的规划、组织、协调、监督和管理工作，加强政策导向，予以投资倾斜，开发网络应用软件，采用标准化技术。同时，各行业系统要着手建立系统内全国性的图书馆联盟、地区中心为主导的图书馆联盟。

（2）图书馆的业务流程战略

传统的图书馆业务流程是从图书馆内部工作出发，把图书馆的业务工作划分为若干部门，须经过采购、登记、分类、上架等几十道工序，一道工序还涉及不同部门，部门间协调困难，工作效率低，浪费时间。复合图书馆要充分运用现代信息技术，并发挥较大的效能，提升工作效率，为用户节省时间。而以前的图书馆落后的业务流程工作效率不高，计算机、网络运用较少，或仅仅发挥了部分功能。所以，复合图书馆的建设要对以前的业务流程实施重组，把单一、孤立的业务流程重组，减少部门之间的摩擦。通过运用信息网络传递信息提高工作效率。

（3）图书馆的组织结构战略

传统的图书馆的组织结构按其职能划分为部门，分层分级，是金字塔式的组织结构。现代图书馆将用户放在首位，以用户为中心设计组织结构。经过业务流程的再造，减少结构层次，向扁平方向发展。管理人员的传统职能削弱、数量也相应减少，管理层次也必然减少，图书馆工作人员有了更多的主动权，实现了集权与分权有机结合，使图书馆整体管理趋于合理、富有效率。

（4）图书馆的信息资源建设战略

在馆际互借与资源共享的条件下，运用有限的经费，购买重要和适用的印刷本图书、报刊等传统文献；要重视集聚网络信息资源，诸如学术会议信息、专家主页、学术论坛、专业新闻，注重运用开放手段获取资源，多角度丰富数字馆藏；加强网上电子期刊的管理、订购，更加注重新型媒体文献的入藏，如数据库、光盘文献、音像制品等；各类数据库建设加强，把传统馆藏文献转化为电子资源；全面加强馆际协作，加强建设文献资源保障体系。因用户对信息资源的多样化和个性化的需求，面对宏大的、多类型多传递渠道的信息资源集合，复合图书馆的信息资源建设要进行有效的资源整合。同时，信息资源建设要突出地方和行业馆特色。

（5）图书馆的用户服务战略

现代图书馆的管理是以用户为中心，以客户需求为价值取向的服务，把传统服务方式进行延伸。图书馆的服务要建立面向用户的开放服务体系；图书馆用户服务不局限在某一地区、部门或团体，它是面向整个网络，进行延伸拓展。要提供一站式的信息服务。建立统一的信息检索平台和咨询平台，运用信息技术对不同类型、特点的数字化资源进行整合，实现信息资源、技术、内容的集成，实现跨库检索和开放链接。

（6）图书馆的人力资源管理战略

现代图书馆的工作人员要进行角色转变。他们不但要有图书馆学、情报学及各种专业的知识，还要有数据库管理能力、信息搜集和处理能力、信息检索工具生成能力、网络信息运用能力、计算机操作能力。要树立开放理念、服务理念、用户理念、效益理念和资源共享理念等。工作人员应具有较大的自主权，在工作范围内做出各种决定。现代图书馆馆员晋升职务是以能力大小为尺度的，图书馆人员的选择，要看他受教育的情况及技能水平，还要看他是否能够自觉工作，自我约束，有无团队合作精神等。要增强组织吸引力，留住优秀人才。

（7）图书馆的组织文化战略

现代图书馆的组织文化作为组织的指导思想、经营理念和工作作风，主要包括价值理念、行为准则、道德规范、文化传统、风俗习惯、管理制度及组织形象等。组织文化能激发工作人员热情，统一团结的意志。建立组织文化对树立图书馆形象，争取社会各界的支持与合作，吸引更多的读者和用户非常有利。现代图书馆文化建设要坚持以人为本，塑造发展和谐团结的文化。

（二）图书馆战略规划的框架与流程

1. 图书馆战略规划的框架

图书馆战略规划框架因馆而异。图书馆战略规划由实施纲要、使命声明、需求或激励因素分析、价值观、图书优势与劣势、目的和目标、支持性伙伴和联盟、支持性大学环境、人力资源开发、财务计划、时间表、评价方法组成。图书馆战略规划包括概要、引言、环境扫描、使命、愿景、价值观、关键行动领域、目的、战略、目标、财务资源。有学者认为，图书馆战略规划框架至少包含愿景、使命、价值观、目标体系、战略五个部分。

（1）愿景

愿景是说明图书馆将来是什么的一种声明，即对图书馆蓝图的一种描述。愿景可以延伸图书馆的能力与形象，并指明图书馆未来的轮廓与方向。作为一种导向声明，愿景能够回答图书馆欲得到的未来是什么。例如，华盛顿大学图书馆的愿景是："华盛顿大学图书馆将在设计、创建与实现成为 21 世纪学术研究图书馆的承诺方面成为世界领先者。作为华盛顿大学的知识与物质共享空间，我们促进知识发现与鼓励知识增长。无论何时何地，我们预期并满足不同用户的信息需求，使学生成为信息敏捷的世界公民而在生活中取得成功"。

（2）使命

使命是描述图书馆目的、存在原因和希望去执行的活动的一种简洁声明。定义使命是图书馆进行战略规划的重要步骤，这种工作是基于图书馆愿景所确立的价值观和信仰，换句话说，图书馆使命声明直接遵循愿景声明，简要说明为实现愿景将要开展的工作。图书馆使命声明要回答三个主要问题：谁是图书馆的用户？图书馆提供哪些服务？图书馆如何开展这些活动？使命指导图书馆确立目标和建立实现这些目标的战略。不同图书馆的使命声明显然是不同的，取决于客户的需求。例如，华盛顿大学图书馆的使命是"致力于把人们与知识连接起来，提高生活质量，促进知识发现"。

（3）价值观

价值观是个人或群体在与外部世界的相互作用中所信奉的原则、信念、标准等。在图书馆，通常是用对他人的尊敬、诚实和正直、社会责任、对创新与卓越服务的承诺来陈述的。

（4）目标体系

目标是图书馆管理者在特定时间内达到某一具体绩效的承诺。目标与图书馆愿景和核心价值观直接联系起来，这是显示图书馆业绩、承诺和重点的标尺。目标可分为总目标与分目标，由此构成图书馆目标体系。分目标必须对完成图书馆总目标具有实际意义。在目标设置过程中，必须考虑以下问题：目标此时是否适合于图书馆？分目标是否有助于实现总目标？目标是否指引图书馆通向正确的方向？目标是否支持图书馆使命？目标是否被大多数实施者所接受或理解？图书馆能否为此目标负得起费用？目标是否可测评和可完成？是否有足够的信心来迎接挑战？另外，图书馆还须在目标体系中标注可利用的资源和评价分目标实现标准的指标。

（5）战略

战略是图书馆管理层所制订的计划，包括一系列的竞争性活动和业务方法的组合。

它可细分为业务战略、职能战略、经营运作战略等。业务战略是指图书馆某项业务的策略规划，充分体现在图书馆管理者为实现某种业绩而制订的行动方案之中。业务战略的核心是如何提高图书馆业务能力与服务水平；职能战略是图书馆管理者为特定的职能活动、业务流程或重要业务部门所制订的策略规划。虽然职能战略所涉及的范围比业务战略要窄，但是可以为整体业务策略规划提供一些细节。它所涉及的问题是制订一种管理某项业务中的主要活动或过程的策略规划，包括服务、营销、财务、人力资源等；经营运作战略所关注的是一些范围更窄的战略行动和经营策略，例如，如何管理关键的经营运作单位（如参考咨询部、采编部），以及如何开展那些有战略重要性的任务（如资源采购与加工、用户服务）。虽然经营运作战略所涉及的范围有限，但它能使职能战略和业务战略更详尽。经营运作战略一般由部门领导负责制定，由馆领导审批。

2. 图书馆战略规划的流程

图书馆战略规划流程需要描述图书馆的远景，识别其使命，设置其目标，确立各种实现这些目标的行动。简单地说，战略规划流程是一种把决策转化为政策、政策进一步转化为行动的持续循环过程。它往往包括启动阶段、战略分析阶段、战略确认阶段、业务规划阶段、实施阶段、反馈与评价阶段六个阶段。下面简要说明战略规划流程各阶段的相关问题。

（1）启动阶段

图书馆实施战略规划的三个前提条件是：一是要在整个图书馆通告战略规划流程，并要求图书馆员工忠于承诺；二是图书馆战略规划要适应或促进其直属组织或社会发展战略规划；三是图书馆主管部门（或人员）应该知道图书馆战略规划达成的决策、承诺和所做的努力，以使图书馆获取外部支持，减少各种阻力来获得最大的成功。一旦就引入战略规划问题取得一致同意后，图书馆管理者就可组建战略规划团队（或委员会）。战略规划团队应该包括图书馆员工和其他相关人员。

（2）战略分析阶段

战略分析阶段的主要任务是进行环境扫描和识别相关战略问题。环境扫描可分为外部环境分析与内部环境分析两种类型。

图书馆可利用 PEST 分析方法来进行外部环境扫描。PEST 分别对应于政治、经济、社会和技术因素，其中政治因素包括政府机构对信息服务的态度和信息政策；经济因素着眼于体制和总体经济条件、国内外趋势；社会因素包括形成当地文化的道德和价值观；技术因素是指开发那些有影响力的硬件与软件系统。

图书馆可结合 SWOT 矩阵和内部自我检查来进行内部环境扫描。利用 SWOT 矩阵，就是要求图书馆在调查研究的基础上，确定图书馆的内部优势因素（Stengths）、内部劣势因素（Weakness）、外部机会因素（Opportunities）和外部威胁因素（Threats），将它们按照矩阵形式排列起来，通过考察内外部因素的不同组配，进行全面系统的综合分析，从而帮助图书馆战略规划团队做出最优决策。自我检查始于识别那些指导图书馆服务目标的信仰、价值观和风气，也须对包括员工、服务、体制、资源、资源使用方法、资金、现有战略等多种因素进行分析，并利用图书馆物力和财力所能提供的愿景来协调使命声明设想的愿景。若存在巨大的差异，就须寻找解决办法来降低期望或增加资源。

图书馆通过内外部环境扫描，往往可以发现如下关键战略问题：图书馆如何对拥有的或可存取的信息提供有效的集成访问？如何扩大图书馆对其所属机构或社会决策者的影响来更有效地实现图书馆使命？如何创建一种利用信息技术全面支持和提升图书馆目标的环境？如何建立一种组织氛围，它能促进图书馆员工对共同目标与价值观的承诺？应该寻求与建立什么样的合作关系来帮助图书馆实现目标？应该为谁提供哪些服务？由谁负责？如何安排员工以响应工作环境的变化？

（3）战略确认阶段

图书馆在完成环境扫描后，可以基于图书馆隶属机构或用户需求确定图书馆战略问题，这包括确立图书馆使命与愿景、价值观、目标体系、战略与客户。

确立图书馆使命与愿景常用两种方式：一种是自上而下，一种是自下而上。前者通常是由图书馆高层领导结合当前的实际情况，充分考虑未来的发展趋势，提出图书馆的未来发展总体设想或方向，并由图书馆相关部门人员将这一设想进一步细化，使之成为清晰而准确的文字描述；后者通常是在图书馆高层领导的指示下，由指定部门员工提出有关图书馆使命和愿景的初稿，然后交全体员工讨论和征求意见，原指定部门员工将员工意见进行综合整理与提炼后，形成第二稿，再交图书馆领导审准。不管采取哪种方式，让员工广泛参与图书馆使命与愿景的制定工作是非常必要的。但确定图书馆价值观，最好采取自上而下的方式。

在设立目标体系时，图书馆可利用平衡计分卡把战略目标体系划分为财务目标、用户目标、业务流程目标、学习与增长目标。财务目标主要是要保证图书馆获得足够的资金投入和投资的稳定增长；用户目标主要是扩大用户量，使图书馆资源与服务能够得到最大限度的利用，并提高用户满意度、忠诚度，减少用户投诉率；业务流程目标主要是围绕图书馆服务链来进行，如引进或购买更多国内外文献资源、开拓新的服务方式、提高服务水平；学习与增长目标主要是实现图书馆业务工作的持续改进和获得最佳绩效。

（4）业务规划阶段

基于前面的战略分析与战略选择，图书馆就可制订具体的业务计划，这包括资源建设计划、服务计划、财务计划、设备计划、人力资源开发计划、组织计划等，并对这些计划做出合理预算。

（5）实施阶段

战略规划的目的在于通过战略实施取得预期的目标绩效。因此，战略规划实施在整个战略规划流程中是很关键的工作。战略实施要求图书馆根据各项战略完成预先确定的各项工作任务。它实质上是图书馆员工冲破阻力、克服困难、解决问题的过程。

（6）反馈与评价阶段

在图书馆战略规划实施过程中，要经常获得来自用户和员工对目标及其现行为的反馈。图书馆利用这些反馈，一方面可以及时发现战略规划中存在的不足之处，为完善战略规划提供参考；另一方面可以作为重要依据来评价战略规划及其目标的实施效果。比如，衡量大学图书馆战略规划成功与否的最根本标准，是大学图书馆在促进学生学习、教师教学与科研方面是否达到令人满意的程度。对于战略规划中的阶段性目标（如年度计划目标），应该在此阶段末期（而非结束整个战略规划时）就启动评价活动。图书馆只有在完成现有战略规划绩效评估后，才能启动下一轮战略规划，否则就很难保证图书馆战略规划的科学、合理与高效。

3. 图书馆创新管理战略

随着图书馆事业的发展，图书馆创新管理是必然的，要对其宏观管理模式进行创新，主要包括实行知识管理、业务流程管理等全新的管理创新，还要从微观层面用创新的理念和方法实施具体的管理活动，任何管理活动均要有创意，要在创新的环境下展开，图书馆的管理者和工作人员都要积极参与微观层面上的创新。图书馆创新管理不能仅停留在宏观层面上，必须把其扩大至具体的管理活动操作中。图书馆创新管理的实施操作要按以下要求进行：

（1）勇于创新，大胆改革

组织内部自上到下都要破除封闭保守、被动的局面，大胆创新服务方式，变革传统的工作模式，进行业务工作的改善。主管领导要鼓励员工提出创新意见和建议。

（2）上级支持，员工全面参与

创新管理首先要获得上级管理部门的支持，还必须组织内部各部门及工作人员积极配合，推动成功的创新服务。

（3）沟通协调，形成合力

管理创新方案提出后，需要财力资金和人力资源的支持，还应在工作程序上进行调整，这都需要通过各个部门、上级主管及全体馆员之间良好的沟通协调，形成合力，推行创新方案。

（4）激励支持

图书馆对馆员的激励与支持，是其创新方案提出的重要因素。图书馆领导要以人力、物力及资金的支持，协助进行部门间的沟通，使创新方案得以落实。

（5）组织学习，积累经验

管理创新的推进是一种组织学习的过程，在推进中无论是研究创新服务方式，设计服务机制，还是进行可行性评估、市场调查、效益评估，均要让参与的人员得到学习经验。

（6）积累到宝贵经验，坚持经济效益原则，进行可行性分析

创新活动的推行要研究进行成本效益。图书馆要组织投入多少人力、物力和财力，有多少用户能够接受。图书馆推出创新措施后，受惠的用户有多少，投入的资源是否成比例，都要认真地进行经济性研究。

二、现代图书馆资源战略管理的层次和内容

（一）现代图书馆战略管理的层次

图书馆的战略具有不同的层次，它的战略管理也在不同的层次上进行。现代图书馆的

战略一般分为国家图书馆事业战略层次、地区（系统）图书馆战略层次、单位图书馆战略层次和图书馆职能层次的战略。

1. 整体图书馆事业战略

图书馆整体事业战略是指导图书馆事业发展的总体规划和部署，它指导不同图书馆的决策和重大发展策略路线，整体事业战略是在全面分析我国图书馆整体事业的实际情况的基础上建立的，它主要的目的是明确制定我国图书馆的发展重点和发展总体方向，制定总体的发展目标和发展战略规划，作为各个图书馆的总体发展纲领。

2. 地区系统图书馆战略

地区图书馆战略主要是以行政隶属关系或行政区域为单位，在各系统或各地方范围内建立图书馆战略。在不偏离国家整体图书馆事业战略指导的情况之下，每个系统要结合实际分析本系统图书馆的特殊点和特殊性，以及各地区经济、政治、社会文化发展状况，制订符合各地区或系统的图书馆战略计划，提出各个图书馆建设发展的具体要求和总体目标，确定其战略阶段和主要战略规划和战略重点，全面贯彻落实国家整体图书馆事业战略。

3. 单位图书馆战略

作为图书馆战略管理的重中之重，单位图书馆战略起着统揽全局的重大作用，它主要是国家图书馆事业战略和地区（系统）图书馆战略的一个延续，由单位图书馆战略决定图书馆事业的整体发展水平，它决定了图书馆职能层战略的制定和实施，同时明确了图书馆发展方向。所以，通常所说的图书馆战略管理一般指这个层次的战略。

与其他相比，图书馆的单位图书馆战略非常具体，是我国每个基层图书馆的管理者按照地区（系统）图书馆战略、国家整体图书馆事业战略，针对本单位外部环境和内部资源条件、用户群体类型、用户信息需求的满意程度等方面因素确定的图书馆战略，主要目的是满足用户的信息需求，发挥各个具体图书馆的功能，实现图书馆的社会价值。单位图书馆战略包括：确定信息资源的范围重点，确定单位图书馆的时代使命以及发展方向，结合自身特色制定战略目标和主要战略措施等。

4. 图书馆职能层战略

在中小型图书馆，一般情况下图书馆职能层战略与单位图书馆战略合为一体。主要是为了提高各种资源配置效率，通过实现职能战略相互支持和补充，从而保证单位图书馆战略的实现。职能层战略由一系列详细的方案和计划组成，时间跨度较短，还具有行动导向性。

图书馆职能层战略需要基层管理人员和员工积极参与制定。

（二）现代图书馆战略管理的程序与内容

1. 图书馆战略的制定

图书馆战略的制定是一个连续、复杂的过程，也是一个不断探索和创新的过程。要做好战略制定工作，就必须要抓好以下各个环节：

（1）构建图书馆战略管理委员会

在战略管理的初始阶段，要由图书馆主要领导机构负责战略决策制定、内外环境的分析、具体的工作。战略管理委员会的成员不仅要有战略管理专业人员、馆内高层领导，还要有图书馆的专业技术人员、图书馆用户以及图书馆各主管部门人员。

（2）对图书馆内外情况的合理分析

分析图书馆的内部条件和外部环境的优势与劣势、机遇与挑战，这样非常利于发现用户的真正需求和图书馆存在服务过程中的主要问题。

（3）战略决策过程

要面对图书馆的战略性问题、对未来的设想和对照理想与现实之间的差距来制订有效可行的战略方案，同时又进行战略方案的挑选。其大致步骤主要包括：规定图书馆的目标和使命；战略目标的制定和研究；战略方案的挑选；战略制定的具体化过程。图书馆一旦制定了战略，就会通过各种具体化方法转换为可以在现实生活中具体实施的行动计划。

2. 战略管理的执行

在整个战略管理中最为关键的工作是战略的执行，不管多么科学的战略只要不能具体实施，都是没有任何价值的战略。图书馆战略执行主要是为了贯彻落实已经制订好的方案而进行的各种各样的活动，主要包括以下两个方面的内容：

（1）建立与其相对应的组织机构

图书馆战略管理需要我们把一个高效率的组织机构建立起来。第一，要有明确的目标，把战略目标作为导向；第二，要协调一致，因为只有协调才能降低其内部各方面的损耗；第三，也需要合理科学地授权，组织的各个部门都要有一定的权限，任何人不能随心所欲地干预下级的各项决定。

（2）要把战略执行责任落实到具体的部门或者个人

战略执行必须要经过层层分解，在时间上，要明确各个单位什么时候能够完成任务、达到什么样的战略目标；在空间上，要明确各个单位、各个部门的具体任务或者目标。在战略执行的过程中，部门管理者需要增强其的领导和指挥，同时又需要培训和指导图书馆馆员，让他们能够了解并掌握图书馆的各项战略，并且具备执行战略方案的能力。还必须时时刻刻关注内外界因素对图书馆造成的各种不利的影响，并对其进行有效的分解。

（三）战略管理的控制

在战略实施过程中，图书馆战略控制是为了保证图书馆战略规划的执行，而进行的纠偏行动。通过对战略的控制，可以及时克服在战略执行中存在的各种问题，并及时进行纠偏并完善战略管理；同时，又可以被作为重要依据来评价战略管理及其目标的实施效果。图书馆战略控制过程主要包括以下三方面的内容：

1. 制定评价标准

评价标准是用来衡量是否能够达到图书馆预期战略目标的标准，同战略目标要求一致。它也包括各种定性标准和定量标准。

2. 评价工作成绩

图书馆管理者需要通过观察报表、报告、抽样调查、召开会议等多种方式来获取图书馆实际工作绩效方面的信息和资料，并把图书馆战略管理中取得的实际成绩与评价标准进行比较。

3. 反馈与纠正偏差

为了实现图书馆战略控制的目标，需要发现控制过程中存在的不足，分析其产生的原因，并采取有效合理的纠正措施。

（三）现代图书馆战略管理的实施对策措施

在战略上，现代图书馆已经超越了过去图书馆传统意义上的概念，它与传统图书馆在宏观管理、服务方式、组织方式、文献资源建设、人才管理等方面都有很大的差异。

1. 现代图书馆的宏观战略管理对策

图书馆联盟必须加快建设和发展，实现资源共享，初步实现图书馆现代化建设。各个图书馆之间必须紧密联系，进行战略管理在宏观上是必需的。国家可以采取成立图书馆联盟建设管理委员会，并且编写一些关于图书馆联盟建设的相关政策，给予他们资金上的支持和政策上的保障，图书馆联盟将应用网络环境的优势，组建出计算机网络的图书馆程序系统。另外，各相关部门应该建立本系统内全国性的图书馆联盟来加强以地区中心为主导的地方性图书馆联盟。

2. 现代图书馆的信息资源建设战略管理对策

加快各类型数据库完善，把部分特定的传统馆藏文献转化为电子资源；完善全国性的文献资源保障体系建设工作，加强馆际联系和协作。每个用户对信息资源有不同的需求，信息资源展现出多样化、个性化的特点，对于这多类型、丰富的、多传递渠道的信息资源，有效的资源整合对现代图书馆的信息资源建设极其重要。在此基础上，现代图书馆的信息资源建设还要突显本馆特色。

3. 现代图书馆的组织战略管理对策

传统图书馆与现代图书馆相比，传统图书馆的组织结构是按职能划分部门，分层分级，形成一种金字塔式的组织结构。而现代图书馆把用户放在第一位，按照用户的需求出发设计组织结构。经过业务流程重新调整之后，图书馆的结构层次减少，向扁平化方向发展。

4. 现代图书馆的业务流程战略管理对策

现代图书馆将充分利用现代信息技术，发挥现代信息技术最大的功能，加快工作流程，为用户提供方便、节省时间。而传统图书馆落后的业务流程不仅降低了现代信息技术的工作效率，而且计算机、网络往往只是一种摆设，并没有最大限度地发挥作用。因此，现代图书馆的建设需要对传统图书馆的业务流程进行改变和组建，将支离破碎的业务流程重新组合在一起。

5. 现代图书馆文化战略实施

现代图书馆应该具有它特有的文化内涵，这样可以统一全体员工的意志，激发工作人员的热情，为复合图书馆建设提供源源不断的动力。现代图书馆文化建设要树立以人为本的理念，增强创新文化建设，塑造和谐的文化，营造发展的文化氛围，加强文化制度建设。

6. 现代图书馆的用户服务战略实施

信息资源管理是现代图书馆采取的一种新模式，它是以用户为中心和需求导向为价值取向的服务方式，是在传统服务方式基础上进行延伸和拓展的。复合图书馆的服务是开放性的，需要建立面向用户的开放服务体系。

（四）现代图书馆资源战略管理

1. 图书馆管理可持续发展的环境

科学发展观的贯彻和落实就必须坚持一切从实际出发，按照客观事物的本质去认知世界，正确地反映客观事物及其内在的规律性，从而用正确的理论指导工作实践。图书馆作为全国文化体制改革的重要阵地，我国已经开始对图书馆的管理体制进行试点改革，即组织机构、人事制度、聘用制度，薪酬制度、管理创新和服务创新。此外，图书馆文献资料正从单一媒体到多媒体，图书馆人员正从书籍保管者到信息提供者，图书馆的馆藏正从自身到无边，业务发展正从日建到外包，服务正从按时提供到及时提供，服务模式正从读者来馆到我们到读者中间。

2. 图书馆管理要搞好统筹协调

科学发展观指出："全面发展就是要以经济建设为中心，全面推进经济、政治、文化建设，实现经济发展和社会全面进步。协同发展，就是统筹城乡发展、统筹区域发展、统筹经济社会发展、统筹人与自然和谐发展、统筹国内发展和对外开放，推进生产力与生产关系、经济基础和上层建筑协调，推进经济、政治、文化建设的各个环节、各个方面相协调。"这表明，不能有与经济建设等方面的不协调，即非科学的发展问题。公共图书馆管理的工作是文化事业中的一个方面，必须积极主动跟上全面发展和协同发展的脚步。

3. 图书馆管理要做到有法可依

近年来，虽然社会提出制定图书馆法的要求的呼声很高，国外相关机构也极其关注中国图书馆法的颁布情况，但是，至今我国仍未制定发布统一的、具有完整意义的图书馆法，这样一来，针对图书馆的管理实现统一化、标准化、法治化的标准是很不利的，对唤起社会公众对图书馆工作重要性的认识也是很不利的。从世界的大范围角度来看，凡是图书馆管理事业相对比较发达的国家，都陆续成功颁布了规范的图书馆法，这一举措，不仅保证了这些国家的图书馆事业的稳定，更促进了其事业的发展。

4. 图书馆管理要做到全面创新

图书馆创新内容包括：技术创新、制度创新、观念创新和管理创新四方面。在技术方面，要善于引进、利用并开发高新科技技术、理论，利用计算机及网络，利用先进设备，建设创立数字化的图书馆管理模式。在服务方面，图书馆要立足于自身，善于整合资源，发挥整体归一优势，以读者或用户实际需求为导向，坚持重点和一般紧密结合的原则，联合开发图书馆信息工作的新特色，为读者或用户提供更富有特色、专属、高质、高效率、高层次的信息服务和信息产品。图书馆的信息服务也是一个品牌。图书馆要通过不断的创新与再创新，从而加强与扩大图书馆的影响力及知名度。要实现这些目标，不仅仅要完成多元化、创新型的信息服务、信息产品工作，更要有创新型的营销战略。

5. 图书馆管理要做到坚持以人为本

图书馆管理的可持续发展工作的实现，要做到坚持"以人为本"的原则。"以人为本"即为以图书馆管理工作的服务对象即广大人民群众为本。图书馆管理工作必须做到时刻关注人民群众的实际需要，并以此作为发展该项事业的实质性和依据目标。这一过程中，图书馆还要根据人民群众对文化的各种实际需求，随社会发展进步的不断变化，调节其自身发展方向。

6. 图书馆管理要实现共建共享

文献信息资源是稳定、绿色、系统、可重复利用的人类文明的历史记录和人类知识的积累与传承。在人类社会知识化和信息化发展进程中，文献信息资源具有基础性作用及战略性地位。现代社会早已进入网络信息时代，网络技术和信息技术迅猛地发展，在这样的历史条件和社会背景下，文献信息资源共享即将迎来一个崭新的时代。资源实现共建共享是图书馆可持续性发展的主要出路和途径，是图书馆实现降低成本、优势互补、方便用户、互通有无、有效增值的快捷方式，如果能够制造出一个开发利用文献信息资源良好的环境，有利于减少图书馆情报部的人力、物力及财力。

7. 培养图书馆管理专业团队

图书馆的工作人员是知识信息库的主要建造者和维护者，是信息资源与读者或用户之间的桥梁和纽带，是图书事业的基本灵魂。从目前来看，我国图书馆大部分工作人员的整体素质偏低，人员的结构配置适应不了现代图书的实质要求，而个别图书馆，大量的优秀人才还在外流，图书馆应采取积极的措施，全面培养工作人员。

第四章　图书馆全面质量管理与策略管理

第一节　全面质量管理概述

全面质量管理（TQM）是一种以质量为中心，以全员参与为基础，通过让顾客和本组织所有成员满意及社会受益达到长期成功的管理途径。

一、全面质量管理的含义

全面质量管理是一个组织中所有成员、部门和系统共同参与，不断全面改进组织的产品及服务的过程，以满足或超越顾客的期望及需求质量，使得组织得以永续发展的一套原则与程序。全面质量管理蕴含着如下含义：

第一，通过持续的质量管理监控，随时跟踪反馈顾客的需求变化，帮助产品和服务持续不断改进质量；

第二，质量管理的目的是更好地满足顾客需求，从而实现组织的持续发展；

第三，质量管理强调的是组织中所有成员、部门和系统的共同参与，单靠个人或单个部门难以完成；

第四，强调科学方法，利用统计方法与资料分析法作为改进服务的参考。

全面质量管理即为全员、全过程、全方位的质量管理，力求全面提高经济效益，包括四个基本特点：全员参加，意味着质量控制由少数管理人员扩展到企业的所有人员；全过程，将质量控制从质量检验和统计质量控制阶段扩展到整个产品的寿命周期；全面运用一切有效方法，指应用一切可以运用的方法，而不仅仅是数理统计法；全面控制质量因素，指把可能影响质量的人、机器设备、材料、工艺、检测手段、环境等全部予以控制，确保质量。

全面质量管理流程共分为四个步骤，首先，做好策略工作。主要是通过问卷调查、电话调研、实际走访等方法掌握用户的使用需求和偏好等第一手资料，通过汇总分析得出用户对全面质量管理的要求和标准，以此作为制定质量管理策略、目标和工作计划的参考。其次，做好落实工作，该步骤主要将制定好的策略、计划等以适当的方式部署落实。应根据本机构实际情况，制定符合实际的落实政策，做好员工的动员和培训工作，确保制订的计划和策略得以实现。再次，做好检查监督工作。该阶段主要是检查计划和策略的落实情况，与制订的规划方向是否一致，及时修正不符合实际的工作方案。最后为调整工作，主要根据检查监督的情况确定采取下一步工作的措施。如果工作计划需要采取较大修正，则重新开展调研工作，对修正问题进行走访调研；如果计划得以落实，则第一轮工作流程结束，可继续开展下一轮质量管理活动流程。

二、图书馆全面质量管理

（一）图书馆全面质量管理的含义

图书馆的整个业务可以看作是由核心服务、助消服务或产品、辅助服务或产品构成的一个基本服务组合。

核心服务是图书馆为读者提供的信息和知识服务，这种服务是抽象的，需要一定载体才能被读者利用；读者为了利用图书馆的核心服务而借助的另外产品或服务称为助消服务，例如读者需要先办理借阅证，或者先使用图书馆提供的参考咨询服务，才能享受图书馆提供的文献借阅和信息检索的服务，其中的办理借阅证服务和参考咨询服务就属于助消服务，图书馆提供的文献借阅和信息检索则属于核心服务。没有助消服务的支持，读者是不能享受核心服务的。辅助服务主要用以提升和丰富核心服务，使其更具有吸引力和竞争力，它是核心服务的重要支撑力量，又被称为支持服务。辅助服务也是图书馆的特色服务，图书馆根据自身特色提供辅助服务和产品，令核心服务更加具有特色和吸引力，比如图书馆的阅读推广活动、送书到家服务等。助消服务和辅助服务是有区别的，助消服务是必不可少的，没有助消服务，图书馆的核心服务就没有载体，也就不能被读者使用，而辅助服务是核心服务的辅助部分，没有辅助服务，核心服务仍然可以实现，但是辅助服务作为图书馆的特色服务，代表着图书馆的竞争力和对读者的吸引力。

图书馆服务主要是由核心服务、助消服务和辅助服务三部分组成，这三部分结合起来决定读者可以从图书馆获得什么服务，但是读者获得服务的过程以及读者对图书馆的反馈作用却不能从这三部分中得以说明，因此除了核心服务、助消服务和辅助服务外，图书馆服务还应包括服务的可及性和读者与图书馆服务的相互作用。服务的可及性是指读者获得图书馆主要服务的难易程度，它与图书馆的地理位置、开放时间、馆舍布局等多种因素有关，图书馆的主体服务设计得再完美，可是所处的地理位置距离读者较远，于读者利用来讲仍然是不便利的。相互作用包含两个方面，一方面是图书馆的主体服务是否按照读者需求进行提供，图书馆所提供的检索、利用等服务对读者信息的收集和提高是否有所帮助；另一方面读者对图书馆提供的服务是否理解与支持，读者根据自身需要给图书馆提出建议，可以反过来促进图书馆主体服务的进一步提升。

根据上面的分析，我们可以看出，图书馆的服务质量是由核心服务质量、助消服务质量、辅助服务质量以及提供这些主体服务的过程质量共同决定的。因此，所谓图书馆全面质量管理，就是持续改进图书馆主体服务质量及其过程的质量，从而为用户提供满意的服务。

（二）图书馆全面质量管理的特点

1. 以读者需要为根本目标的服务与经营

企业提供的产品和服务最根本的是要让顾客满意，面对顾客各种个性化的需求，要想提供一个令顾客满意的服务和产品，只依靠做好服务流程或者产品的销售流程是远远不够的，还必须在服务和产品设计的初始阶段就全面建立起以顾客为导向的经营与管理，各个环节都以顾客满意为最大目标，才能最终获得顾客的满意。

以公共图书馆为例，到馆读者包含了各个年龄、各种教育程度及各种职业，不同读者层次需求和关注点都不一样。因此，图书馆在提供服务时就需要考虑不同年龄、教育程度及职业的读者对图书馆需求的差异，考虑其可能需要的服务，力争在提供的过程中获得读者满意。

2. 全员性与团队性

全面质量管理追求的是全面性质量，既包括了产品质量或服务质量，又包括了规划质量、管理质量及决策质量，全面性质量的管理单靠一个部门或几位员工是很难做完美的，因此，只有全体员工积极参与，共同把控和管理各个环节流程，才能做得好。再者，各项流程与作业均涉及多个部门、多位员工的业务范围和职责，如果相关部门工作范围衔接得不好或者部门之间工作配合不到位，则难以确保质量稳定，因此，必做团队合作才行。

以图书馆而言，采编部门确定图书的采购类别和数量，而这些信息需要由流通和阅览部门根据读者的需求信息和书刊的借阅统计来提供，采编部门在采购图书后尽快编目上架，以便读者在流通部门和阅览部门可以借阅，技术部门则在保证网络畅通的基础上，设计适合读者查询的功能网站，并随时更新 OPAC 数据，让读者能方便地利用统一检索平台检索到所需图书的相关信息，并根据信息中提供的索书号在书架上找到相关图书，办理外借手续。如果编目质量不佳，图书大类归属错误，读者在检索时可能会找不到自己最需要的图书；再者，如果借阅部门在排架时错架乱架情况严重，读者则很难根据索书号在书架上顺利找到图书。因此，图书从采购进馆到编目、上架典藏，必须有良好的全面质量管理，控制各个作业流程的作业质量及效率，才能提供读者满意的服务。

3. 随顾客需求的变动而变动

时代不断变化，顾客的需求也在不断变化，一成不变的流程和管理是不能持续满足顾客需求的，因此，应根据时代和顾客的变化随时调整管理和服务，不断完善，精益求精。已经很好了，还不满意，还要再做得更好；已经是同业中最好的，还要再挑战自己，自我超越，更上一层楼。

以图书馆而言，面对众口难调的读者需求，各项服务都存在很大的改进空间，即使服务做得好，赢得了读者的赞誉，但仍要清醒地认识到，服务面可能仍有未考虑到的读者群体，所以应不断调整，力求继续改善。尤其是读者的文献信息需求经常变动，我们也应根据这种变动随时做出服务的相应调整。

4. 优良组织文化的建立

当组织执行全面质量管理时，必须起始于一个简单的程序：建立团队以解决特定问题。全面质量管理所建立的是有关质量的文化，亦即有关文化改变方面的事情，其目的在于满足读者以及能永久消除现存的问题。

组织文化是一种价值观，是企业的价值系统，也是一个无形的基础架构。一个企业如果要追求卓越，一定要有很好的愿景及企业文化，愿景可以为整个成员塑造成每一个人都很乐意去追求的使命，大家都为它而拼命，为它而努力。同时，企业一定要有其核心价值观，企业文化则是立足于这些核心价值观的行为文化，通过核心价值的引领，通过全体成员的脑力激荡将共同的愿景激发出来，以凝聚追求高效的共识。唯有全体员工都有很好的敬业态度、团队精神、质量观念，而且都有很强的实践精神，人人主动积极，才能成功推行全面质量管理。一个图书馆如果追求卓越，切实可行的愿景及良好的组织文化是最基本的条件，图书馆若能培育良好的组织文化，人人肯定图书馆对社会的贡献、各项服务的价值，以及自己扮演角色的重要性，才能不断提升服务质量及读者满意度，共同为组织愿景及目标而努力。

（三）图书馆实施全面质量管理的意义

通过实施全面质量管理，可以提高馆员的全局意识，打破部门间的固有界限，促进图书馆的良态运行。

1. 打破部门界限，营造全局意识

参考目前国内外的图书馆组织模式可以发现，图书馆大都根据服务功能和业务性质，将图书馆人员及功能划分为书刊借阅、参考咨询、网络技术等相关部门，实施全面质量管理，根据特定的业务问题组成基于全馆参与的问题解决团队，发展一种解决问题的知识与方法分享，馆员不仅个人业务能得到成长和锻炼，也能学习到团队合作以及与他人沟通的技巧，对图书馆整体就有了较多的概念和认识。

2. 研究内部团队需求

内部团队需求是指在本组织内部，既保障组织良好运作，又从组织获取信息和服务以提高自己业务水平，并且将学到的知识运用在自己的工作上。

3. 持续质量管理，及时监督调整

任何一种质量管理的制度一经建立都应持续进行，随时监督，定期考核。考核的目的是让产品和服务得到用户的满意，而用户成员随时变动，需求也随时变化，质量考核也会难度加大，此种情形难免给工作人员带来很大的压力，甚至有排斥抗拒的心理，因此领导必须坚持全面质量管理的推行，时时强调质量的观念及顾客满意经营的重要性，方能维系质量的永续经营。

持续改善是运用特定的方法评估，有系统地收集并分析资料，以改善建成组织任务所必需的重要作业程序。持续改善的要素包括一套哲学及一套图形的问题解决工具或技术：脑力激荡、流程图、控制图、散布图、巴瑞特图。持续改善是基于一个前提，即是一个结构化的解决问题的程序，较非结构化者产生较佳的结果，持续改善以量化绩效指标及监督产成目标的工作进行情况，可以使图书馆建立评估目标。

第二节　图书馆全面质量管理分析

一、全面质量管理过程

全面质量管理过程由七个步骤构成。

第一步，坚定持续质量管理的恒心。全面质量管理是一个持续的过程，只有长期坚持才能及时调整产品和服务，一旦有所松懈，前期的坚持也就功亏一篑，因此，全体参与者都要有将质量管理坚持下去的恒心。

第二步，充分估量需要的付出和努力。全面质量管理是一个全局性、长期性的工作，所需要调动的是全体馆员的主动性、积极性，因此需要正确评估实施全面质量管理所需要花费的精力和馆员的工作量，不要事到临头才觉得坚持困难，产生气馁情绪。

第三步，做出明确计划。明确图书馆实施全面质量管理要达到的目的，根据目的规划近五至十年要做的工作，确定每项工作的步骤和方案。

第四步，质量实验。进行"差异分析"，指出质量改进应从何处着手。分析涉及图书馆的使命及要提供的产品和服务、对用户的了解程度、组织文化、绩效测度、质量测度工具和员工培训。

第五步，进入实施阶段。按计划实施，并收集相应数据。

第六步，检查阶段。检查取得的效果，对改进的效果进行评价，看实际结果与原定目标是否吻合。

第七步，调整计划。巩固既有成果，解决遗留问题。

二、全面质量管理模式分析

通过分析图书馆全面质量管理模式，可以得到以下特征：

（一）策略规划起着核心作用

全面质量管理过程中，策略规划环节至关重要，不可或缺。全面质量管理引入图书馆工作是为了进一步提高读者服务。以读者满意度为关键点，从根本上推进工作效率和工作效益的有机提升，从而增强图书馆在同行业中的竞争优势，提高本馆知名度和美誉度。由此我们说全面质量管理具有战略意义，它不仅仅是标准化管理形式对图书馆日常工作做出的规定安排，更重要的是制订图书馆未来的工作计划和步骤，未雨绸缪，让图书馆各项工作都在制订的计划之中，一步步实现既定目标。

（二）形成以质量为中心的组织文化

全面质量管理实施后，可以在图书借阅、文献检索、图书采购等常规工作中得到充分展现，另外还能在行政管理、质量管理系统等方面得到改善，形成图书馆自身的价值观念、服务观念、业务理念、组织文化、管理协调系统，经过业务培训和各类管理工具技能讲座，每个馆员充分融入全面质量管理中，实际参与并自然而然把自己变成体系一部分，这是全面质量管理所达到的最终目的。这体现在图书馆从上而下全员的工作中，隐含在各个部门日常服务中。全面质量管理正式通过对质量改进的如一追求，到最终在图书馆形成质量文化的目的，这实际上也是全面质量管理把管理模式向前推进可喜的一步。

（三）关注图书馆用户

在全面质量管理中，"用户"一词主要包含两个方面：一方面是传统意义的用户，也就是我们所说的读者，他们使用图书馆资源，从图书馆获取服务，并与图书馆服务相互作用；另一方面是图书馆内部工作人员，也就是我们所说的馆员，馆员在图书馆工作，为读者提供服务，同时馆员提供的服务不是单独孤立的，而是在其他馆员工作基础上提供的，比如流通部门的馆员为读者提供借书服务，这个服务的基础是采编部门对图书进行前期的加工，每个馆员在为读者提供服务的同时，自身也享受着其他馆员提供的服务。因此，在实施全面质量管理时，不仅要关注读者的需求和对图书馆服务的满意程度，也不能忽视图书馆员的个人需求与认同，只有调动馆员的积极性才能更好地改进图书馆工作质量。

（四）以组建团队以确保图书馆全体馆员参与质量管理

全新用户概念的提出，说明了图书馆服务存在两个链条：一个服务链条是图书馆员与外部读者组成；另一个服务链条是图书馆员内部自己组成，馆员、部门和服务组成了链条上不同的节点，每一个节点都不是孤立存在的，需要前一节点提供服务，同时也为后一节点的工作提供支撑。因此，图书馆质量管理与每个馆员每个工作都密切相关，任何一个节点出了问题都会影响质量管理的最终结果。唯有图书馆全体员工都参与质量管理活动，才能为高质量的服务提供保障。

因馆员工作内容不同、个人知识储备和处理问题的方式有所区别，要想调动全体馆员的积极性，全体参与质量管理活动，实属不易。可采用组建多个质量小组的方式，质量小组的组成可在全馆征集人选，根据质量小组要解决的问题选取具有专长或丰富实践经验的馆员组成，共同解决单个个人和单个部门不能解决的问题，从而不断改进工作质量。成立全馆范围的质量小组有助于馆员相互融合，消除部门藩篱，增进工作默契与合作。

总体而言，上述四个共同点从宏观层面上，为图书馆全面质量管理构造了概念框架。全面质量管理是一种策略思想，需要图书馆从全局的角度予以考虑和把握，但全面质量管理又是一种具有实际可操作性的管理方法，要利用质量管理系统、一系列质量管理工具和技巧，来解法实际的质量问题。因此，模式仅仅能从宏观上提供指导是不够的，还必须深入微观层面，为解决具体问题提供程序和步骤。

在21世纪，图书馆所面临的挑战，包括无社区界限的市场、难以掌握的读者需求、E时代的数字革命、读者与图书馆员获得信息的差距愈来愈小等，读者对图书信息获取的形态及期望改变很大，便捷的网络让读者可以立即获得信息，愈来愈多的电子书及数字化多媒体资料让读者不需要到图书馆即可在家阅读及利用。如何使图书馆在现今网络化信息社会转型为一个能满足读者多元化、容易变动的需求的信息中心及阅读中心，建立一个快速而弹性的组织架构与组织文化，以适应各种节奏的改变，是图书馆发展的方向。全面质量管理的建立，采取读者导向的服务管理，随时适应阅读的需求，以读者满意为所有服务的核心，掌握读者的需求与期望，透过具有良好质量概念及组织文化的工作团队，改善每个作业及服务流程，并制定评量机制及标准，持续不断改善，促使质量目标实现，使图书馆能因时代的进展、读者需求的改变，而随时调整其在现今社会所扮演的角色及应发挥的功能并充分完成任务。

第三节 策略规划的基本含义

近年来，随着信息和科技的迅速崛起，世界经济环境受到很大冲击，传统产业面临新的洗牌，新兴产业也在发展中逐步调整完善，世界变成"地球村"，自由化与国际化的浪潮既为企业带来发展机遇，也加剧了企业严峻的外部环境，为了更好地适应产业格局的调整，管理层须正确把握宏观经济环境，思考如何让企业的发展与宏观环境相适应。社会环境与经济环境急速改变，许多产业的基本游戏规则发生变化，与以往大不相同。另外，企业升级不能缺乏策略概念的指导，中小企业要升级，究竟应该朝什么方向发展，是否该自创品牌，是否应扩大产能，和什么企业进行策略联盟较为合适，诸如此类都是策略问题；又如大型企业应如何配合产业的消长，进行多元化与国际化的经营，多元化与国际化之后的组织又该如何调整，多元化与国际化在企业成长过程中，如何维持各方面能力的平衡发展，如何使各部门行动步调一致，更是企业高阶层面临的挑战。

图书馆作为社会文化机构也处于社会急剧变动的环境中，面对变化的社会环境、信息产业的高速发展、读者需求的日益个性化、办馆费用的不断提高和馆员队伍的日益老龄化，如何在复杂多变的外部环境中凭借并不优势的办馆条件，改变老旧的管理思路、创新服务内容、完善馆藏资源、布局优雅舒适现代的阅读环境、满足读者日益增长的阅读需求，让读者重新回到图书馆，都是亟待解决的问题。而在管理升级的过程中哪些服务可以优化升级，哪些服务需要创新引进，图书馆是否需要在现有规模上扩大服务区域，文献保障和现代化服务手段之间的经费如何平衡，读者的需求如何平衡，图书馆是否需要建立联盟组织共同开展服务，这些都涉及图书馆的策略规划。又比如图书馆作为社会文化机构如何促进地区的精神文明建设，充实读者的内在精神，如何与世界范围内图书馆的服务接轨，在发展过程中如何维持各方面能力的平衡发展，如何与社会发展保持步调一致，更是图书馆高层面临的挑战。

目前来讲，图书馆的策略规划开展得比较落后，只有为数不多的图书馆着手进行策略规划工作，主要规划内容包括图书馆现状 SWOT 分析、民众及馆员意见调查、专家指导、图书信息发展趋势探讨等。而在发达国家，策略规划是图书馆必备的一项工作，无论是专业图书馆还是大学图书馆，都会定期进行这项工作，并将其纳入图书馆工作内容，最终确保落实。而要想将策略规划与全面质量管理结合起来，将策略规划内容纳入全面质量管理系统，就必须建立一整套推行和监督机制，定期检查各项内容的落实情况，对于落实较好的方案分析优势，总结经验，对于推行有困难的，则要考虑新的替代方案或调整修正原有方案。

一、策略的定义及功能

对于策略的定义，学界呈现多种声音，主要有如下几种：第一，从策略的功能角度定义，策略被认为是目标和目的的类型，是为达成目标和目的所做的计划，以及为实现这些计划制定的主要政策；第二，从策略的意义定义，策略主要作为对未来行动、趋势或远景的规划和指引，即对将来可能发生的状况做前瞻性预测以及应对可能发生的状况所做的工作的计划；第三，从策略与组织的关系定义，策略是帮助组织有系统的、开展的长期性思考，作为组织面对不确定的未来的行动与思考指引。面对多个定义，我们在研究中侧重于不同方面，即可运用不同的定义。

策略的主要功能总结如下：

第一，制定策略是企业管理层责无旁贷的责任，策略的方向代表了企业的发展方向。

第二，策略指导具体功能性政策制定的方向，界定了企业在环境中的生存空间。

第三，制定策略是对企业资源与企业行为的保障。

第四，企业制定策略是在相对的竞争优势基础上，目的是实现企业的绝对竞争优势。

二、策略规划与重要性

从不同的方面定义策略规划，含义是不同的。策略规划乃是"决定一机构之主要目标，以及此后获取、使用、分配资源的基本政策和策略，以达成机构目标的过程"。一般而言，策略规划是一个机构的长期计划。策略规划是有系统地做出企业决策的连续过程，并对这些决策远景做最充分的认识，系统化地把执行决策的力量组织起来，通过有组织的回应，测定决策的结果与预测结果之差距。现今的经济形势更多的是买方市场，意味着顾客可以挑选自己满意的商品，也就是挑选自己中意的企业，只有顾客选中的企业才能最终存活并发展。服务也是如此，只有符合顾客需要的并且随着顾客需求变化而变化的服务才能得以存活和发展。因此，策略规划必须从顾客开始。

策略规划执行的程序大致可分为八个步骤。

第一步，明确策略规划的意义和功能。只有明确了策略规划的意义和功能，才能在制定时不偏离目标。

第二步，寻找策略规划的目标，确定策略规划的中心点。

第三步，分析组织的资源，明确资源类型，不遗漏任何可以利用的资源。

第四步，环境评估。对策略规划即将面临的环境做充分评估并预测可能出现的状况。

第五步，预测未来。根据未来可能发展的方向，做出策略评估的不同方案。

第六步，评估机会及威胁，用相应的方案扩大机会，降低威胁。

第七步，提出评估策略方案。根据企业自身状况及分析结果确定最终的策略评估方案。

第八步，选择并执行策略。

各企业都是根据自身状况和外部环境确定各自的策略方案，在执行和落实的过程中，也会视不同情况采取不同的步骤，视企业的规模及业务性质而定。

策略规划不仅是一套程序，而且是一种参考架构和思考方式。策略规划不是用过去的经验来做未来服务改善的依据，而是着重于了解图书馆发展所面临的环境。它鼓励创新，加强组织内的沟通，通过图书馆和其他信息组织及其工作人员确认并执行。同时，在策略思考的过程中，一些无形的输入，如文化、价值、愿景和任务，通过诚实、开放、可靠、满意、团队精神、自尊、忠诚的承诺，可转换成输出，策略规划由促进组织规划所要的未来发展一个思考模式，以帮助图书馆和信息中心得到发展。

策略规划的架构主要由愿景、价值、任务宣言、目标、目的、策略方向及行动等几个部分构成，一般来讲，愿景、价值和任务宣言构成了策略规划的上层建筑，代表了策略的目标和方向，起到导航的作用；而策略的目标、方向和行动方案则是策略规划的具体实施部分，代表了策略工作开展的模式和内容，各馆的策略规划根据本馆开展的时间和内容不同，繁简不一。

图书馆一定要有其核心价值，而图书馆文化则是立足于核心价值的组织文化，有些图书馆将其组织文化整理为文字，有些则无。图书馆有了核心价值及组织文化后，图书馆规划就会出现，规划不是一个目标，而是值得大家长期努力追求的理念。规划对图书馆之所以重要，就是在于它可以为全体馆员，塑造出一个每个人都很乐意去追求的使命，也就是说，规划的重要性就是，大家都为它而拼命，为它而努力。有了规划，就有了不同时期的目标，目标不只要和规划相符，还要和目前的业务相关。为了达成这些长短期的目标，就要制定策略，策略是阶段性的，会经常随着客观环境、内在条件和时间而不断变动，在这个过程中，目标和策略都不能违反图书馆的核心价值和组织文化。

三、策略规划和图书馆全面质量管理的关系

企业界运用的管理模式类型多样，如何将各有特色的管理制度适当地融合运用于组织，并能相辅相成、彼此整合又不会重复，就显得非常重要。因此，策略规划如何融入图

书馆全面质量管理系统也是一个非常重要的关键所在。

（一）策略规划是图书馆全面质量管理的核心

全面质量管理作为一种通过持续改进质量来为图书馆用户提供满意服务的管理理念和方法，根本目的是改善图书馆服务质量，增强图书馆竞争优势，重塑图书馆在文献信息服务的优势地位，不断适应变化的新环境并持续繁荣发展。因此，全面质量管理可以说是策略管理的目标和意义，它应以策略的指引为方向，根据策略的制定而形成理念和方法，以策略的目标实现为中心。

具体来说，在图书馆策略计划指导下，结合用户调查、团队结构、跨部门工作委员会等多方面因素，制订出具体的工作计划。

（二）在图书馆管理中导入策略管理的意义

策略规划与策略管理是两个不同的概念，两个概念都代表了策略在不同时期的侧重点，其中策略规划代表了策略刚刚制定时期对策略整体的谋划，而策略管理是指在规划的基础上具体执行与评估，是策略实施的具体阶段，在过程中包含了对未来的倾向性。策略管理是一个连续的过程，不仅是规划而已，还整合了策略及作业、长期目标和短期目标及组织的所有功能。一个机构内策略的制定和管理，既包括了内部员工的合作，也包括了机构与外部环境的沟通和合作，这是机构决策者的责任和义务。领导者的领导能力和才华决定着一个机构内外部关系是否和谐，优秀的领导能让员工产生归属感，大家愿意跟随领导的脚步和意志实现个人与机构的共同价值。同样，领导和管理者概念是有所差别的，领导是指领路者和领航人，给团队以方向，给员工以激励，而管理者强调的是制度的执行和维持，注重组织的效率及强调命令的拘束。

图书馆为适应外部环境的变化，长期、稳定、健康地发展，实现既定的策略目标而展开一系列关于图书馆全局的策略性谋划与活动。它是以预测和分析未来的竞争环境为基石，以寻求长期竞争优势为目标的一种先进管理方法。如果图书馆缺乏这种全局的、长期的策略管理思想，即使凭借某种良好的机遇和自身某种优越的资源条件，侥幸获得一时的迅速发展，也会由于环境的不断变化以及自身优势的逐步丧失，而使图书馆面临危机与挑战。具体而言，在图书馆管理中，实施策略管理具有以下重要意义：

第一，图书馆管理者在制订策略计划时要预测未来的发展和可能出现的状况，因此管理者必须密切关注图书馆的内外部环境变化及趋势，并随时根据变化走向做出策略调整，及时抓住图书馆发展机遇，同时规避可能对图书馆构成的威胁。

第二，策略管理是从宏观上配置图书馆内外部资源，根据未来发展方向让资源向优势服务倾斜，不断提升服务品质，让图书馆内部资源配置更加合理。

第三，策略管理是全局性的，把控的是图书馆内部各个部门的运作与发展，因此其计划的制订包含了图书馆各个部门，每个岗位都应在策略管理下高效运作起来，并做好部门与部门之间的协调工作，最大限度发挥组织的整体效应。

第四，策略管理代表了对图书馆未来发展的期望和梦想，是一个指引性纲领性的计划，让图书馆员对岗位未来的发展有所期待，并在每一步的计划中踏踏实实落实计划内容，最终实现发展目标，对馆员实现个人价值和集体价值都有很好的激励作用。

（三）策略管理实施步骤

在策略管理的过程中规划的制订是关键而重要的，一个符合实际的规划是一个成功策略管理的基础。

第一步，根据机构发展趋势确定要实现的目标。

第二步，根据确定的目标分析内外部环境。了解机构所处外部环境和社会发展趋势，界定机构的发展机会和潜在威胁；全面把握机构内部组织与资源，根据目标确定内部发展的优势服务与劣势服务。

第三步，根据内外部环境的分析结果重新评估目标。

第四步，根据确定的目标形成管理策略。

第五步，进入策略执行阶段。

第六步，对最终的策略管理结果进行评估。

第四节　图书馆策略规划

一、我国图书馆策略规划发展阶段

我国图书馆策略规划起步较晚，大体分为经验管理与计划管理阶段、发展规划与策略规划阶段。

经验管理与计划管理阶段出现在我国 20 世纪 80 年代，改革开放后，我国图书馆得到了长足的发展，图书馆界开始将目光看向世界图书馆的发展与变化，逐渐开始制定本馆的发展策略与计划。

随着现代科学技术在图书馆的普遍应用，学界对图书馆策略规划开始转入理论研究，有学者提出了要从图书馆事业发展的角度研究社会、读者、图书馆运行等因素在策略管理中的作用，以宏观视角挖掘图书馆策略的定位和方向。还有学者提出了图书馆策略作为一种指导思想，其主要价值在于重视知识自由、文化多元性及信息的公平取得；重视个人学习的权利及成长的需求，倡导各年龄层读者对阅读与学习的重视；重视读者完整且便利地使用信息、设备与各项服务；重视读者需求并引进新观念、新技术；重视团队合作、积极创新与主动成长的专业态度。

二、图书馆策略规划的实施

策略的制定是为了解决问题。为了使策略规划实现预期的结果，策略规划过程就要设计相应的步骤，逐步完成。

（一）成立策略规划工作小组

以图书馆馆长为首，成立由各部门负责人、骨干馆员、社会人士组成的工作小组，商讨制订策略规划方案。

要充分发挥图书馆领导的主导作用。我国图书馆隶属于政府文化部门，除了大政方针与政府走向保持一致以外，上级主管很少干涉图书馆发展与管理的具体实务，因此图书馆管理层拥有很大的决策自主权，馆领导在制订策略规划方案时，其个人学历、工作偏好、管理形式等会对决策的走向有明显的影响。

要充分发挥内部馆员和骨干的团队作用。策略规划制订中需要领导团队、制订团队等同力配合，这一过程中，图书馆管理层与各业务部门人员成为策略规划制订委员会及其常设职能工作部门策略规划制订小组的主要组成人员，是策略规划主要内容的形成者，只有发挥整个团队的合作精神才能保证策略规划的顺利制订。

图书馆面向社会公众服务，与高校图书馆、专业图书馆需求相对集中不同，公共图书馆需要面对大众的多样化需求，公众参与深度与广度尤其突出。公众是图书馆的服务对象，也是图书馆发展的根基，但是图书馆策略规划制订中的公众参与是由图书馆的机构性质决定的，但是并非所有的图书馆都要邀请社区居民加入规划，即便邀请了，结果也是良莠不齐，社区居民的参与也可能带来一些新问题。因而，公众的广泛参与在图书馆策略规划制订过程中也存在一定的复杂性，解决这问题要注意图书馆内部管理主导性的合理控制与委员会的职责范围确定等。

图书馆直接面对商业文化服务机构、其他公共服务部门的竞争，面对复杂的环境，需要考虑的策略问题更加多样，需要制定的策略内容更加贴近大众，这些必然要求策略规划制订者的视野要更加宽阔，组建适当规模适当人员构成的策略规划委员会成为策略规划制订的重要基础。

成立图书馆策略规划委员会应根据图书馆具体情况设定，吸纳不同学历层次人员参与，根据策略范围的大小和涉及的部门安排不同规模的委员会工作组。对于策略规划委员会成员的比例，应确保馆外人员和馆内工作人员在人数上比例合理。图书馆策略规划委员会的成立如果只是为了响应上级领导的号召和要求，并不打算开展创新性的工作，那么委员会成员可以全部由图书馆工作人员担任；如果策略规划委员会的工作开展旨在为社会和读者推出创新性服务，改善图书馆服务质量，那么委员会成员可以图书馆工作人员为主，另外吸纳读者代表、社会人士、图书馆学家以及相关部门负责人加入，在组织活动和策划时可以最大限度地征集不同层次用户的意见，以便做出妥善策划。图书馆工作人员长期在图书馆工作，经验丰富，挑选参与策略规划委员会的人选余地较大，只须根据委员会的职责和权限确认相关部门参与，同时明确各参与者的责任与权限。策略规划制定委员会外部参与成员较为复杂，需要包括读者代表、社区管理人员、外部咨询专家、文化主管机构工作人员等，其中读者代表应综合考虑读者来源的多样性，包括主要读者阶层代表、图书馆长期用户代表等。

（二）确定规划期限，制订不同阶段规划

根据本馆情况在确定规划目标的基础上制定不同阶段规划目标，并确定目标时限，可将规划分为不同实施阶段，每个阶段设定一个一至三年的短期目标，一步步实现最终的规划愿景。

各国图书馆策略规划的期程短则三年，长则五六年，考虑延续性、周期性、资源的可得性，每个馆的情况都有所不同。

（三）做好环境与需求的分析

图书馆与环境之间存在密切的联系，一方面，环境是图书馆赖以生存的基础，图书馆发展的一切要素如能源、资金、技术、信息等，都要从外部环境中获取，没有这些要素，图书馆就无法进行日常活动；另一方面，图书馆的服务也必须通过外部社会环境进行推广，没有外部社会环境，服务就无法得到大众认可，图书馆也就无法更好地发展。外部环境的改变可以为图书馆的发展带来新的契机，也可能因为忽视环境变化而影响图书馆的发展，因此需要图书馆管理层重视环境因素，及时分析环境变化，根据环境变化调整工作思路，利用机遇，规避威胁。图书馆是一个社会有机体，在被动接受环境影响的同时，也通过和环境的相互作用影响环境，推动社会进步和经济繁荣。图书馆与环境之间始终维持一种动态的平衡，图书馆工作必须重视环境因素，分析环境变化，在环境中求得发展，同时又反作用于环境，用服务促进环境的改善。

图书馆所处的环境分为内部环境和外部环境两部分，外部环境主要包括宏观环境和微观环境两个层次。宏观环境一般是对图书馆活动造成机会和环境威胁的主要社会力量。分析宏观环境的目的在于更好地认识环境，通过努力适应社会环境及变化，实现发展目标。宏观环境主要包含政治法律环境、人口环境、经济环境、自然环境、科学技术环境、社会文化环境。在一般情形下，宏观环境决定微观环境，宏观环境常常通过微观环境作用于图书馆活动。宏观环境因素之间又相互作用，对图书馆工作产生制约和影响，微观环境也对宏观环境有重要的反作用；微观环境指直接制约和影响图书馆活动的力量与因素，主要包括读者、资源提供商、合作商、竞争者等，这些因素会直接影响图书馆的管理活动。

　　宏观环境通常包含五大因素，分别是政治、经济、科学、民俗和自然，自然环境指图书馆所在地区的地理、气候、资源、生态等因素；自然环境不同，图书馆服务和工作开展的重点也会有所区别，但是由于图书馆地理位置固定，自然环境也是长期形成的，很难再发生重大改变，因此自然环境因素的改变对图书馆的影响远比其他因素要小得多。

　　政治环境对内指一个国家的大政方针政策、法律法规、行政体系、文化制度等方面，能影响图书馆自身定位和运行方向；对外指一个国家所处的国际环境，包括政治形势、军事形势、文化合作与交流等，政治环境开明稳定，社会繁荣，人民安居乐业，文化就兴盛，社会就重视精神世界的满足，在这种环境下，图书馆也能得以生存和发展。国家大政方针的制定和调整会对图书馆发展产生影响，同一政策对不同图书馆作用可能不同，有可能是机遇，也有可能是制约。

　　经济环境是指经济体制、经济发展水平、物价变动、金融、证券市场发育及完善程度等具体因素的总和，它是影响经济发展的主要因素。社会经济状况包括经济要素的性质、水平、结构、变动趋势等多方面的内容，涉及国家、社会、市场及自然等多个领域。国家经济政策是国家履行经济管理职能，调控国家宏观经济水平、结构，实施国家经济发展战略的指导方针，对经济环境有着重要的影响。

　　技术环境不仅包括发明，而且还包括与图书馆工作有关的新技术、新设备、新科学的出现和发展趋势以及应用背景，我们关注技术环境，主要关注科技是否降低了资源和服务的成本并提高了工作效率，科技是否为读者和图书馆提供了更多的创新活动与服务，科技是如何改善图书馆宣传渠道，例如网上书店，科技是否为图书馆提供了一种全新的与读者进行沟通的渠道，比如一些软件和客户端……图书馆必须预见这些新技术带来的变化，并采取相应的措施予以应对。

　　社会文化环境是指图书馆所处地区的社会结构、风俗习惯、宗教信仰、价值观念、行为规范、生活方式、文化水平、人口规模与地理分布等因素的形成与变动。社会文化环境对图书馆有着潜移默化的影响，如文化水平会影响人们的阅读需求层次，风俗习惯和宗教信仰可能抵制或禁止图书馆某些服务的进行。

微观环境是图书馆生存与发展的具体环境，与宏观环境相比，微观环境因素更能够直接地提供更为有用的信息，同时也更容易被识别。图书馆微观环境的分析包括城市人口规模、图书馆所在区域的交通建设情况、城市财政收入、各级教育机构健全程度、图书出版和服务机构数量和信息科技发展程度等因素对图书馆信息需求的影响，现有城市人群"银发族"的增加、年轻人口减少、非本地务工人员的增加均导致了阅读的需求差异性变大，引起了图书馆的关注，图书馆的服务应根据这些需求变化做相应调整；交通建设主要包括图书馆所在地区交通是否方便，是否在周围引起了文化发展的效应，这些影响了读者的出行选择，读者总是倾向于选择交通便利的有连带文化效应机构的地区出行；都市发展部分则就城市的规划对图书馆可能产生的影响加以分析；财政收支部分就政府收支及市民收支等加以分析；图书出版部分就传统出版及数位出版的现况及趋势加以分析；教育环境部分就学制、教改变革对学生学习方式及所需资源造成的影响，以及教师因应变革所须进行的专业发展和自我充实与图书馆的相关性进行分析；信息科技部分则就其发展和网络建设情形，对图书馆所产生的影响及政府相关政策对图书馆所产生的影响进行分析。

内部环境分析也可称为内部条件分析，其目的在于掌握图书馆的实力，找出影响图书馆发展的关键因素，辨别优势和劣势，以便寻找外部发展机会，确定发展策略。如果说外部环境提供了可以利用的机会，那么内部条件则是抓住和利用这种机会的关键。只有在内外环境都适宜的情况下，图书馆才能健康发展。

任何服务的开展都需要借助一定的资源来进行，图书馆自身资源的拥有和利用情况决定其活动的效率和规模。内部资源包括馆员、资源、技术、信息等，可分为有形资源和无形资源两大类。馆员队伍主要包括年龄、学历层次、男女比例，这是制约图书馆是否能持续发展的重要因素，一支年轻、有朝气、高学历的馆员队伍对新技术和新知识接受程度快、工作可塑性强；服务，随着时代发展，基于高科技的服务更受欢迎；系统，图书馆采用的操作系统是半手工化还是自动化，对读者服务效率影响较大；资源，馆内资源是否全面，图书收录是否系统是图书馆发展的根本，资源的收录不是短期可以实现的，一个专业文献的收集是一个系统全面的过程。

文化分析是内部环境分析的重要内容。图书馆文化是由图书馆全体成员共同分享和认同的信念、期望、价值观念的集合，是图书馆策略制定与成功实施的重要条件和手段，它与内部资源共同构成内部约束力量，为馆员提供了一种认同感，激励馆员为集体利益工作，增强了图书馆作为一个社会系统的稳定性，图书馆文化也是馆员的行为规范，对图书馆策略的实施具有十分重要的影响，图书馆文化分析主要是分析文化的现状、特点以及它对开展服务的影响。

服务能力是指图书馆有效利用资源的能力。拥有资源不一定能有效利用，因而图书馆有效利用资源的能力就成为内部条件分析的重要因素。一般来说，图书馆管理者在制定新的策略之前必须要回答"谁是我们的读者"这一问题。图书馆要为自己的服务确定一个目标市场，从服务内容、地理位置、读者类型等方面来规定和表述。定位明确合理就可以集中资源在目标人群创造"位置优势"，从而在竞争中获得优势地位，定位的准确性取决于研究和调查的能力、评价和确定目标人群的能力、占据和保持优势位置的能力。

让管理者正确认识到图书馆所处的外部环境和内部资源，既不盲目乐观自身所处的优势，也不悲观于资源方面的劣势，能从优势中看到不足，从劣势中看到希望。正确认识和把握图书馆内外的相关信息和数据，才能拟订正确符合发展的策略计划。

（四）图书馆吸引力分析

随着时代的发展和科技的进步，读者文化水平日益提高，个性化需求不断出现，对公共服务机构图书馆的要求与期望也日益增加，为了适应新形势的要求，图书馆在传统服务功能的基础上开创了创新性服务功能。同时，图书馆在任务与定位、服务管理、新技术应用、阅览环境与馆员发展方面逐步面临着转型，转型是否成功直接影响着图书馆对读者的吸引力，从这些方面进行分析可以得出图书馆吸引力指数。

（五）图书馆内部运作分析

分析的基础是图书馆内部各项资源，通过对各项资源的正确认识和使用，提出符合实际的评估策略和行动方案，以免错估本馆实力，做出错误的决策。可充分运用 SWOT 原则作为制定行动策略的参考依据。

SWOT 分析，即基于内外部竞争环境和竞争条件下的态势分析。SWOT 分析法就是将与研究对象密切相关的主要内部优势、劣势和外部的机会和威胁通过调查列举出来，并依照矩阵形式排列，然后用系统分析的思想将各种因素相互匹配加以分析，从中得出一系列相应的结论，而结论通常带有一定的决策性。运用这种方法，可以对研究对象所处的内外部环境进行全面、系统、准确的研究，从而根据研究结果制定相应的发展策略、计划以及对策。在现在的战略分析工具里，SWOT 分析应该算是一个较为成熟的分析工具，来自麦肯锡咨询公司的 SWOT 分析，包括分析研究对象的优势（strengths）、劣势（weaknesses）、机会（opportunities）和威胁（threats）。因此，SWOT 分析实际上是将内外部各方面内容进行综合和概括，进而分析组织的优劣势、面临的机会和威胁的一种方法。通过 SWOT 分析，可以帮助企业把资源和行动聚集在自己的强项和有最多机会的地方，并让企业的战略规划和管理变得明朗。

优势与劣势分析（SW）：图书馆是一个整体，竞争的优势可能体现在图书馆服务、业务、人员等各个方面，因此，在做优劣势分析时必须从整个图书馆工作和运转的每个环节上将图书馆与其他信息服务机构做详细的对比，如服务是否符合读者需求，藏书体系是否健全，宣传渠道是否畅通以及个性化信息服务是否具有竞争性等，来分析图书馆的优势和劣势。如果一个图书馆在某一方面或几个方面的优势正是图书馆行业应具备的关键成功要素，那么该图书馆的综合竞争优势也许就强一些。需要指出的是，衡量图书馆及其服务是否具有竞争优势只能站在现有潜在的读者角度上，而不是站在图书馆管理者的角度上。

机会与威胁分析（OT）：当前科学技术迅猛发展，人们越来越不依赖实体图书馆获取知识和服务，更多地转向网络获取，网络信息服务公司如雨后春笋般发展迅速，体制灵活，能随时根据读者需求的变换调整服务内容，它们对实体图书馆不仅有威胁，可能也给实体图书馆带来机会。图书馆必须分析这些网络服务机构给图书馆的服务和资源带来的是"灭顶之灾"还是提供了更广阔的发展空间；读者转而投向网络寻求知识和信息，图书馆可以采取什么措施来提高服务质量或开展新颖便捷的新服务来重新赢回读者的满意。

整体分析：从整体上看，SWOT可以分为两部分：第一部分为SW，主要用来分析内部条件；第二部分为OT，主要用来分析外部条件。利用这种方法从中找出对图书馆有利的、值得发展的因素，以及不利的、要避开的劣势，发现存在的问题，找出解决办法并明确以后的发展方向。根据这个分析，可以将图书馆有利的、可以利用的因素集合起来，找出对图书馆发展比较重要的予以发展，也可以将对图书馆不利的、有威胁的因素列出予以规避。还可供决策者分析解决问题的顺序，对图书馆威胁较大或潜在不利影响较大的因素抓紧解决，对细微问题可以放缓处理速度，依照矩阵形式排列，用分析方法将四方面因素匹配并分析，从而得出有助于图书馆决策的结论。

SWOT分析方法经常被用作分析机构内外因素、制定策略、分析竞争对手的情况，在进行分析时，主要考虑以下几个方面的因素：对图书馆的内外环境因素进行调研分析，充分调研图书馆所处的社会宏观环境和图书馆附近的交通建设情况、图书出版和服务机构数量、信息科技发展程度等微观环境以及馆员、资源、技术、信息等图书馆内部环境因素，找出环境因素中的机会因素、威胁因素、积极因素和消极因素。外部环境因素主要包括机会因素和威胁因素，这两者是客观存在的，图书馆不能左右其发展与衰落。内部环境因素是图书馆自身多年发展中积累的优点因素和弱点因素，是图书馆可以自己调节和修正的，属于主观因素。在分析和考虑因素的时候，要注意分析因素形成的原因，并根据当下发展态势推断因素未来的发展走向，提前做出预测与计划。图书馆的优势因素具体包括良好的社会文化环境、政策倾斜、充足的工作经费、先进的设备和仪器、高素质的馆员队伍；劣势，也是组织机构的内部因素，具体包括落后的办馆思想、传统的服务手段、陈旧的馆舍、被动的服务理念、缺少创新服务、经费不足、馆员老龄化、缺乏竞争意识等；机会，是组织机构的外部因素，具体包括：新技术层出不穷、读者需求日趋多元化、服务手段多样化等；威胁，也是组织机构的外部因素，具体包括：信息咨询公司纷纷出现、网上书店铺天盖地、读者不愿到馆接受服务、读者需求发生变化等。利用 SWOT 方法可以全面分析图书馆内部和外部环境，从中找出优势和劣势，分别进行发展与规避，把对问题的"诊断"和"开处方"紧密结合在一起，条理清楚，便于检验。

将图书馆有利的、可以利用的因素集合，找出对图书馆发展比较重要的，也可以将对图书馆不利的、有威胁的因素列出，根据轻重缓急或影响程度等排序方式，构造 SWOT 矩阵。在此过程中，将那些对发展有直接的、重要的、大量的、迫切的、久远的影响因素优先排列出来，而将那些间接的、次要的、少许的、不急的、短暂的影响因素排列在后面。

（六）调研数据收集

要有重点地进行数据的收集，多视角、多方法地进行数据分析。策略规划的数据收集是图书馆策略规划制定过程中的重要一环，而图书馆与其他类型的机构不同，不仅要侧重本馆业务数据和图书馆行业发展趋势的数据，更要注重收集本地区的经济发展、人口分布、文化习惯、行业分布、社区需求等数据。在收集的过程中数据要全面而有重点，能够代表总体并且分布均匀。明确记录数据采集的条件和环境，使用高效的分析工具进行前期预处理，利用统计指标或数据挖掘技术合理分析，以保证为图书馆战略规划制订提供可靠依据。与其他机构重点收集特色人员、高端人才的数据相比，图书馆更加注重普遍性、大众性数据的收集，这对图书馆分析大部分读者的阅读偏好、评价服务满意度很有帮助，这需要在平时及时了解本地区经济发展和文化交流动态，通过发放调查问卷、电话访谈等多种方式全方位了解不同用户群的需求，做好服务最广大读者的工作。城市人口规模、城市财政收入、各级教育机构健全程度、图书出版和服务机构数量和信息科技发展程度等数据是图书馆数据收集的重点，图书馆服务于地方经济与地方公众，现有城市人群"银发族"的增加、年轻人口减少、非本地务工人员增加均导致了读者的阅读需求差异性变大，引起了图书馆的重视，图书馆的服务应根据这些需求变化做相应调整；财政收支部分就政府收支及市民收支等加以收集；图书出版部分就传统出版及数字出版的现况及趋势加以收集；教育环境部分就学制、教改变革对学生学习方式及所需资源造成的影响，以及教师因应变革所须进行的专业发展和自我充实与图书馆的相关性进行分析。

（七）开展基础调查工作

读者对图书馆的期望和要求单靠图书馆领导层的分析是不能得出准确结论的，应开展基础调查工作，通过发放调查表、开展电话访谈和网络调查、座谈等活动了解一般读者的阅读需求，有的放矢，才能做好图书馆服务工作。咨询活动形式多样，既包括专家研讨会，也包括员工讨论会；既包括策略规划制订的既定服务，也包括商业咨询公司的咨询活动；既包括读者咨询，也包括管理机构咨询；既包括管理层与业务层的决策咨询，也包括相关管理团队、外部管理机构的审核咨询。就内容而言，图书馆策略制定的咨询活动包括读者调研、行业调研、专业知识调研，也包括策略方案设计、策略内容确定、策略形成，同时包括策略评估、策略实施评价等多个方面。就咨询对象而言，可在图书馆员工中开展大讨论，让员工集思广益，为策略的制定贡献智慧；也可在读者中开展问卷调查，调研图书馆工作方向和服务内容，将调研结果民主集中后作为制定策略的参考；可与图书馆行业内人员开展交流学习，借鉴其他机构和部门的策略成功经验；通过多方调研，为图书馆策略制定提供参考。图书馆策略根据制定内容和范围的不同，可将多种咨询和调研活动组合。

1. 电话访谈

图书馆的读者需求是不同于其他类型的需求，它对策略规划的制订有举足轻重的作用，因此，在制订策略规划的过程中，征求和获取读者的意见是非常重要的。柯平老师主持的国家图书馆重大项目进行的实证调查显示，读者来图书馆首要是满足自学（专业）及休闲娱乐的需求，第二是集中在工作、课题研究、论文等业务方面的需求，第三是为了帮助他人或受邀代查资料。研究了这些不同读者需求，图书馆就有必要在制订策略规划的过程中召开恳谈会或座谈会，或者按照读者阶层、学历及社会地位的不同，开展公务员代表座谈、工人代表座谈、农民代表座谈、学生代表座谈等，广泛了解图书馆服务对象的不同需求，获取各种反馈意见，同读者进行互动以及时了解读者需求，有计划、有步骤、有针对性地将读者提出的意见融入图书馆的策略规划之中。

电话访谈是一种调查形式，在很多情况下它往往能弥补其他采访的不足，使被采访人的诉求能准确迅速地表达出来，给人的印象是直观、沟通力强，形象生动可信。但是电话采访有一定的难度，首先，准备要充分，因为问题要事先拟好，要有个较为详细的纲目，不至于在几分钟的短促采访中手忙脚乱；其次，提问要凝练；最后，记录要及时。

2. 座谈会

座谈会是一种圆桌讨论会议，通常是由少数座谈者聚到一起对某一主题进行深入讨论，主要目的是从适当的目标市场中抽取一些有代表性的人群，通过听取他们谈论研究人员感兴趣的话题来得到启示。这一方法的价值在于了解和理解访谈者对于某一问题的看法，以及影响这种看法背后的原因并做出相应的政策调整。座谈会不同于一问一答式的面访，因为是多人讨论，讨论者互相之间有一个互动作用，一个人的反应会成为对其他人的刺激，这种互动作用会产生比同样数量的人做单独陈述时所能提供的更多的信息。

策略规划制订团队的定期讨论在国外公共图书馆策略规划制订过程中必不可少，定期讨论人员可以随时调整，但是要求形成每月一次或每两月一次的制度，在图书馆策略规划最后形成文本阶段，定期讨论的周期要相对密集。

3. 调查问卷

调查问卷是以提问题的方式征求读者的意见和建议，一般围绕一个主题，由主办方提出若干问题，用以调研用户的需求。设计调查问卷须注意提出的问题主题要单一，具有明确的指向性，才能收获有价值的用户信息。另外提问的角度要易于用户理解，让用户有意愿做完问卷，才能达到设计问卷的目的。

策略规划是策略工作的第一步，关系着后面活动的实施、后期的评估调整等诸多环节，而策略规划做得成功与否与前期调研是分不开的。前期的调研过程是一个复杂、细致、漫长的过程，调研的基础数据庞大，涉及数据面多，只有调研数据真实、可靠、全面，才能为策略规划提供一个良好的数据基础，避免造成方向性错误而浪费机构的人力和资源。做了好的策略规划，制定一个符合机构实际情况的发展目标，再根据计划安排做好实施与调整，最终促进机构的发展。策略规划在制订的过程中也要考虑潜在因素的发生可能，另外策略规划还会受到社会政治、经济、文化、教育等大环境变化的影响，在实施过程中也要根据大环境变化做出适当的调整。

（八）发布图书馆策略规划

策略规划的发布是图书馆接受社会监督的重要手段，国外图书馆注重策略规划的对外发布，常在本馆网站上对策略规划以及实施进展进行公开发布，而国内图书馆公开发布策略规划的则比较罕见，只有少数图书馆在其网站上公布其策略规划。而能够连续发布策略规划的图书馆更属少数。对于策略规划实施而言，发布图书馆策略规划是必须的、不可避免的。

做好策略规划的发布工作不仅仅是策略实施的重要保障和主要环节，同时也是实施的重要监督手段，对后续工作的开展具有持续指导作用。图书馆策略规划可用多重形式和技术手段进行，不仅仅可利用传统板报、报刊等形式在管理层内部及图书馆内部公示，同时还可借助互联网等技术手段推送给相关主管部门及业务单位。就传播效率和使用频率来看，内部公示是日常利用率较高的形式之一，也是众多图书馆使用较频繁的手段，而一个图书馆的总体策略规划完善与否，对下属各部门的岗位设计和工作目标制定将直接产生影响。此外，对读者而言，图书馆策略规划是抽象的、长期存在的，短时间不会对自身利益造成影响抑或产生冲突。作为图书馆的主人，通过内部公示途径让读者获取图书馆策略规划是不可能和不现实的，因此，发布途径主要集中在馆内板报、宣传栏及电子展示牌等，以求读者予以了解、知晓。作为图书馆的主管部门、文化单位、图书馆董事会、合作单位（企业）等相关部门，了解对口图书馆的策略规划，掌握其战略发展规划或一段时期内的发展策略是必要的，也是掌握图书馆下一步发展和配合图书馆工作的重要信息来源，因此，抄送相关单位至关重要。就目前互联网技术发展而言，网站发布是受众最欢迎，也是短时间内发布最广的方式，在发布信息时，我们要充分利用互联网技术，借助图书馆网站、图书馆微信公众号、个人微信朋友圈等渠道，将策略规划文件（或转换成图片）发布到网络上，接受社会上更多人和部门的监督。也可通过图书馆正式文件发布或推送，这是效率较高、发布传播效果较好的手段之一。上述诸多发布方式不是独立、割裂、对立存在的，多种多样方式共同发布，能够起到互补效果，各图书馆的情况不同，发布手段受到本馆基本软硬件条件限制，因此，在实际工作过程中，各馆应根据自身情况尽可能采用几种方式共同发布效果更佳。

（九）做好策略评价工作

策略"制定—实施—评估"是策略管理的"三部曲"，也是整个管理的全过程。受内外部客观因素的不确定影响和策略实施过程中面临诸多复杂问题，图书馆策略规划实施的过程受到全程"监控"，通过阶段评估对实施工作做出指引，以求整个工作沿着既定道路走下去，同时，对出现的偏差和误差及时采取相应的完善和纠正措施。就图书馆策略规划评估的阶段和层次不同，我们可大致将其分为策略规划编制评估、策略规划实施过程评估和策略规划实施结果评估三个层次。策略规划编制评估，前期通过组织专家研讨，保证策略规划实施方向准确；策略规划实施过程评估，重点是自查自省的过程，在过程中不断修正内容和阶段成果，保证实施过程按照既定要求实施；策略规划实施结果评估，强调所求结果，就是全面评估其是否与预期效果一致，三者相辅相成，缺一不可。同时，通过阶段性地评估实施效果，给予相应激励，提高本馆馆员的积极性，确保策略规划的顺利实施。图书馆通过策略规划实施结果评估以考察制订的策略规划中已经取得了哪些成就，还有哪些策略目标尚未实现，哪些策略目标需要在新的策略规划周期继续跟进等问题，以便为新的策略规划提供参考。

策略规划与目标、愿景等规划形式不同，它不仅仅做出期望发展的方向，还将机构内有限可利用的资源向可能对未来产生好的影响的方面倾斜，让优势能得到最大限度的发挥，从而让机构得到良好的发展态势。因此，策略规划不仅仅是一种计划，更多的是通过合理布局和分配机构内资源让计划得以实现的一个思考和工作的方式。普通的目标、愿景、不同期长的计划都是在实际工作的基础上对未来有所期望，机构更多的是把计划建立在已完成工作的基础上，而策略规划打破了这个常规，策略规划的基础是机构所处实际的内外部环境和资源变化，更看重的是机构内创新性工作和开创性工作，它重视机构内部之间的合作，重视沟通和交流，倡导公平、透明、高效的工作流程，调动员工的积极性和团队热情，开创新的工作局面。

对图书馆的策略规划，谨提出下列建议：

第一，策略规划必须融入全面质量管理，方能真正落实。

第二，策略规划必须获得上级主管单位的认可，并核拨充分经费支持，方能有效开展。

第三，策略规划的推动情形，必须逐年检验实施成效，并适应环境变化和推行成效，调整计划实施步骤及优先级。

第四，图书馆宜加强对馆员策略规划的技能，及馆员适应时代变迁、社会变动及读者多元复杂阅读需求能力的培养，随时检查和调整策略规划内容与实施方式。

第五章 图书馆人力资源管理与馆员职业生涯规划

人力资源、天然资源、资本、技术及管理能力，都是推动现代经济生产的要素；其中原料、设备、资金的短缺，皆可能在短期内设法解决，唯有人力资源必须经过长期的培养，才能彰显其功效。有效的员工培训可增加组织的能力，激励组织成员达成组织目标。

第一节 图书馆工作人员的教育培训

一、图书馆开展馆员教育培训活动的必要性和意义

（一）教育培训对图书馆经营与发展的必要性及重要性

教育是长期性、广泛性、全面性、发展性的学习工作，重点在"知其然"；培训则属短期性、专业性、功能性的学习，重点在"知其行"。狭义而言，教育与培训是组织或企业促使员工学习与工作有关的知识与技能，以改进其工作技巧与工作绩效，进而达成组织目标的一项工作。图书馆必须重视教育培训的原因如下：

1. 科技的更新与发展

图书馆学是一门不断变动的科学，图书馆的功能和服务随社会变迁而不断调整，图书馆收集、储存及传递资料的方式，也受科技进步的影响而不断改进，从传统的印刷载体，到视听、缩影载体，至今日的电子载体，都大大地改变着图书馆的服务模式。图书馆工作人员必须不断学习，方能与时俱进，充分借助新的科技及多媒体方式，提升服务效能，满足社会大众阅读需要。

2. 读者服务的多元化

图书馆为各年龄层的民众提供服务，各年龄层及各种类型民众的信息需求皆不相同，且随社会变迁愈趋多元及复杂；近年来，民众终身学习意识逐渐加强，走进图书馆"充

电"的人越来越多，图书馆服务人员必须充分了解民众的学习需求，提供多元化服务。因此，加强教育培训，可以培养馆员对民众信息需求的认知度，并进一步提供能够满足其需求的各种图书馆服务。

3. 质量的保证与提升

民众对服务质量的要求，已不再局限于企业界、产业界及民间服务业，对政府机构亦然。国内外图书馆对服务质量的重视日益增加，除要求服务的标准化外，对服务内涵的期望亦高，因此，通过教育培训培育馆员良好的专业技能与服务态度，能够提升及维持服务质量。

4. 企业文化的建立与调适

图书馆设置的目的在于配合地方或社会特性及需求，提供图书信息服务，因此，其功能与角色随着社会变迁及教育、经济、政治的发展情形而不断调整。为使每个阶段的任务、目标及工作方向明确，很多图书馆在调查社区概况及需求、分析图书馆本身的优势与弱势条件后，制订本馆策略计划或中长期计划，以为工作的依据、馆员的工作目标及规划业务的准则。因此，借由教育培训让员工了解图书馆的价值及愿景，凝聚共识，适应不同时代的变迁环境，努力完成任务，以期达成既定目标。

5. 新的市场竞争优势策略

网络及通信科技急速进展，使得信息得以全球化的规模流通，信息服务业如雨后春笋般，在民众生活、工作及学习上扮演重要角色。传统的图书馆服务形态受到高度冲击，如何适应新的市场竞争趋势，拟定优势策略，并让全体馆员依策略方向努力，有赖教育培训的实施。

6. 生产力的提升

经济和社会的发展促使现代图书馆的功能及角色增多，不断推出多项创新的服务措施，然而因编制总额的限制，各新增业务难以扩增编制人员额数，因此如何使有限人力发挥最大效用，提高服务质量和效率以提升生产力，除改善工作方式、运用高科技设备外，培养员工在标准化作业制度下，有更丰富、更高质量的生产力，并保持高质量服务，甚至顺应民众需要，提供更多个性化服务，实有赖于良好教育培训制度的建立。

（二）图书馆开展人力资源发展的目的

根据上述原因，图书馆的教育培训能够达到下列目的：

1. 培养馆员接受新的工作知识和技能

图书馆运行受到社会发展的高度影响，不论是信息科技、企业管理、学术传播，还是读者服务等方面的新观念和实际运作模式的发展，都会影响社会各界和图书馆读者的期望，进而对图书馆服务造成新的冲击，因此，为了能提供符合时代发展的创新服务，图书馆必须通过教育培训培养馆员新的专业知能。

2. 引导馆员积极的信念和价值观

大部分馆员对于工作的态度，可能只求做好分内工作，按时上下班，对读者毫无服务热忱，对组织愿景亦无感觉。因此，如何让员工本着专业的信念，重视图书馆服务的价值，积极主动为读者服务，并有亲切热忱的服务态度，就显得非常重要，只有通过教育培训，才能使馆员了解专业的核心价值、图书馆服务的理念，使其认同并内化为自己的服务内涵。

3. 使新进馆员迅速适应组织文化

为使新进人员了解各项业务内容和工作程序，尤其是组织的运作方针和服务质量的要求，都必须尽快给予教育培训，使新员工熟悉工作内容，并适应组织文化。

4. 稳定馆员的工作绩效

每个馆员的工作能力和工作态度不一样，其工作绩效亦不相同，为使图书馆的业务顺利推进，使各项绩效保持稳定的高水平，图书馆必须定期实施教育培训，使员工的工作绩效稳定和提升。

5. 提高馆员的工作能力

为使馆员具备良好的工作方法和解决问题的能力，及时了解读者的需求，并提供满意的服务，图书馆必须通过教育培训，使员工的工作能力逐步提高，工作能力提高了，服务质量自然会得到提升。

二、图书馆的人力资源发展策略

为了解决人力资源的问题，除积极向上级机关申请增加组织人员编制名额外，在管理上，还需要领导者制定若干沟通及激励措施促进人力资源的发展，最重要的是，在教育培训制度的建立、课程内容的充实及实施方式的改善上，也要有所策略。

（1）加强图书信息相关课程内容的开展与教育，提升员工专业知识和技能。

（2）加强计算机技能类课程的培训，培养年龄较高、非专业人员及教育程度较低的馆员的计算机检索技能。

（3）多开展创意类课程，培养馆员自主思考改进业务运作，并提出解决方案的能力。

（4）加强人际关系、服务礼仪、读者公关及情绪管理的相关课程建设，放松馆员工作情绪，改善馆员服务态度。

（5）加强流程标准化及服务质量相关的课程设置，维持业务流程的一致性及提升服务质量。

（6）加强服务价值、政策、规定的倡导及培训，强化馆员对专业服务价值的认知和对各项措施的了解。

（7）通过远距离线上教学方式解决组织分散、轮班人员参训不便的问题。

（8）制订年度培训实施计划，并于年初排定本年度课程，方便员工及早规划时间。

（9）为使一线部门轮班的工作人员方便参与培训，分次在上半年及下半年分别实施培训和教育，让轮班馆员依轮班情形选择合适时间参加培训教育活动。

（10）将馆员参加教育培训情况列为年终考绩及晋升参考。

（11）运用社会资源支援教育培训活动，解决经费、设备、专长人才不足。

三、图书馆员工教育培训实施情形

每年，各级图书馆针本馆情况对规划多元化教育培训课程，其教育培训对象、教育培训办理单位、教育培训办理方式、教育培训主题内容如下：

（一）教育培训对象

图书馆的教育培训课程依馆员情况不同，分别设置不同课程，馆员可分为下列五种人员：

1. 新进人员

图书馆针对新进人员开设的教育培训以全馆业务介绍为主，目的是让新进人员迅速进入工作状态，熟悉业务流程。

2. 主管人员

图书馆针对主管人员举办的教育培训着重于领导统御与沟通技巧、决策与执行、质量管理、公共关系等方面，以期主管人员能更好地带领馆员，顺利推进业务进展。

3. 业务人员

公共图书馆针对业务人员工作性质不同安排不同的教育培训，针对编目人员、参考咨询人员、网站维护人员、阅读推广人员，根据其不同的工作性质，培训有相应的侧重点。

4. 项目计划参与人员

图书馆推动新的项目计划，参与人员如需特殊专业技能，可单独安排教育培训或参观学习课程，使专项活动方案顺利推进。

5. 全体馆员

随着科技的进步、专业的发展、社会的变迁，图书馆规划本馆不同发展时期的相关课程，全面提升馆员专业知识技能，推动创新业务，更好地满足读者需求。

（二）教育培训委托机构及单位

图书馆的教育培训活动大多是为本馆自行解决，除此之外，也可借助专业培训单位或兄弟馆资源，委托开展教育培训，方式可分为下列四种：

1. 委托主管机关或辅导机关开展相关教育

国家图书馆、省立图书馆、政府文化部门以及各县市政府文化局，都负有辅导权责范围内图书馆开展教育培训活动的任务，开设各种教育培训课程即为其辅导方式之一。

2. 本馆自行培训

图书馆根据业务需要，依托本馆专业力量自行开展教育培训活动，课程内容包括读者服务、技术服务、信息服务、质量管理教育培训等诸多类别。

3. 委托专业培训单位开展相关教育培训

（1）由具有图书馆学教学资历的系所规划图书馆专业发展课程，接受专业培训单位办理委托，课程内容包括专业基础理论、服务营销、管理、法律、计算机、创意思考、服务礼仪等。

（2）图书馆派员参加各培训机构及各级学会组织的教育培训活动，其课程内容包罗万象，如计算机、信息、质量管理、古籍整理等。

4. 参加专业学术机构举办的教育培训活动

图书信息相关系所、专业学会、大型图书馆等单位经常举办教育培训活动，图书馆亦可派馆员参加有助馆务发展及专业成长的会议。

（三）教育培训办理方式

各公共图书馆培育人才的方式，因图书馆规模大小、资源多寡而有不同的方式，另受主管机关相关政策和要求的影响而有所差别。以我国而言，大型公共图书馆根据业务发展需求及人力资源的现况，大多制订有一套内部整体的教育培训计划，规定新进人员、一般馆员及不同岗位馆员的教育培训课程种类及时数。

一般而言，图书馆开展教育培训举办的方式很多，根据教育培训内容选择适合的方式，特介绍如下：

第一，专业讲座。为加强图书馆馆员的专业技能，可举办"图书馆专业知识讲座"，以提升服务质量。

第二，社会活动讲座。从推动阅读国际交流、营销管理、创新机能、人文素养人才和信息服务人才培训着手，由点至面，连成图书馆创新服务的目标。另外，为推广全民阅读风气，结合各级图书馆资源，开展阅读推广相关活动，将阅读习惯生动带入社区民众生活中，开展"银发族亲善阅读师资人才培训""女性推动阅读人才培训"及"推动社区阅读领导人才培训"等讲座活动，提升全民阅读技巧、浓厚阅读氛围，养成阅读学习好习惯。

第三，各级政府及专业学术团体举办的研讨会。

第四，观摩示范及标杆学习。为提升图书馆员专业技能，可经常安排图书馆员外出学习取经，参加地方举办的阅读推广研讨活动。观摩学习活动的开展，不仅有利于馆员看到服务有待改进的地方，促进业务技能的提升，有助于图书馆工作的高效流畅，还能促使馆员通过学习交流找到自身不足，通过学习提升个人素质，获得更多的荣誉和成就，是一个双赢的选择。

（四）教育培训的主题内容

图书馆的教育培训课程主题可归纳为下列四种：

1. 专业技能培训

开展专业技能培训可以让馆员的专业知识随着专业的发展与进步不断提升，如图书馆读者研究、图书馆读者信息寻求行为、图书馆经营管理、网络资源利用与收集、电子资源采购、图书馆典藏管理、图书馆 web3.0、MARc21 等多种研习班。

2. 质量管理培训

该类课程主要进行 ISO 简介培训及内部稽核培训等，可以为馆员灌输质量管理概念及品管方法及知识，让馆员对读者服务系统标准化工作系统有所了解。

3. 工作中的教育培训

该类课程针对现职馆员在执行工作时需有的工作能力、专业知识与技能给予的教育培训，以胜任现职，提升工作效率，如图书馆硬件现代化设备的使用操作及维护培训、硬件维修 DIY 培训班、中文图书分类编目、连续出版物分类编目、数据库检索与利用、公文写作培训等。

4. 自我启发教育培训

该类课程是针对馆员一般常识、情绪控制及生活知能的增进所实施，如人际沟通与情绪管理讲座、英文基础班及进阶班、优质团队组织等。

第二节　图书馆志愿服务人员的教育培训

有效的培训是图书馆运用义工的要素之一，国内义工管理及开展活动效果较好的图书馆大都能体会义工培训的必要性，而在新义工入职迅速开展职前培训和在职培训则是义工培训的较好方式。义工教育培训的重要性包括增进义工对图书馆工作环境及业务的认识；增进义工对志愿服务伦理及精神的了解；增进义工对图书馆组织的认同及加强与组织的联系；传承资深义工的经验及增加义工间的联谊。

一、义工教育培训的目标

一般而言，义工教育工作的目标是启发受教者自我成长与自我实现，因而义工培训应该着重于启发义工自我成长的动力，以尽其所能把志愿服务工作做得更好，这是义工培训的最终目标。因此，义工的教育培训应该把握下列三个目标：

（一）认知志愿服务的内容

此目标在协助义工尽快认识服务的环境及早进入工作状态。

（二）熟练志愿服务的技巧

此目标在协助义工尽快掌握并熟练应用服务所需的方法和技巧，以提高服务质量。

（三）启发志愿服务的精神

此目标在协助义工体会"为善最乐、服务最荣"真谛，促其真心投入图书馆志愿服务工作。

二、义工教育培训的策划

（一）培训需求的评估

培训前的需求评估，需要调研义工对教育培训内容的需求，或义工在工作方法和流程中遇到的问题，规划培训课程内容和教学活动。

（二）培训课程评价

培训后由课程规划部门或单位实施量化评价，为后续开展培训活动及改进授课内容及方式提供借鉴参考，义工参与教育培训课程的情况作为录用、续用及推荐评奖的参考。

评鉴内容：针对课程的内容、教学方式、授课讲师及会场等项目进行评鉴。

评鉴方式：针对课程性质，采用问卷调查、现场旁听、对义工进行小测验、应用实际工作情况等方式。

（三）培训课程的设计

义工培训的课程分为基础培训与特殊培训两种。基础培训课程是志愿服务的基础公共课程，目的是协助义工了解志愿服务的基本理念。目前，基础培训课程主要包括志愿服务组织体系设计、志愿者团队与心理建设、志愿服务工作伦理与价值、重新发现志愿精神、志愿者的情绪管理、志愿者的积极心理品质、全国志愿服务信息系统管理与应用等多门课程。特殊培训课程则由各运用义工的组织依其实际需要自行制定。

（四）授课教师的选择

志愿服务课程的授课教师应选择具有一定专业素养，有丰富实务经验者为佳；另外，授课教师本身或多或少有义工的一些人格特质，不仅能在主题领域灌输义工相关知识，并能通过其人格特质影响义工。

（五）培训经费的筹措

义工培训的经费可能来自多方面，主要包括本机构编列的预算、申请上级补助、申请民间团体赞助。此外，寻求相关单位合办或委办义工培训，也可以节省一定的经费。

三、义工教育培训的办理方式

义工的教育培训方式有专题演讲、分组讨论、研讨会角色扮演、实务操作、网络教学、录像教学等多种方法，都可以灵活运用，让义工培训的方式更多姿多彩，满足义工在学习上的多元兴趣与多元需求。图书馆较常开设的义工教育培训方式如下：

（一）专题演讲

演讲或讲述适合阐述理念或传达信息，是一种被广泛使用的方法，也是一种经济有效的教育方式。例如，在图书馆整理图书、排架、在窗口久坐办理借还书手续时，可为义工开设如何保持正确的姿势、避免疼痛和伤害的课程。

（二）分组讨论

由授课教师引导义工对某些主题进行讨论的一种学习方法，也是激发学员思考和练习表达能力的一种教学策略。例如，针对游民、偷窃、暴露、占位、精神异常等问题读者的处理有很多不同的方法，通过分组讨论可分享不同的处理经验，并激发产生更有创意、更有成效的处理方法。

（三）参观教学

参观相关机构或其他志愿服务团队的运作，也是义工培训常见的一种方法。

（四）阅读资料

就一般情况而言，即使同一机构的义工，其年龄、教育程度、义工经验及职业背景也可能有所差别。义工的个人需求和兴趣因人而异，因而在集中培训之外，还可以考虑提供相关的书刊、资料和网络教学，鼓励义工自主学习。

（五）讲座和研讨

讲座和研讨是图书馆较常采用的义工培训方式，通常的讲座研讨内容包括工作经验分享、认识图书馆、走动式信息指引服务、共享性数据库的推广和使用技巧、图书馆技术服务、快乐学英语、心灵成长与终身学习等。

四、义工教育培训的对象

图书馆针对志愿服务的内容不同，招募不同条件、不同专长的义工，每种志愿服务工作有不同的服务内容，所需的知识和技能也不同，因此，针对不同工作内容的义工举办专门的教育培训活动，使参与的义工更能投入工作，其工作成效更符合图书馆需要。

五、义工教育格训的开展方式

（一）自行开展义工培训活动

义工的教育培训大部分由图书馆视本馆需要和本馆人才情况自主开展，根据本馆馆员和专业人才特长开展相关培训课程。

（二）参加专业学术机构开设的义工培训课程

针对特定的目标或任务，专业学术机构也开设志愿服务人员的培训课程，图书馆可鼓励或推荐义工参加这类教育培训课程。

（三）参加各地方政府和其他机构开设的义工培训活动

随着国家对义工工作的重视和管理的逐步规范化，各地方政府和其他公益组织根据业务需要，规划和开设义工教育培训活动，这类教育培训活动一般规模比较大，管理规范，师资力量强，图书馆可鼓励或推荐义工参加。

第三节　图书馆馆员自身专业生涯管理

要想开展高质量的管理和评估，人的因素是必不可少的，尤其是专业技能强、沟通方法多的图书馆馆员，他们是一个图书馆良性运转的基础和直接推动者，对图书馆馆员做好专业生涯管理，将大大推动图书馆全面质量管理的落实和发展。

一般而言，图书馆馆员的专业生涯规划有三个阶段：第一个阶段是在进入图书馆学专业学习之后，针对未来将从事的服务类型，设定目标后，在课程的选修及研究专题上，加强该领域专业技能的培养。第二个阶段是在大学及研究生毕业后，对于职场生涯的规划，如继续深造、参加就业资格考试或进入图书馆工作。第三个阶段则是接触图书馆实际工作后，个人对于专业生涯持续发展的评估及进阶规划，如认为专业技能不足，持续接受相关的教育培训；如工作性质不符个人志趣，或发展受到限制，则转往其他领域发展。

在职场上，有的人热爱目前的工作，喜爱目前的生活形态，充满活力及企图心；也有许多人老是想换工作，觉得目前的工作无聊，没有成就感，工作内容一成不变，对工作、同事、读者，甚至是自己都感到不满。在如此受到限制的图书馆专业条件下，如何规划及发展馆员的专业生涯，如何重新帮助馆员树立合理的人生目标、职业生涯、专业价值，让工作充满色彩与意义，实现组织与个人双赢的局面，值得图书馆管理层用心思考。下面将以图书馆员为对象，界定生涯与生涯规划、帮助生涯规划的要素、图书馆的专业环境及图书馆员的专业态度与技能。

一、生涯规划的界定

（一）生涯与生涯规划

生涯是生活中各种事件的演进方式与历程，统合个人一生中的各种职业和生活角色，以及由此表现出个人独特的自我发展方向；生涯是依个人由出生至死亡，一连串有酬或无酬的职位与生活角色的综合，包含家庭、学校、社会、国家中的各种角色，以及哲学、人文、经济、政治、科学、休闲等多方面的内涵。简言之，生涯是个人一生职业、社会与人际关系的总称，也是个人终身发展的历程，包含个人生活中食衣住行育乐各方面的活动与经验。

"生涯"强调个人生命历程中经历一系列职业和生活角色的总和，而"规划"强调目标明确、计划执行与成效评估，依序进行。故生涯规划以辅导学的角度观之，意指一个人对生涯的妥善安排，在此安排下，个人能依据各计划要点，在短期内充分发挥自我潜能，并运用环境资源以达到各阶段的生涯成熟；以组织管理的角度观之，是一个人据以制定前程目标及规划，达到目标的方式方法，重点是协助员工在个人目标与组织内实际存在的机会之间，达到更好的结合，且应强调提供心理上的成功。生涯发展从辅导的角度来看，是通过社会、教育以及辅导的努力，协助个人建立实际的自我观念，且熟悉以工作为导向的社会价值观，将其融入个人价值观体系内，并借由生涯选择、生涯规划及生涯目标的追寻加以实现，并使个人能有一成功美满并有利于社会的生涯。从组织管理的角度来看，是组织为确使具备适当资格经验之人，当组织需要时，便能派上用场所采行的任何正式途径。

下面探讨图书馆馆员生涯规划的目的，是希望图书馆馆员能借由生涯规划，充分了解自己，分析自己的性格、兴趣、条件及目前所处的工作环境。此外，也希望图书馆馆员对图书信息专业发展，以及各项服务内涵和专业价值有充分认知，确定自己的目标并积极投入专业服务领域，贡献一己之长。在个人规划的生涯轨道自然较愿意投入，否则，一份与其志趣、能力、期望不相符的工作，不仅个人常想跳槽，人员的频繁流动也严重影响图书馆业务的推进。

（二）生涯规划的要素

各种专业领域的发展及就业市场不同，使从业人员规划生涯时所面对的问题和思考的方向或有不同，然而应注意的事项及应秉持的原则是共通的，许多生涯规划专家学者提出各种步骤、方法、程序、策略，供有意规划自身专业生涯的人士参考。生涯规划的四个基本要素如下：

1. 审视自己

这项要素即是"知己"的功夫，指个人对自我充分的认识与了解，包含：自我的能力、价值观、抱负水平、性格与兴趣等。首先，审视自己目前的专业处境，现在的工作是否为十年前你所设定的目标，什么是你现在的目标，这十年来有无改变，为何改变，是否仔细思量过，这些目标更加增强了或变弱了。其次，确实写下所考虑的事项，并且与想达成的目标相比较，或与羡慕的对象相比较，以两三句写下个人的整体、长期目标，并尽可能集中，不要列太多。主要关心的事情可能包括：安全（经济或工作）、职位（一个特别的职业、与特定组织的协作关系）、收入、地理位置，每一个想法、感觉或印象的记录，都是私人的，务必诚实记载。最后，列出对现在工作绩效有显著正面及负面影响的因素，列出优势和弱势在特定处境所占的比例，将个人特点及能力（幽默、讨厌编目、缺乏组织性）的优势和弱势列一张清单，并请朋友或同事也随列一张同样的清单，比较结果。

对图书馆而言，如果工作时间是个人非常在乎的问题，则必须了解图书馆的开放时间及各种不同性质工作的上班时间。一般而言，编目部门及行政部门人员，上班时间是正常朝九晚五（上午 8 时至下午 5 时 30 分），而阅览部门、流通部门及参考部门则必须配合图书馆的开放时间，人员实行轮班方式，因此晚上及周末假日都有轮班的可能，阅读推广部门则视活动的举办时间，也经常在周末假日加班。

如果工作性质是个人较在乎的问题，则必须考虑自我的性格与兴趣，有的人喜欢与人互动的工作，有的人喜欢有创意的工作。害羞内向的，不适合一线服务工作；活泼外向的，不适合编目工作。有的人不善处理读者问题，而图书馆每天必须面对形形色色的读者，有的讲理、和气、友善，有的则挑剔、要求多，有的时候甚至要处理精神异常的读者；尤其在高校图书馆的毕业季，即将毕业的大学生有离校的不舍、初入社会的焦虑、找工作的不顺利和毕业延迟等各种情况在情绪上的反应，往往会影响馆员与读者间的互动，如果情绪管理欠佳，担任一线服务的工作，难免发生与读者冲突的事件。如果能做一份学以致用，又符合自己性向及志趣的工作，自然能较为投入和持久。

图书馆工作需要有一颗温柔的心、忍耐的心、热忱的心，能设身处地为读者着想，又怀抱着专业使命，希望通过自己的工作，带动更多人喜爱阅读，让社会阅读风气更加浓厚；也希望能为在工作、学习及生活上信息需求的人解决疑难问题，吸引其经常利用图书馆，了解如何利用图书馆。

2. 审视环境

这项要素即是"知彼"的功夫，指个人对外在环境的认识与了解，包含：教育的权利、工作的机会及政治、经济、社会、文化环境的认识与探索。审视对你的生涯选择有影响的环境因素，如经济、家庭、工作、组织、专业投入/教育、咨询顾问、竞争等。举例而言：

（1）工作

你喜欢现在的工作吗；晋升的机会是否多；待遇及福利是否满意；你的工作或部门在可预期的未来发展如何；如果发展不好，有无改变的可能；你在管理者及同事眼中的印象如何。

（2）组织

组织是否良性运行；是成长、萎缩还是稳定发展；所提供之服务是否仍为读者需要；此服务是否会和其他服务或部门合并。

（3）竞争

是否有其他馆员对你的工作有兴趣；或在唯一的升迁机会中与你竞争；你的组织开始限缩许多服务及功能吗；你的服务领域是否会是下一个。

除上述因素外，另可依照个人的情况，加上其他对个人而言具有强烈影响的因素。举例而言，一些公共图书馆的教育培训课程类别、课程内容、场次、讲师及平日的文艺和阅读推广活动丰富多元，可以提供很多学习的机会，是专业技能及个人成长的一个很好的组织。相较于其他图书馆、学校及中央单位，国家图书馆的同人显得更积极和训练有素，且对新科技的运用及在管理理念、服务质量、创意等领域都有相当程度的涉猎，更能跟上时代的发展及专业的发展脚步。也因此，国家图书馆常被称为是人才的培育所，经由国家图书馆培训的人员，在应聘其他工作时，往往有较好的发展机会。

有些工作的附加价值可以自己创造，馆长也应考虑工作性质，为馆员多创造有利个人发展的附加价值。

3. 支撑系统

外在的支撑系统指帮助个人完成生涯规划与人生梦想的外在基础资源，以及帮助个人实践生涯目标的家庭、社会、社区等人脉、资产、知识、宗教，或超知识的支援系统。外在的支撑系统因人而异，特以下列三项因素加以说明。

（1）经济

列出所着的收入来源，包括银行存款、投资及配偶状况。这将有助于了解本人在进行决策时有何风险及其影响有多大。

（2）家庭

是否已婚；子女是一个影响的因素吗；配偶的工作及收入的稳定性如何；配偶是否已建立其事业领域，不可能迁徙，而影响你转业的可能性；你是否将被绑在该区数十年；是否有好的保姆及托儿所可帮你；是否有其他协助，如来自父母。

（3）人脉关系

在组织中或专业领域或社会接触中，可得到协助、建议及机会吗？要在竞争激烈的环境中胜出，人际关系是相当重要的一环。在短时间内取得必要的技能，最直接的方法就是建立人脉，不一定要具备这些能力，而是有能力立即找到可以解决问题的人。举例而言，个人曾服务于图书馆采编部门，当年的工作环境及工作内容都属图书馆中较佳者，服务对象、工作伙伴的素质都相当良好，堪为相当不错的工作。但采编部门属于图书加工，是较为封闭的组织，与其他馆员或读者接触机会极少，与外界互动机会甚少，于升迁以及个人专业学习均不利，因此，考量个人生涯发展，经过考虑后，加入参考咨询服务行列。当时参考咨询刚刚成立，工作条件相差甚多，或有人觉得可惜，但个人在新的工作领域，不仅在专业领域得以充分发挥，且有畅通的沟通交流渠道，并建立个人在专业服务及图书馆领域的专长及兴趣。因此，若计较一时的条件高低，必然无法有今日得以发挥个人专业的机遇。

另外，在参考咨询部工作期间，获得 CALIS 资助访学机会，个人亦把握机会，充分运用时间，除选修图书馆基础理论、图书馆服务、信息检索、图书馆管理等相关课程外，还到江苏、浙江参访著名的大学图书馆、公共图书馆及专门图书馆，共计约十个，对视野的开拓及先进图书馆运作经验的学习，受益很大，有很多运用在现阶段图书馆的本职工作上。

4. 抉择和行动

这项要素指个人能做正确适宜的决定和行动，包括资料收集、分析、比较和选择，从而寻找最合适的发展途径。首先，列出想要的所有机会，不管目前是否有条件达成，列出每一个选项的优缺点，并对照自身的优势及弱点，以及环境分析，分析每一个选项的风险，这些风险是自己认为的风险，是在做决策时会产生的影响，而非科学化分析的结果。其次，选择一项最能接受的项目，写下之所以选择的理由，如果其中一个理由是它的风险最低，但对那份工作并无狂热，最好另做其他选择。

最后，根据要达成目标，势必要进行一些规划。如何达成年度目标及五年目标，确定你的行动是按照正确的顺序，列出你要做的项目及可能涉及的人，尽可能完整地叙述他们的任务，尤其是他们的支援与合作关系；估算每个部分的期程，包括开始的日期及完成的日期。生涯规划中，很重要的是个人的价值观，世人衡量工作的好坏，往往以薪资、福利、职位、升迁及组织形象等条件为重，钱多事少离家近，是很多人的期望，唯有对专业领域人员而言，专业工作的成就感及满足感并非从上述条件即可获得，必须是个人在专业领域的学以致用、个人对专业的贡献，以及个人通过工作对社会所产生的贡献程度而定。

二、公共图书馆馆员的专业环境、工作性质及馆员的专业技能

（一）我国图书馆馆员的专业环境

图书馆是由政府或私人设立，为全民开放使用的机构，图书馆设置的目的在于配合地方或社区特性及需求，收集、整理、保存与利用文献资料，提供图书借阅、参考咨询与推广辅导等服务，以发挥开展社会教育、提升地方文化、传播知识信息与倡导正当休闲生活的功能。我国图书馆的类型从公共图书馆、高校图书馆、专业图书馆，到各县市立图书馆、文化局图书馆、乡镇图书馆，规模大小不一，服务对象均为全体民众，包括儿童、青少年、成年人、残障人士，以及学校和机关团体。各图书馆提供的服务视其规模、空间、人力及经费条件而有所不同，馆藏阅览及外借是图书馆最基本的服务，也是最重要的服务；此外，大型公共图书馆除提供借阅服务外，亦提供参考咨询、推广服务、视听服务、信息服务、特殊读者服务及儿童服务等。图书馆的开放时间依图书馆设立及管理、性质的

不同而有不同的规定，各馆的差异性颇大。

图书馆的人力资源普遍不足，因此大多利用社会资源，以志愿服务方式协助图书馆运作。在人员编制方面，大致分为三类，包括负责阅览、典藏、参考、咨询、推广、流通、采编等业务的专业人员；负责后勤、统计、人事等方面业务的行政人员；负责计算机、信息、网络环境、工程、水暖、机具操作等业务的技术人员。乡镇图书馆工作人员多称管理员，县市文化局图书馆则有组长、干事、助理干事、书记等职务。图书馆的职务大部分需要公务员资格，先由考试选拔，再由图书馆面试具有资格人员。由于图书馆在我国政府体系中层级较低，乡镇图书馆隶属于乡镇公所，人员由乡镇公所调派，县市图书馆则多属于县市政府文化局，业务由文化局负责，直辖市立图书馆同样非属一级单位。人员职务低，工作繁重，流动频繁。

（二）图书馆馆员的专业技能与特质

传统上，对图书馆馆员专业技能的认知，较局限于馆藏发展、图书选择采访、分类编目、读者服务、参考咨询、计算机技术等图书馆核心工作的相关知识和技术，而对其他涉及人际沟通、服务规划、质量管理、读者心理及满意经营、营销及募款、阅读环境设计及氛围营造等方面的知识，则相对欠缺。尤其是面对各种挑战及环境变迁的各种冲击，读者需求越来越个性化，亦越复杂；加上图书馆经营观念的落后，图书馆借着传统的图书信息服务，势必无法完全应付。因此，学者专家纷纷对新环境下的图书馆馆员应具备的专业技能和个人特质提出建议，有助于从事公共图书馆工作的馆员借由参加在职进修及继续教育课程，提升专业技能。

1. 专业技能

通过整理相关文献的观点，提出新环境下图书馆馆员应具备的专业技能如下：计算机及网络技能；良好的人际技巧；认知及培训方面的研究方法等相关知识；心理学知识；熟练的技术；信息政策发展及分析的相关知识；综合的能力；了解及形成组织中图书馆员角色的能力；具有与多元文化和种族团体一起工作的技能和敏感性；财政及策略规划的管理技能；视觉沟通技能。

另外，在信息技术技能方面，有四项重要性持续增加的核心技能：信息检索的技能；读者协助及读者教育；质量保证；管理的技能。

2. 个人特性

除了以上所用的专业技能外，图书馆馆员还应具备下列个人特性：政治敏锐性；果断力；危机处理能力；良好的执行力；在模糊不确定的工作氛围下执行工作的能力；根据发展态势正确定位与更新个人及组织工作目标的能力。

（三）儿童图书馆馆员的特质与专业条件

公共图书馆的服务不限年龄，儿童读者是其中非常重要的读者群，儿童服务也是公共图书馆重要且受重视的服务项目。然而，好的儿童服务必须有优秀的儿童图书馆馆员，儿童的身心尚未成熟，在图书馆利用、阅读兴趣的激发及阅读习惯的培养上，都需要有专业人员引导及协助。因此，儿童图书馆馆员除应具备一般馆员的专业技能及特质，尚须针对其服务特性及服务对象，有专属于儿童图书馆馆员的资格、条件及特质。

三、图书馆专业生涯的态度

生涯规划不仅是追求成功，而且要懂得付出，懂得关怀，懂得树立实现自我价值的人生观。在人生的历程中，每个阶段处境不同，面对的问题亦不同。重要的是，在人生的每个阶段，如何面对挫折、面对困境、面对各种挑战，如何解决问题。与其好高骛远，倒不如先认识自己的优势，了解自己的缺点，勇敢把握方向。

（一）专业技术 vs 专业态度

专业技能包括专业技术与专业态度，目前社会上普遍缺乏的就是对专业态度的正确了解，许多人拥有"专业技术"就目空一切，无法与人共事；或者见异思迁，无法尽忠职守，甚至只要与主管理念不合。所以，当我们在追求专业技术的同时，必须了解与技术同样重要的，是一个人工作上的专业态度，不要忘记，越文明的社会，就越要注意对人的尊重，因为尊重别人，才是尊重自己、尊重职业的第一步。

首先是对读者的尊重，图书馆是提供图书信息服务的机构，读者的满意是我们服务的最终目标。我们必须重视读者的需求，在图书馆馆藏布局、服务态度、馆舍空间布置等方面，都要处处以读者角度考虑，以最佳的服务赢得读者的信任与满意，这不仅是对自己专业的尊重，也可以赢得读者对图书馆馆员的尊重、肯定图书馆的服务价值，彰显图书馆在社会上的重要地位，塑造良好的图书馆专业形象。

（二）深度学习

图书馆学是一门不断发展的学科，也是一门不断成长的学科，受信息科技及网络发展的影响，图书馆收集、处理、保存及传递信息的方式在不断改变。在现今社会，图书馆扮演的更是一个学习型组织，提供民众终身学习所需的各种学习机会及学习资源，因此，图书馆必须与时俱进，方能满足民众现代多元、复杂的需求。此外，由于图书馆是一个提供"知识"产品的组织，为了能更好满足读者的需求，图书馆员除了不断充实专业知识外，更应多涉猎各类书籍、学习各种知识，以期为读者提供更精细、更有内涵的服务。

学习是永无止境的，大多数人很容易在工作中自满。工资的多少与职位的高低，其实并不一定与专业技能成正比，只有用谦虚的态度，放下身段，不拒绝一切学习，也相信工作历程中有学不完的东西，这样我们才能不断进步。

（三）人文素养的培养

人一盲目追逐就没有时间思考，也不可能将自己浮漂的心沉下来，而要培养优雅的气质，首先就必须培养人文素质，通过人文素质，使自己的心境清明宁静。培养人文素质除了经常接触音乐、艺术、文学、哲学、史学，陶冶及修养身性外，还应进一步系统地阅读相关书籍，吸收知识，提高自己的欣赏水平，建立某领域的深度素养或可成为第二专长。

（四）精确的管理时间

每个人每天都有 24 小时，然而运用的方法不同，结果也是迥异的，预定计划是有效运用时间的重要一环，计划做得越周详，越易且越快完成工作，有效地运用时间即是在适当的时段做适当的工作。有些工作需要全神贯注地投入，不能分心，有些工作无需太多的注意力就可完成，甚至在同一时段可以同时进行两种以上的工作，每天可利用的时间有限，当发现实在太多工作需要处理时，需要重新考虑是否每项工作都必须亲自处理。有效地授权有利于工作的完成。

（五）创造不可取代的优势

从目前经济环境瞬息万变的状况来看，即便今天是有保障的单位，也不代表明天的保障，所以，重新认识自己，审视自己生存的条件，不但要有专长，还要有一个以上的专长；不但工作要能专精，还要创造自己不可取代的条件。在图书馆，可就有兴趣的主题领域发展第二专长，研读专业文献，不断提高理论水平，发表文章，提升专业成就感。此外，外语能力、美术设计、网页制作、组织策划、活动主持都是很多领域需要的专长，具备这些专长就具备了更大的发展空间。

（六）学习面对失败，不要害怕改变

21 世纪的图书馆馆员要勇于尝试新的挑战，新的挑战是给自己的磨炼及学习的机会，也是培养自己处理危机，以及解决问题的机会，唯有改变，才能激发工作的热情，如果不接受挑战，就无法学习。不能学习，就无法成长，有强烈的企图心，才能有好的机会，尝试创新必定会遭遇阻碍与风险，这正是累积经验与提升能力的最好机会，过程也许会遭遇

失败，但所拥有的经验却是独一无二的。

在图书馆专业生涯规划中，有一项非常重要的指标就是专业定位及服务价值的肯定。在美国，图书馆馆员是儿童心目中的学习对象之一，儿童读物中不乏图书馆馆员专业、亲切的正面形象的刻画，图书馆馆员甚至是儿童长大后想从事的行业。图书馆包员在人们心目中代表的是专业、博学、亲切、对人们的疑难问题有帮助、乐于协助社会民众进行学习、愿意帮助弱势及障碍的民众的人。然而在国内，由于图书馆人力经费资源不足，影响图书馆事业的发展及各项建设，民众对图书馆的印象多停留在图书馆借还服务及休闲阅读场所；加上开放时间长、工作繁重、民众需求多元复杂、读者文化程度不一，影响了图书信息专业人员选择其作为个人职业生涯的意愿。图书馆经营者如何改善此种情况，营造较佳的专业环境，形塑良好的专业形象，吸引更多有理想、有抱负、有热忱的专业人员投入图书馆的服务行列，愿意在工作条件及待遇都较其他类型图书馆为差的情况下，提升图书馆的服务质量，使其在民众生活、工作及学习中扮演重要角色，产生深远影响，共同推广全民阅读，以及利用图书馆的习惯和技能，是值得重视的课题。

生涯规划的基本目的除了帮助个人实现其就业目标，获得一个适才适所的工作外，更希望能充分发挥个人的潜能，使现代人能在生理、心理、社会和经济上都获得最高的满足。对于专业人员而言，在规划生涯时，先确定生涯目标，清楚自己的志向、兴趣及专长，并对图书馆专业环境及服务形态深入了解，选择适合自己，且能发挥专业技能的工作；另外，对于图书馆馆员应具备的专业技能和态度的认识，了解自己的不足之处，亦有助于掌握自我发展的方向。总而言之，在职场上随时保持工作热忱，不断求新求变，持续学习，充实自我，提升自我的竞争意识，方能追求个人专业发展的最理想境界。

第六章　图书馆服务

第一节　图书馆服务理念

一、图书馆服务理念概述

（一）服务理念的含义

一般来说，生产有形产品的目的是满足人们的日常生活需要，这种价值需要主要体现在有形产品的规格与特性上。因此，有形产品的生产、开发与销售主要以研究产品的规格和特性为主。而服务作为一种无形的概念，这种需求标准对于它并不适用。对此，服务型行业进一步提出了"服务理念"思想，通过明确"服务理念"满足消费者的实际需求。服务理念作为人类在展开服务活动中形成的观念，在活动过程中占有主导地位，服务理念是人们在实践中总结的深刻认识，是服务活动的重点所在。服务行业中的服务能够在消费过程中为消费者提供一定功能性和可用性的指引，以更好地满足消费者的实际需要。服务行业在提供服务过程中不断地进行经验总结，逐渐形成了具有开放性、独特性和导向性的较为完备的服务理念。

服务理念主要包含服务宗旨、任务、目标、使命、精神、方针政策等多个方面，这些内容是在服务过程中所形成的指导性思想，在服务中能够起到积极的推进作用。

1. 有利于企业的管理

服务理念的产生与发展对于企业管理具有重要意义。服务是一种无形的活动，它与有形产品的生产、开发和销售不同，服务是在满足消费者实际需求的过程中所提供的无形产品，对于满足消费者需求具有推进作用。因此，树立正确的服务理念对于增强企业管理能力具有重要作用。

2. 有利于服务标准的衡量

服务具有无形性特点导致了对服务的衡量具有一定的难度，而服务理念则是将无形的服务转化为有形的文字标准，这样社会公众就可以通过语言文字明确认识到服务的具体内涵，使服务的衡量变为可能。

3. 有利于服务特色的建立

一个企业的服务理念彰显着企业的文化精神，好的企业理念能够对企业起到一定的宣传作用，积极、合理的服务理念能够帮助企业树立健康、正面的企业形象，可以有效吸引消费者加深对企业的了解。建立具有企业特色的服务理念，能有效促进企业的进一步发展。

4. 有利于增强员工的服务意识

服务不是一种强制性活动，它体现为员工的自主性。明确的服务理念可以准确地向员工提供指令，提升员工的心理认同感，增强员工的自主服务能力，进而推动企业服务行为的进一步发展。

总体来说，消费者的实际需求导致了服务理念的产生和发展。消费者对于企业的要求不是固定不变的，因此，企业应根据消费者的实际情况，不断调整服务方向，提出符合企业文化特征相符的服务理念，以吸引消费者。

（二）服务理念的重要性

与工业部门不同，服务部门能够直接接触消费者，而产品的生产者、制造者和分销者都只能在产品初期间接地影响消费者。在服务部门中，服务递送系统与服务人员是产品服务的重要组成部分。服务递送系统主要包括服务人员能力、服务人员态度、服务人员表现等，服务递送系统与服务人员对消费者需求的影响是直接体现的。因此，要加强服务管理，首先应明确服务理念。

服务理念在实际应用过程中容易被错误理解，这主要由两方面原因导致：第一，服务人员行为。服务在生活中无处不在，而服务人员自身行为具有一定的自主性，因此在服务理念的传递过程中会对服务人员举止、态度产生不同的作用，从而影响服务理念的推行。第二，消费者自身因素。由于消费者对服务理念的理解存在差异，也会对服务理念的传递造成影响。因此，服务企业应基于消费者角度出发，充分认识到服务理念对于消费者和服务人员的影响，明晰本企业的服务理念。服务企业为了更好地传递其服务理念，应着重注意以下几个方面：

1. 市场细分

不同的消费群体有着不同的需求范围，因此有必要在研究消费者总体市场的基础上，对消费者的不同进行市场的再次分割。分割后的市场可以按照消费者需求与期望的不同再划分为多个子市场，这样来保证不同消费群体都有符合其自身需求的市场存在。不同的消费子市场面对的消费群体不同，企业应当加以区分。

2. 定位消费者目标市场

消费者市场被细分后，每个子市场的消费者需求则进一步凸显，这就要求企业应针对不同的消费群体提供相应的服务，以满足消费者的需求。服务企业在针对细分的子市场做出服务规划时，应从市场的消费能力和市场的竞争力两方面进行着重考量。

3. 创新服务递送系统

一个具有创新能力的服务型公司，它必定拥有规范划分的消费者子市场，并且能够根据子市场的消费者特性制定出符合消费者需求和期望的产品服务。服务递送系统总是处于变化之中，因此，企业服务理念必须具有创新性才能够适应服务递送系统以及消费者市场的需要。

（三）图书馆服务理念的概念

图书馆服务理念，是指图书馆作为服务组织的自我认知与定位，即解决为谁提供服务和如何提供服务的问题。图书馆服务的形式经历了一个由封闭到开放、由局部到整体、由实体到网络、由被动到主动、由有时到随时的演进过程，图书馆服务内容与方法也在不断推陈出新，以适应社会发展的需要。与此同时，图书馆的服务理念也随着图书馆服务内容的更新和服务手段的革新而不断发展创新。在现今社会，图书馆服务理念的主要观点为：文献信息服务是图书馆的基本产品，读者和用户是图书馆的直接顾客，不断满足读者和用户明确的或潜在的知识信息需求是图书馆改革和发展的落脚点。

现代图书馆应确立符合现实需要的服务理念，以适应新的社会环境与人类需求，只有推进服务理念的建立与创新，才能实现企业的良性发展，进而应对社会与网络环境等多方面竞争压力。图书馆服务理念是图书馆服务工作的核心内容，它既是图书馆整体工作思想的重要组成部分，同时也是图书馆工作的服务准则、服务态度和服务手段。图书馆服务理念是在长期图书馆服务实践中总结而来的服务经验，它能够客观地反映图书馆服务工作的发展趋势，同时也为图书馆整体工作的进一步发展奠定了坚实的理论基础，为图书馆的服务工作指明了方向。

现今社会，"服务"这一概念随着社会的转型和发展不断发生着变化。其中，图书馆"服务"的变化体现为：服务大众的模式由"以藏书为中心"转变为"以读者为中心"；服务的对象由"图书馆读者"转变为"社会读者"；服务的范围由"图书馆服务"转变为"资源共享服务"；服务的内容由"图书馆提供"转变为"电子信息资源"；服务的功能由

"传递文献知识"转变为"多元化信息共享";服务的观念由"无偿服务"转变为"有偿服务";等等。

二、我国图书馆服务理念的特点

（一）体现人本服务

人本服务是一种以人为中心的服务观念，是图书馆服务工作中应当贯彻始终的重要思想。人本服务的理念主要关注受众人群的心理需求，图书馆根据需求变化不断转变服务手段。图书馆不同于一般社会企业，由于其具有公益性特征，因而不存在一般的市场竞争。但作为服务型机构，坚持人本服务有助于更好地发挥图书馆的职能，体现图书馆的文化优势，吸引大众巧妙利用图书资源，进一步促进图书馆服务工作的完善。

坚持人本服务的理念，首先要以公众的需求为基础，建立起符合读者实际阅读需求的图书馆馆藏体系；其次，图书馆应创设良好的阅读环境与服务环境，阅读环境主要指图书馆设备设施、实际环境等客观因素，服务环境主要指良好的服务态度与行为，为读者提供舒适的阅读氛围；最后，图书馆应优化服务质量，这里的服务质量主要是指图书馆服务项目方面是否能够满足用户需求，不断对自身的服务品质进行有计划、有目的的提升，以保证服务的品质与成效。

（二）体现特色服务

特色主要指事物与其他事物相区别而独有的风格与形式，这种独特的风格、形式是由事物本身性质或实际环境因素决定的。图书馆是以公益性为特征的服务机构，它的主要资金来源是政府拨款。而图书馆的服务群体千差万别，很难用有限的资金满足所有人的需求。因此，特色服务理念的确立能够有效推进图书馆的服务体系的建立。

图书馆特色服务理念的建立要关注以下三方面内容：首先，选择服务对象时要以现有馆藏和接受服务群体为基础，避免盲目选择；其次，确定服务内容时要以用户实际需求为主，现有的优势项目要加以完善；最后，转变服务方式时要注意摒弃旧的服务方式中的不足，确立新的服务方式时应以读者为核心，始终坚持以满足读者需求为工作重点。

（三）体现馆际服务的协作

随着现代科学技术的发展，知识的覆盖范围越来越广，未知世界的范围不断扩大。任何一所图书馆都不能保证对所有学科知识兼容并包。因此，馆际协作成为一种必然的发展趋向。首先，从图书馆的性质来看，虽然图书馆的类型多种多样，但大多数是由政府投资建立的。因此,图书馆的馆际协作具有良好的基础;其次,从图书馆的发展愿景来看,实现文献信息的资源共享是图书馆人的期望,而馆际协作能够有效促进信息资源的传播与共享,但是馆际协作所促成的信息资源交流的范围较小,因此图书馆主要应提升自身馆藏实力以提高图书馆服务的整体水准,实现更大范围内的信息与资源共享;最后,从图书馆的能力来看,目前计算机技术的迅猛发展为图书馆馆际协作奠定了基础,以网络为平台,可以实现用户对图书馆资源的实时运用。

三、我国现代图书馆服务的原则

(一) 开放性服务原则

在过去,开放性原则主要指的是图书馆服务的公共化,而在 19 世纪,我国就已经实现了图书馆面向公众的开放化。但是由于社会的发展程度不同,开放性服务的概念也与早期有所区别,现代意义上的开放性服务主要体现在:第一,资源的全面开放。这种开放主要指图书馆中所有文献资源、馆内设备均向用户开放,所有图书馆人员都直接或间接服务于用户。第二,图书馆实时开放。虽然我国暂没有实现图书馆的全天候开放,但是网络服务可以实现 24 小时的文献知识获取,一定程度上保证了图书馆服务时间的延长。第三,馆务信息的公开化,这里包括图书馆中便于服务用户全部相关信息的公开。

(二) 全面性服务原则

全面性服务原则主要体现在两个方面:一是用户在使用图书馆时能够得到全面的服务,主要包括图书馆内设施的完备为用户提供方便;图书馆的工作人员为用户提供优质服务。二是对潜在用户需求的开发与服务,图书馆根据实际的调研结果,有针对性地开发和完善新的项目,进而满足受众人群的需求。

(三) 便利原则

便利原则指图书馆要为用户提供方便,保证用服务节约用户的时间,保证服务的质量和成果,主要表现在:图书馆的位置的选择上要以交通便利为首要考量标准;设置快捷合理的检索方式保证馆藏资源利用的效率;要确保图书馆服务用户过程的简练化。

(四) 满意原则

图书馆不断转变自身的服务手段、加强服务人员素质、完善服务内容、确立新的服务体系,最终期望的目标是满足用户需求,实现用户满意。

第二节 图书馆服务组织

一、服务组织概述

（一）服务组织的含义

服务组织是指在进行服务工作时，依据实际情况进行分工而形成的各服务部门。受到各种因素的影响，服务组织可以分为多种不同形式：基于社会需求，服务组织可以分为政府部门、医疗机构、福利机构、运输机构等；基于机构内部的需求，一个服务机构中又成立了多个服务部门，以满足整个服务系统的正常运转，如图书馆服务工作主要由采编、借阅、技术和咨询等多个部分共同组成。

（二）服务组织的性质

从性质上看，服务组织主要由营利型服务组织和非营利型服务组织构成。营利型服务组织主要的目的在于获取经济利益，又叫作经济型组织。这种服务组织形式多变，手段灵活，主要采取单体运行的方式进行组织运转。非营利型服务组织又称公益型服务组织，它的服务主体是无偿的。非营利型服务组织在形式上通常可以分为若干个等级层次，每级上下隶属关系清晰明确，且关系形成后基本不会改变。就我国图书馆而言，作为非营利型服务组织，其下又可细分为公共系统图书馆、专业系统图书馆和高校系统图书馆等多个分支。

（三）服务组织系统及要素

服务组织系统是由社会服务活动中服务组织的组织机构、基本设施、信息资源以及服务产品等多方面内容组合而成的系统。其中，组织机构、基本设施和信息资源是服务组织系统的核心内容，由于这三种因素的影响，会导致不同的服务组织形成不同的服务效果，即影响其服务质量。服务组织自身具有发展和创新的特性，它会随着社会的变革和技术的发展更新自身的服务内容与范围，增强自身服务的质量与水平。

另外，从服务组织系统内部性质上看，服务组织又可以分为宏观服务组织和微观服务组织。宏观服务组织是指社会服务行业在开展服务时对各系统因素进行组织；微观服务组织是指各服务部门在开展服务活动时在自身内部对各系统因素进行组织。

二、图书馆服务组织

现如今，随着社会的发展，对图书馆的服务工作也有了新的要求。为了推进图书馆服务工作的进一步开展，就需要对相关的服务组织进行服务方式的革新。传统面向业务流程的组织也不适用于当今社会的需要，服务组织迫切需要向面向具体任务服务的组织转变，不断根据服务工作的发展更新服务内容，保证服务效果的最优化。

（一）图书馆组织文化的设计

1. 正确认识图书馆的定位

一所图书馆先进与否不只在于硬件设施的齐全和馆藏资源的丰富，关键还在于图书馆能否利用有限的资源发挥自身的最大价值。正确的定位能够引导图书馆设计更为合理的组织文化。

2. 提出共同目标

这一点主要是针对图书馆管理者而言。领导者应该深刻意识到，真正的组织文化潜藏在组织成员的意识中，而领导的作用就在于根据社会的变革与发展提出明确的发展目标，为员工绘制一幅宏伟的发展蓝图，让员工真正意识到组织事业发展的多种可能性，激励员工认可和赞同组织文化，为了更好地促进组织发展贡献力量。

3. 引导员工树立正确的价值观

从根本上讲，文化是一种思维观念，它作用于人脑，并通过人的思维方式和行为方式表现出来。组织文化渗透到员工的脑海中，则表现为一种更为强大的文化底蕴，人们所常说的风气、精神面貌等都是组织文化的真实反映。图书馆领导者除了要为员工提供良性的发展方向外，还应该注重员工的心理建设，倡导员工树立正确的思想观念，激励员工为实现组织的发展贡献力量，使每一位员工都具有高度的组织认同感和责任感。

4. 明确规章制度

通常情况下的规章制度主要是针对技术、操作等方面进行的细节规范，很少会对文化层面，如员工的行为举止、服务用语及服务环节进行深刻考量。为了完善组织文化，创设更具优势的组织文化氛围，图书馆可以将服务环节列入对员工的考核范围内，将服务质量划为物质奖励的重要组成部分，从具体的制度要求上规范服务行为，提升服务质量。

（二）图书馆组织文化的塑造

组织文化的兴起和发展是一个循序渐进的过程，优秀的组织文化的建设不是一蹴而就的。为了推进优秀的组织文化建设，图书馆应该从两方面进行考虑：第一，就组织内部来说，图书馆必须明确建立自身系统的内在目标，如价值体系、规章制度、行为规范等。第二，就组织外部来说，图书馆所建立的组织文化机制既要能够向自身员工渗透，也要能够向公众传播，以组织文化塑造良好的组织形象。组织文化首先是一个概念，然后通过各种机制慢慢渗透，逐渐成为员工的主动行为。组织文化正式形成后，会在实践中形成一套相应的规划，包括工作环境、服务标语、组织活动、规章制度、管理观念、价值准则、职业道德和精神风貌等。

1. 工作环境

工作环境主要是由图书馆内部形态、布局、颜色搭配、书架位置、各个层次的浏览区和馆内标志、环境卫生与秩序、工作人员服装等因素构成的。图书馆应该以得到用户的认同感为首要目标，首先从表层文化塑造入手，如干净整洁的工作和阅读环境、清晰的指示标志、良好的环境秩序等都会为用户留下深刻印象。

2. 服务标语

服务标语是组织文化的外在表现形式，是组织服务宗旨的凝练。但是服务标语不是简单的口号，图书馆服务工作的好坏主要体现在员工的行为上，只有员工真正领会服务标语的真实意义，才能够保证员工的行为符合服务的规范。因此，图书馆应该加大宣传和引导力度，做到服务标语不仅深入每一位员工内心，更渗透到用户的头脑之中，巩固和提升图书馆在用户心中的位置。

3. 组织活动

图书馆定期开展不同形式的组织活动能够有效加强各部门、员工之间的交流合作，更好地开发信息资源，同时可以通过信息交流和传递增强员工的责任感与归属感。通过组织活动，可以强化员工的价值观念，在潜移默化中提升向心力，增强集体凝聚力。

4. 规章制度

规章制度的制定与实施，能够真正将组织文化落实到实际中去。通过图书馆相应的规章制度，可以培养员工的服务精神，这种服务精神能够在实际工作中转化为员工的行为和活动原则。良好的规章制度能够使图书馆整体系统处于平衡状态。

5. 管理观念

作为一种超越具体业务和实用技术的领域，管理观念是对组织文化核心内容和组织团体的意识形态的高度概括，也是组织精神和价值观的最高表达。

6. 价值准则

图书馆应树立"用户至上"的价值准则，这一准则总结了图书馆管理所追求的目标。核心的价值观贯穿图书馆工作的各个方面，使图书馆工作人员认同规章制度的组织文化和管理观念，使整个图书馆形成团结一致的氛围。

7. 职业道德和精神风貌

职业道德观念在图书馆工作人员的思想中根深蒂固，体现在图书馆工作人员的实际工作中。良好的精神风貌能够鼓舞员工士气，展示他们的整体形象。

（三）组织文化塑造过程中的问题

1. 完美的服务是增值服务

组织文化具有主观性，组织文化的价值观会影响图书馆员工的精神层面，进而影响员工的实际行为。完美的服务可以让用户产生强烈的认同感，体会到自身的重要性。积累越来越多的用户认同感能够提升组织价值，使服务发挥间接的增值作用。

2. 必须有与组织文化相适应的保障机制

组织文化的建设是十分重要的，但是如何建设组织文化是问题难点所在。它要求图书馆决策者以科学合理的眼光和思维来研究探讨一系列重要问题，例如，内部组织的合理性、管理制度的科学性和管理手段的有效性、图书馆经营模式的先进性和独特性以及与外部社会环境动态平衡的整体性等。只有在此基础上，才能构建起专业的图书馆领导层和结构合理的图书馆服务组织。

3. 组织文化要量体裁衣

组织文化建设是图书馆的"软件"建设，其关键是实施过程。但是每个组织都有自身特有的情况，所以应该有选择地学习先进的组织文化，而不是完全照搬，只有与本馆相适应的组织文化才是最好的。

（四）图书馆服务组织发展趋势

1. 图书馆服务组织虚拟化

在信息时代，虚拟化是当代图书馆所追求的目标，即图书馆虚拟化。然而，这一说法与"虚拟图书馆"有明显区别。"虚拟图书馆"主要为人们提供了信息技术背景下的虚拟知识资源与服务，但是无法明确论证信息时代图书馆的结构模式以及运行方式。因此，为了进一步研究图书馆的功能、结构以及运行模式，就需要对"虚拟组织"做进一步探讨，拓宽图书馆虚拟化的研究视野。建立虚拟组织是一个循序渐进的过程，虚拟组织能够为图书馆的发展与创新提供方向，有助于提升工作效率，完善管理模式。在信息技术飞速发展的今天，图书馆应该追求更高层次的专业化与合作化，在提升总体实力的基础上为用户提供及时有效的高品质服务。

2. 图书馆服务组织协作化

以追求图书馆虚拟化为基础，为了取得更好的发展，提升服务效率，图书馆更应当加强馆际之间的协作。一个服务组织若想提升自身的水平和力量，只是实现了自身的专业化是不够的，要想得到跨越式的发展，必须实现专业化与合作化相结合，合理的协作方式能够为自身和公众创造出更大的价值。

（1）建立图书馆协作体

未来图书馆的运行模式，应是以"图书馆协作体"为前提的。总体来说，建立图书馆协作体的根本目的在于实现信息资源的共建共享。最初，图书馆协作体的形式是馆际资源互借和目录联合，虽然这种形式与现如今的网络资源交流相差甚远，但是这种协作体的出现具有深远的影响，它打破了原有的图书馆单独运作的传统形式，为进一步促进信息资源共享奠定了基础。

目前来看，影响图书馆协作体建立的主要阻碍是体制问题，这里的体制不是图书馆作为行政组织系统的隶属关系，而是指要建立图书馆协作体，就要确立起相应的制度和规则以维持资源共享体系。资源的共建共享首先要建立在图书馆之间的互利互惠基础上，形成内部组织系统之外的图书馆利用共同体，促进不同图书馆能够在共同体内的效益流通与信息资源共享，推动建立全新的信息时代共享网络。

（2）建立与出版商的伙伴关系

图书馆建立起与出版商的伙伴关系，能够达到满足需求与实现利益的双赢。随着出版物、数据库价格的提升，图书馆更多是通过图书馆协作体与出版商进行交流，增强自己的市场竞争力；出版商则可以通过图书馆协作体，间接地为协作体成员提供新的商品与服务。在电子信息时代越来越发达的今天，图书馆应加强与出版商的合作，才能够有效保证信息资源的存取与利用。

3. 图书馆服务组织学习型

面对纷繁复杂的网络环境，图书馆及图书馆员应保持持续学习的积极性，服务组织不断学习，才能够保证在社会发展过程中保持自身的竞争优势。学习型组织理论能够为现代图书馆的转型和革新提供有效帮助，但是建立学习型服务组织是一个循序渐进的过程，图书馆应该将此作为思想指导，加强团队合作，制订战略计划，全面系统地思考，不断增强馆员的学习能力，保证自身在激烈的社会竞争中处于不败之地。

第三节 图书馆服务用户

一、图书馆读者与用户

（一）图书馆读者

传统图书馆学认为，一个人是否具备读者资格，首先要看他是否利用了图书馆文献资源，只有利用了图书馆资源，并且有能力进行阅读，他才能够被称为"读者"。因此可以总结出，图书馆读者是指运用图书馆供应的文献资源进行阅读，并且具有一定的阅读能力的社会成员，包括个人、团体、单位等。由此可见，图书馆读者既是文献信息服务的接受者，又是文献信息的使用者。

目前来看，图书馆读者是指根据图书馆提供的服务获取文献、知识和信息的用户。从某种意义上看，图书馆读者是社会读者总系统的一部分，它既包括图书馆现有的已注册的现实读者，还包括很多尚未使用图书馆资源的潜在读者。现实读者是指已办理借阅证或与图书馆存在借阅关系的社会成员；潜在读者是指尚未与图书馆建立借阅关系，但具有一定的阅读能力的社会成员，他们有成为读者的可能性，是图书馆现实读者的后备力量。在图书馆服务过程中，现实读者是图书馆研究和服务的首要对象，潜在读者是图书馆服务的次要对象。为了充分发挥社会服务功能，图书馆应充分研究掌握读者的阅读规律以及文献资源使用规律，努力将潜在读者转变为现实读者，提高图书馆的社会价值。

（二）图书馆用户

长期以来，图书馆的主要目标就是为读者服务。随着社会的发展，图书馆及图书馆概念面临着的转型。在现代信息技术与互联网的发展的基础上，图书馆由传统的实体化形式逐渐演化为实体与虚拟相结合的复合形式。因此，图书馆的服务范围也进一步扩大，不仅重视为社会成员提供阅读资源，同时致力于满足社会成员的文化需求、精神需求和娱乐需求，为广大社会成为创设人与人、人与资源之间自由交流的现代化空间与氛围。

二、图书馆用户文献信息需求特点

（一）社会化

随着现代图书馆服务水平和质量的提升以及信息资源的丰富，用户的信息意识得到了加强，需求也更加广泛化和多样化。在社会需求扩大的基础上，图书馆的服务范围也有了很大的扩展，由服务于地区、行业和单位的用户，逐步发展为服务于全社会的用户。

（二）集成化

长期以来，用户通常利用不同的方式来满足自身对信息的需求、对信息服务的需求以及对信息检索手段与系统的需求。比如，如果将用户的信息需求划分为利用环境条件得到信息、利用技术手段得到信息、利用信息服务得到信息和利用系统得到信息四种方式，当用户进行需求信息检索和利用时，信息资源分配的分散和信息技术利用的分离，决定了根据个体要求进行信息获取的行为模式。随着信息技术的发展,计算机技术、远程通信技术和网络信息处理技术之间不断渗透、融合,信息资源的开发、组织和分配状况也发生了变化。网络环境下,多种信息获取方式并行,用户可以根据个人客观需求获取相应的信息资源,使数据、信息资源的获取与发布集成为多功能、多通道、多模式的信息需求与服务利用行为。

(三)综合化

用户文献信息需求综合化,一方面指需求内容的综合化;另一方面指需求的全面发展。现如今网络信息技术的发展使用户所面临的资源越来越丰富,人们迫切需要获得内容综合、类型齐全、种类繁多、来源广泛的信息知识。而由于用户职业与角色定位不同,所得信息必须与工作及学习需求相匹配,因此对用户需求的满足应是全方位的。另外,用户对信息的选择方面可能存在着跨行业、跨领域的知识交叉,用户的知识需求往往不是单一针对某一工作或行业,而是其领域可涉及的方方面面。例如,经济企业对产品开发时,要经过产品开发研究、决策、实施、管理和产品更换等多个环节。因此,在获取需求信息时,其要求得到的需求服务不是个别的,而是具有一定规模的综合化信息服务。

(四)高效化

用户文献信息需求的高效化主要体现在以下几个方面:第一,用户基于其职业需求,面对快节奏的工作,以及工作内容的快速转变,其资源需求往往需要得到快速满足;第二,只有高效率、高速度的信息服务工作才能保障快速进行信息处理,优化信息利用模式;第三,网络信息组织的完善以及传递方式的变化提供了高品质、高效率的服务信息,用户在信息技术的发展中逐渐习惯利用新技术来处理问题和进行沟通交流,进一步激发了用户对高效信息服务的需求。通信网络的普及和电子信息技术的发展,使信息资源传递高效化变为可能,而通信服务成本的降低为满足人们越来越丰富的信息需求奠定了经济基础。

(五)个性化

社会信息化的发展,提升了人们的信息观念与信息意识,对信息资源的需求明显增加,需求内容也越来越复杂。同时,网络环境为人们个性化的塑造提供了可能性,现代网络信息技术能够建立起信息交流与传递的高效机制,为每一名社会成员构建了符合自身个性发展需求的个性化空间,用户可以根据自身的实际需要自由地选择不同类别的资源信息。从社会成员角度来看,学生、教师、管理人员、技术人员等为个性化资源利用的主体，在网络条件下，他们的个性需求主要表现为以下四点：

1. 信息的获取

信息时代使人们的时间观念和效率观念不断增强，对于获取信息资源，人们也有着同样甚至更高的要求。网络信息的发展与完善让人们接触的知识层面不断拓宽，进而激发了人们对更高层次的知识与技术资源的需求。在信息的获取结果上，人们更加期望网络信息服务由关注社会群体需求转变为关注社会个体的个性化特色需求。

2. 信息的交流

当今社会，各社会领域和学科领域的交叉渗透愈加明显，由于用户所处领域不同，其对信息资源的需求也千差万别，但是由于不同领域、不同学科之间存在着综合性，因此用户的知识需求往往是多角度、多方面的。用户迫切希望能够得到与其他领域的专业人士交流和探讨的机会，实时掌握不同领域的发展动向，丰富自身的知识体系。

3. 信息的发布

信息的发布主要是指用户向外界传递自身理论知识或研究成果的需求，如科研项目、科研成果、课题项目、工作报告等，用户需要通过信息的发布创造一个与外界良性交流机会，进而满足自身的个性化需求。

4. 信息的咨询

人们在进行科研、教学或日常工作时，往往需要得到外界有效的知识或建议的干预，才能够使工作得到进一步发展。这时，就需要网络信息技术为用户提供及时有效的专业咨询来促进个性需求的实现。

（六）精品化

现代科学技术背景下，信息化与数字化迅猛发展，导致信息资源虽然种类繁多，但是内容良莠不齐。在这种环境下，用户既希望得到不同种类的知识信息，同时又希望保证信息的高质量。因此，为了满足用户需求，图书馆应以用户的信息需求为前提，运用图书馆庞大的资源储备，对用户所需知识进行全面系统的收集、筛选和整理。此外，还可以通过信息知识的再次开发，提取高质量、高附加值的信息，启迪、开发用户的创造性思维。

（七）自助化

用户阅读要求的提升，要求图书馆不断升级自身资源与技术水平，以提供更加方便快捷的信息检索及获取技术。不断更新与发展的现代图书馆技术设施，是实现用户自助检索和阅读的技术支持，为用户阅读开拓了更广阔的发展空间。与此同时，图书馆开展相应的用户技能培训，有助于提升用户的信息获取能力，进一步实现用户阅读的自助化。

（八）动态性

现如今，随着社会、经济、科技的快速发展，信息的内容也随着技术的发展不断更迭，信息知识的有效期明显缩短。这种信息更迭现象必然会导致用户对知识的需求呈动态性变化。图书馆作为信息资源的重要载体，必须找到适应现代信息技术发展特点的信息存取方式，保证信息资源库随着社会的发展不断更新知识内容体系，及时反映学科研究及社会进展新动向，为用户提供明确、有效的实时信息资源。

（九）系统性

以计算机技术、网络技术和通信技术为中心的信息资源共享系统正在不断渗透到人们的生活中，网络中种类多样，内容广泛的信息知识使得人们不再受到时间、空间的限制，能够在任何时间、任何地点实时搜索所需知识资源。图书馆与现代信息技术相结合，能够为用户提供全方位、系统化的知识信息。

三、图书馆用户类型

用户类型是图书馆服务的基本组成元素，具有不同知识需求的用户，构成了不同类型的用户群体。不同的用户群体根据其知识储备和社会经历各有其内在特征，体现出他们不同的文化需求。

（一）按用户规模划分

1. 个人用户

个人用户是现代图书馆的主要服务对象，它主要以自然人为主体，基于个人需求，单独使用图书馆的现有文献信息资源进行阅读或其他活动。个体用户涉及的社会成分较为广泛，学生、教师、干部、工人、农民、军人等均属于个人用户。

2. 集体用户

集体用户是指以同一组织、团体为单位或者根据个人意愿组成团体的图书馆资源使用者。这一组织或团体的主要特点是，组织或团体内部成员有着相同或相似的资源利用需求，他们可能学习同一门知识，或者从事同一份工作，他们可能以阅读组、借阅组、学习组、科研组、评审组、专题写作组等多种形式存在，需要在规定的时间内，阅读或借阅一定范畴、一定数量的文献资料或其他知识资源。在图书馆服务与管理方式上，集体用户的与个人用户明显不同。

3. 单位用户

单位用户是指以固定的机构形式使用图书馆资源的群体用户。单位用户可以分为三类：第一，图书馆的分支机构，例如公共图书馆、社区图书馆、资料室等。第二，与图书馆建立了伙伴关系的图书馆。第三，固定机构的群体用户。固定机构可以与图书馆建立起一定的借阅和资源共享关系，保证该机构所属个人或部门都能够在一定的制度下充分利用图书馆现有资源。

（二）按用户年龄划分

1. 少儿用户

少儿用户主要是指年龄在 6 到 15 岁的少年儿童群体，这一用户群体的主要特征是求知欲旺盛，活动能力较强，他们往往喜爱阅读但是容易受到外界环境干扰，阅读的时间较短，效率较低。这时的少年儿童正处于对知识较为渴求的阶段，并且初步具备了一定的思维和理解能力，因此，对于这一群体，图书馆应充分把握群体的特点，设置对他们具有吸引力的知识内容与服务，如兼具趣味性与知识性的书籍，帮助他们塑造正确的阅读和学习观念，协助他们在课堂教育之外掌握更多的新知识、新技能。

2. 青年用户

这一群体主要是指已成年的青年大学生、刚刚就业或暂未就业的年轻群体。这一阶段的用户通常处于学校到社会的转型时期，兼具学生和青年的双重心理，心理与生理日趋成熟，迫切需要将所学内容与社会技能融会贯通。针对这一群体，图书馆应与社会发展同步更新自身体系，为青年用户提供优秀的文化成果，帮助他们获取知识、增长智慧，更好地发挥个人才能。

3. 中年用户

中年用户是图书馆服务的主要群体，这一群体涉及范围较广，往往工作和知识水平较为稳定，社会经验较为丰富，他们的业务需要可以在一定程度上反映出社会与技术发展的大致方向。为满足这一群体的需求，图书馆需要提供精准的文献信息资源，加强对各级文献的管理，提升服务质量，增强用户的资源利用率。

4. 老年用户

老年用户通常没有特定的阅读需求，图书馆在服务这一群体时要保证耐心、热情地为他们解决相应问题。

（三）按用户资源需求划分

1. 盲目型用户

盲目型用户往往没有很强的主见性，他们没有明确利用图书馆的目的，可能受到他人的影响，被动地使用图书馆资源。这类用户通常不具备选择能力，无法明确自身的实际需求，也无法选择符合自身知识层面的相关文献资源。对于这类用户，图书馆很难提供相应的指导或服务。

2. 实用型用户

实用型用户与盲目型用户有明显的区别，这类用户在利用图书馆资源时具有明确的目的性。基于求学、求知的需求，他们更多地使用的是专业类的教辅书籍、期刊等。

3. 拓知型用户

拓知型用户与实用型用户具有一定的相似性，主要是出于一定的目的，有选择地使用图书馆资源。不同的是，拓知型用户在知识的选择上主要是为了拓宽已有的知识层面，丰富自身的知识体系。因此，这类用户除了会阅读专业类文献资源外，还会涉及艺术、体育、军事、科普等多个方面。

4. 钻研型用户

钻研型用户是在实用型和拓知型用户基础上，提出更高发展要求的用户群体。这类用户需要借助图书馆资源进行更深层次的理论知识研究或开展专业工作，因此要求图书馆能够提供种类丰富、形式多样的最新知识资源，同时要求图书馆信息检索方式的高效化与准确化。

第四节　图书馆服务资源

一、图书馆资源的构成

针对图书馆资源的构成问题，一直被很多人广泛讨论。有的学者从作为一种动态的信息资源体系的角度出发，提出图书馆资源由信息资源、用户信息需求、信息人员、信息设施四个方面要素构成；有的学者从同一角度出发，将图书馆资源分为文献信息资源、人力资源、技术资源、设备资源、建设资源、资金资源、读者资源等多种元素；有的学者将图书馆资源划分为四个方面：文献资源，即馆藏文献资源；网络信息资源，包括静态的数字化文献和动态的各类社会信息；人才资源，包括图书馆员和读者资源；设备资源，包括馆舍及各类设备。四川省图书馆文献建设委员会提出图书馆资源主要包括八个方面：馆藏的文献、图书馆专业人员、图书馆品牌、图书馆读者、馆舍、图书馆设备和用品、图书馆有关的政策和法规、图书馆学理论和方法。

通过对图书馆资源的观察与分析，以上的划分方法都有其合理性和可行性，然而，有的划分涉及内容过于宽泛，有的划分则过于细化。现如今，人们通常倾向于将图书馆服务工作开展所需的资源分为文献信息资源、人力资源和设施资源，这是当前图书馆界较为流行的观点。

（一）文献信息资源

文献信息资源也称为信息资源，它是图书馆得以生存和发展的基础，它主要包括图书馆内提供使用的全部信息，具体分为馆藏文献信息资源、网络信息资源，也包括可共享的其他单位的馆藏文献信息资源。馆藏文献信息资源是指图书馆内收藏的可为用户提供知识信息服务的各种信息资源。网络信息资源是指借助于现代计算机网络系统，以联机方式为用户提供服务的信息资源，包含静态的文献数字化信息和动态的社会信息。共享的社会文献信息资源是指图书馆内并未收藏但可以利用某种方式进行使用的其他单位收藏的文献信息资源。

（二）人力资源

人力资源是图书馆事业得以发展的关键性因素，它主要包括从市图书馆相关工作的各类人员以及由人制定出的管理方法，具体可分为图书馆馆员、用户资源。其中，图书馆馆员资源主要包括图书馆理论和方法、图书馆政策和法规、技术资源，这些资源是图书馆馆员智慧的结晶。狭义上的人力资源仅指图书馆馆员，现如今对图书馆人力资源开发与管理的相关探讨大多数都是从狭义的人力资源的含义上进行阐述的，很少把图书馆馆员以外的用户资源纳入人力资源的研究范围。实际上，如果让用户参与图书馆管理和服务，将为图书馆事业注入新的活力，如有些图书馆建立的专家顾问团、青年志愿者服务队、学生图书馆管理协会等都是对图书馆用户人力资源的开发，对图书馆工作本身起了很大的促进作用。

（三）设施资源

设施资源与设备资源这两个概念常常混用，但是认真说来，设施资源的范围比设备资源更广，它包括图书馆馆舍、图书馆设备和图书馆用品。其中图书馆设备是主要的设施资源，它包括传统设备（如书架、阅览桌椅等）和现代化设备（如计算机等）。现代化设备又称为信息设施，主要包括自动化系统和网络。这里所说的技术与设备已经融合在一起，因此很多人称之为技术设备资源。但从理论上讲，技术与设备应分属于不同的资源范畴。设施资源是图书馆的物质基础，特别是信息技术设备的配置已成为现代化图书馆的标志，因而越来越受到重视。

二、图书馆资源的特性

（一）可用性

图书馆收存信息资源的最终目的在于充分满足用户的文献信息以及其他知识信息的需要，因此，可用性是图书馆资源的主要特征，图书馆收存的资源具有很高的可用性，才能够保证图书馆的稳步发展。

（二）有序性

图书馆资源必须是有序的，如果图书馆的文献信息资源是无序的，那么就会导致资源检索方法杂乱无章，用户无法使用，图书馆资源就失去了存在的意义。图书馆人力资源也需要具备有序性，在图书馆服务组织中，对人力资源的管理就是一种资源整合。图书馆重视对人员的管理，才能够确保人员服务的有效性，充分体现图书馆服务的最高价值。另外，图书馆设施资源也必须是有序的，只有设施资源保持有序性，才能够为用户提供舒适的阅览环境，充分发挥其服务功能。

（三）整体性

整体性是指以某种方式构建的有机体系统中各要素之间既相互联系又相互约束，使这一有机整体呈现出各组成要素本身不具备的整体功能，实现整体大于各部分之和的效果，同时各组成要素之间密不可分。在图书馆组织中，图书馆资源的各部分组成要素共同构成了图书馆服务的整体，各组成要素之间紧密联系，不可分割。并且，由于各组成部分在系统整体中各司其职，最终能够达到1+1>2的效果。现如今科学技术发展迅速，带来了计算机技术与网络技术的变革，逐渐出现了图书馆的新形式，如网络图书馆、虚拟图书馆等，图书馆的具体形式发生了变化，因而其内部组成要素的内容及各要素之间的联系也会发生一定的变化，但是图书馆资源的整体性始终是不变的。

（四）联系性

联系性主要包括两方面内容：一方面，系统内部的各组成要素之间相互联系、相互影响；另一方面，系统内部各组成要素与系统外部环境也存在一定的联系。图书馆资源系统中各组成要素之间相互联系又相互制约，这种关系维持了系统内部的稳定性和整体性。同时，在图书馆进行服务工作时，在各组成要素相互联系的基础上，保持与外界的紧密联系，有序衔接，以保证图书馆服务工作能够顺利进行，提供用户所需的相关服务。

（五）动态性

动态性是指有机系统的内部组成要素会随着时间的推移和某些因素的影响而发生一定的变化。受到现代科学技术发展的影响，图书馆所处社会环境与技术环境产生了巨大变化。为了适应这种外部环境因素的变化，图书馆必须不断更新自身的资源体系和设施设备，引进高素质人才，强化自身的运行体制，提升服务质量。图书馆发展至今，其外在形式与内在资源内容都在随着社会的发展而不断变化，这种变化就体现了资源的动态性。

三、图书馆服务资源整合

（一）不同载体、不同类型的资源间的整合

目前，图书馆收存的资源类型多种多样，其内容既包含传统印刷式文献材料，也包含电子信息技术下产生的数据库资源，还包含形式各样的网络资源；既包括文本类文献资源，又包括图像、音频等电子类信息资源。因此，对图书馆资源进行整合，首先要明确不同资源形式划分的标准，并做出全面系统的规划，使各类资源能够有机结合，彼此之间相互关联，相互渗透。在整合过程中，还需要注意系统的延伸性以及传统文献资源的数字化转型，要对数字化工作进行详细、全面的规划，保证书刊整合的顺序和水准。

（二）各类电子信息资源的整合

现如今，图书馆收集了电子图书、电子期刊、CD-ROM 数据库、在线数据库、网络数据库、网络信息资源等多种电子资源，合理规划各类数据库和异构数据库的比例，建立集成机制，认真分析它们之间的相似性与差异性、相互关系与重叠程度，根据读者的信息需求和学术需求合理配置相应的数据库资源，实现异构数据库与跨数据库检索的整合，基本建立了统一的检索平台。

（三）图书馆馆际间资源的联合整合

在整合图书馆信息资源的过程中，需要充分考虑图书馆与分馆、区域图书馆乃至全国范围内图书馆之间信息资源的联合整合。如果能够实现图书馆馆际之间联合体的建立，就

可将各种类型的虚拟资源整合到本馆体系之内，供给用户使用。

四、图书馆服务资源共享

（一）资源共享的含义

在过去很长一段时间，由于数字技术和计算机尚未出现，图书馆之间的资源共享还局限于传统印刷式文献资源的互借互赠、书籍目录的交换上。由于现代科学技术日新月异，图书馆以信息技术为载体，在文献信息资源的存取、检索、整合和传递形式上进行了技术革新，可以在了解用户需求后，快速提供其所需的文献信息资源，这些资源可能是本馆的，也有可能是他馆的；可能是国内的，也有可能是国外的。现代科学技术的发展，为实现文献信息资源共享奠定了坚实的基础。这种高效快捷的文献信息资源共享是现代图书馆的一个重要特征，图书馆只有根据用户需求不断调整服务战略，加强馆藏资源建设，才能够为自身赢得更多用户，巩固自身信息资源领域的核心地位。此外，现代图书馆服务资源共享的范围也在不断扩大，它既包括文献信息资源的共享，还包括人力资源以及设施资源乃至管理资源的共享。例如，图书馆联盟的成员图书馆可以共享兼具信息资源管理、计算机网络应用、外语能力的专业型人才，对于小型成员馆，可以利用网络共享这些人力资源，为用户提供专业服务，如在联合参考咨询中，充分利用了人力和设备共享，实现了优势互补。

（二）资源共享的对策措施

1. 加强人力资源建设

现代科学技术的发展，更多的电子设施和网络技术被应用于图书馆的资源建设之中，因此，在图书馆的管理方面也应不断更新体系，引进更多具备高素质、高水平的复合型管理人员。同时，图书馆自身人才体系中，应注重培养具备综合的学科能力和创新能力，具有开拓精神的新型人才，跟进社会发展脚步，提升自身的综合水平与能力。加强对学科前沿知识的分析和整合，对具有地方特色的文献资源进行收集和研究，构建学科前沿数据库以及具有区域特色数据库等不同类别的数据库。

2. 加强政府宏观调控功能

图书馆实现资源共享，需要在网络、技术、管理等多个领域进行学科与知识的交叉渗透，必要时甚至需要通过国际合作，通过政府干预来进行组织、协调和控制。政府要充分发挥宏观调控功能，为图书馆的资源建设与发展指明方向，使图书馆的建设能够统筹规划、分工协作、加强沟通、优势互补，进一步提升图书馆建设标准，避免重复建设，减少人力、物力、财力资源的浪费。

3. 加强技术标准体系、规范的研究和制定

为了实现与国际接轨，在进行资源共享时应优先考虑利用国际标准和通用规范，而资源数据的标准化与规范化是图书馆进行资源共享的前提和基本保障。图书馆实现资源共享，首先要保证资源产品具有一致性和共享性，以此为基础，建立规范的标准体系，促进各种标准之间的协调与联系。同时需要将文献格式的描述标准、元数据的定义标准、各种代码和标识符的定义标准、文献类型描述标准、软件接口标准等多种要求置于一个信息平台上进行加工，保证资源共享的可能性与实践性。

4. 重视特色资源数据库的建设，开展多样化的信息服务

现代图书馆的主要特征是数字化与特色化，这两大特征使得图书馆在市场竞争中保持长久的活力与优势。如果图书馆失去了特色，那么就会导致人力、物力、财力的巨大浪费，也会使图书馆在竞争中失去生机。图书馆的信息资源通常是价值较高的特色文献资源，资源之间的相互联系构成了有序、规范的特色资源体系。因此，应在遵循本馆特色资源条件的基础上，开发和利用本馆特有的、具有区域资源优势的馆藏资源，把握特色馆藏的精华，进行数字化以及建设特色数据库。依托先进的信息技术构建高效率的电子文献传递服务系统，在网络环境下确立文献传递服务的新形式，以达到更快、更有效地为广大用户提供高质量服务。通过信息技术的开发与应用，实现专业化、特色化服务，提升用户对图书馆的满意度和馆藏文献资源的合理利用率。

5. 加强联合开发，建立共享的基础

图书馆资源共享的建设需要在全国范围内进行整体规划，不仅需要国内各行各业有关部门和单位之间分工合作，必要时还需要实现国际上的合作。这就需要建立起跨部门、跨行业、跨区域的管理协调组织，利用自主开发、合作开发、联盟开发相结合的信息资源开发模式，确定利益分配标准，协调馆际互借，联合编目、数据库建设和其他项目之间的关系，让各方的权益得到实现，以促成图书馆之间的资源合作与共享。

6. 加强对版权标准化建设和质量管理

加强对法律、知识产权、访问权限和数据安全等问题的研究力度，制定相关规定，并通过立法的方式保护版权所有者的根本权益。研究开发数字版权管理技术，加强政府的宏观调控力度，制定相应的政策法规，减少重复性建设、技术和标准、版权、运行机制等错误的发生。

第五节　图书馆服务环境

一、图书馆服务环境的构成要素

对于图书馆服务环境构成要素，目前学术界暂未形成一个统一的概念。但是综合现有的研究成果，结合信息化时代背景以及现代图书馆的组织结构，可以得出图书馆的服务环境应包括五个方面：服务资源、服务空间布局、信息技术条件、服务制度和服务活动。

（一）服务资源

在图书馆服务资源中，文献信息资源是图书馆服务活动的核心，是图书馆得以存在的基础保障，也是图书馆进行服务工作的前提。它的实际内容既包括现实馆藏资源，同时也包括虚拟馆藏资源。人力资源是具有主观能动性的关键因素，图书馆工作人员是文献信息资源与用户之间联系的桥梁，他们既是文献信息资源的组织者和传递者，又是图书馆服务工作的提供者，在图书馆服务工作中具有重要的指引作用。图书馆设施资源是图书馆的物质基础，主要包括外部环境、内部环境、馆舍建筑、指引标志以及各种电子设备、打印设备、语音设备、传送设备和为特殊人群提供的各种必要设施。

（二）服务空间布局

从空间布局上看，图书馆服务空间可分为图书馆建筑的整体空间设计、各功能区的科学布局、设施设备的布局与布置等。一般情况下，图书馆可设立书刊收藏区、书刊阅读区、电子文献阅读区、读者咨询区和读者休闲区五大功能区。用户对图书馆的第一印象往往是从图书馆的空间布局上看的，因此，建立良好的空间布局有助于提升图书馆的形象，起到吸引读者的作用。

（三）信息技术条件

信息技术条件主要由信息服务技术与网络技术两部分构成，信息服务技术主要指集成平台技术、信息推送技术，信息跟踪技术、信息聚类技术、跨库检索技术以及信息交互技术等；网络技术则包括网络信息平台、网络化图书馆服务系统及网络安全技术等。信息服务技术与网络技术是建立高品质图书馆的前提条件，同时也为信息服务平台的建立提供了相应的技术支持。现如今，信息技术的发展有效扩大了图书馆的服务范畴，提升了图书馆服务的效率，推动了图书馆服务模式由传统被动服务向现代主动服务的根本转变。

（四）服务制度

图书馆的服务制度主要包含两个方面：一是国家机关颁布或认可的图书馆服务活动的法律法规、方针和政策；二是图书馆自身体制内制定的服务体系和规章制度。图书馆服务制度的制定，一方面在于建立规范的图书馆服务环境；另一方面在于平衡图书馆系统中各组成要素之间的联系，保证图书馆运行机制的有序进行，提升服务工作的效率。

（五）服务活动

从根本性质上说，图书馆是服务性的组织，其最终目标就在于为用户提供服务。有学者指出，图书馆的服务活动既包括服务管理、服务手段、服务方式和服务交流，还包括服务活动中反映的服务理念和服务态度。图书馆服务活动水平的提升是一个整体性工程，需要进行全面、系统的考虑。

二、建立图书馆服务环境的意义

（一）有利于实现图书馆的价值

现今社会，网络高速发展，传统图书馆的功能被弱化，建立图书馆服务环境是十分必要的。首先，可以确立明确的服务方向与服务理念，充分发挥图书馆工作人员的潜力，动员所有客观条件为客户服务；其次，可以完善文献信息资源体系和信息技术系统，为用户提供高效的检索方式，方便用户最快地获取信息资源；最后，可以制定一套从用户角度出发的服务制度，使用户能够在舒适、真诚的服务环境下快速高效地获取信息资源，这样既满足了用户的实际需求，同时也满足了用户的精神需要，提升用户的满意度。拥有广泛而坚固的群众基础，图书馆的存在才更有价值。

（二）有利于树立图书馆良好的形象

用户在图书馆中，会受到多种因素的影响，如图书馆的基本建筑、场所设置、装修装饰品位、服务设施的品质、文献信息资源的排列方式、工作人员服务的礼仪和态度等。用户会在这一过程中感受到自己被重视的程度，进而影响用户对图书馆的总体评价。因此，服务环境的好坏会间接影响图书馆的形象。

（三）有利于实现图书馆的可持续发展

服务环境的不断创新和发展，信息资源体系的完善、信息设备的不断更新和信息服务水平的不断增强能够有效促进图书馆的可持续发展。现代化图书馆服务环境蕴含着现代先进的服务观念与人文意识，二者既存在一定的稳定性，同时又充满生机，为图书馆的转型和发展提供创新与实践能力。秉持现代服务观念与人文意识，能够推进图书馆不断更新落后的思想观念，提高服务层面，增强服务品质，不断满足人们动态的文化需求，同时保证图书馆在体系的创新与发展中实现可持续发展。

（四）有利于突显图书馆在信息服务方面的竞争优势

在图书馆服务环境下，图书馆凭借先进的服务理念和人文精神、先进的信息设备和高水平的服务技能，能不断开拓服务领域，树立特色服务品牌，提高服务水平。诸如网上信息的导航服务、网络信息服务项目的开发、高校信息服务项目的开发、专业图书馆向企业提供专题咨询服务、高校图书馆面向社会提供文献信息服务、公共图书馆以特色资源提供特色服务等。

（五）有利于激励读者精神的升华

营造良好的图书馆服务环境，能够使用户充分受到图书馆现有物质资源以及信息资源的精神感染，在正向、积极的阅读环境中提升自身的精神境界。

三、图书馆环境对用户行为和服务的影响

（一）服务过程与服务环境

对于用户来说，一个服务组织的外在环境如建筑外形、内部环境构造等是首要关注因素，这些环境因素决定了这一服务组织对于用户是否有吸引力。但是用户的实际需求则需要进入服务组织之后才能够得到进一步满足，这时就需要服务组织提供用户所需的资源和有效的指引，使用户得到一个满意的服务过程。对于图书馆这种用户参与度高、互动性强的组织，服务环境对于用户的影响更为明显，因为用户在服务组织需要经历全程的服务，服务环境地方好坏直接影响用户对服务的认知和满意度。

很多时候，用户在服务利用之前就已经从各方面了解到了服务组织的功能与水平，因此，图书馆可以抓住这一点，在用户的了解过程中向用户传达服务宗旨与内容，为用户了解图书馆提供更多的线索。

另外，服务人员在服务组织中也会受到服务环境的影响。根据组织行为学的研究发现员工对其所处服务组织的认同度、工作态度、工作效率都受到服务环境不同程度的影响，而用户和服务人员必须在服务组织的服务过程中相互交流与互动，服务组织的服务环境应

充分考虑服务人员和客户的需求与偏好。

（二）图书馆服务环境对用户行为的影响

人与环境的认知整合作用是相辅相成的，图书馆服务环境的营造有助于陶冶用户情操，提高用户的精神文化修养。从建筑环境的角度看，现代图书馆作为社会文化活动的中心，不仅提供书刊阅览平台，同时还提供展示厅、演讲厅、报告厅、活动室等各种文化活动设施。现代图书馆对服务环境的营造主要以人的需求为出发点，在喧嚣的城市环境下，图书馆为社会大众提供了一个最为良好的阅读氛围，使人们虽然身处闹市，但是却有与世隔绝之感，使人们沉浸在知识的海洋中，增长见闻，开阔视野。

大多数用户到图书馆都具有指定的目标，可能是为了查阅文献资料，可能是为了阅读典藏文献，可能是为了休闲娱乐。这时图书馆的服务环境将直接影响用户阅读目标的实现。现代图书馆强调"以人为本"，应该从服务环境的设计、规划、建造、管理等多个方面，迎合用户的趋近行为。同时，就图书馆内部管理来看，图书馆应注意消除服务人员的规避行为，增强服务人员的趋近行为。良好的服务环境会使服务人员产生对图书馆的心理认同感，虚心接受图书馆管理，认同图书馆的服务理念与方式，进而提升服务质量和水平。

（三）图书馆服务环境对服务沟通的影响

图书馆服务环境对用户与馆员的影响不仅体现在个人表现行为上，还体现在用户与馆员的交流方式上。相关研究发现，服务环境对员工沟通方式、团队凝聚力、友谊和小团体形成产生重要影响，仅仅满足组织成员个人工作需求的环境设计可能不利于馆员与用户之间的交流。因此，可以得出以下的结论：

第一，对于需要用户与馆员沟通的服务，用户与馆员对服务环境具有正向内在反应，可以提高用户间、馆员间以及用户与馆员间的沟通质量。相反，如果用户与馆员对服务环境产生负向内在反应，会降低用户间、馆员间以及用户与馆员间沟通的质量。

第二，有利于馆员趋近行为的馆内环境设计，可能无法满足用户的心理需求，也无法促进馆员与用户的正向沟通。同样，有利于用户趋近行为的馆内环境设计，也可能无法满足馆员的需求，不利于馆员与用户间的沟通。由于服务环境对人的行为影响程度较大，因此，对图书馆整体环境的设计必须具有科学性的目标指导，以保证功能设置符合用户以及馆员的内心期望。图书馆必须在任务书中明确向建筑设计师传达每个功能空间所希望的组织目标，如团队合作、生产力、创新等，并设计一个有益的服务环境，引导馆员的正向行为，促进组织目标的实现。同样，图书馆服务空间的规划设计不仅要考虑用户的流动方向，还要考虑每个空间的服务特征和服务环境所起的作用，以及图书馆设置的这个功能空间的具体服务目标。

四、图书馆服务环境的营造

构建图书馆服务新环境，应注重树立新的服务理念。以领导为主导，全体图书馆员共同参与建立以服务理念为核心的人文精神，并以此为导向，推动管理体系、服务体系、信息资源体系和信息技术体系的全面建设与融合。这不是一蹴而就的事情。只有通过长期的战略规划、循序渐进的实施和不懈的努力才能实现这一目标。

（一）制订长远、全面的战略规划

目前，图书馆的目标是建立一个高水平、高质量、高效率的信息服务环境。人们总是需要图书馆来实现某种目标。因此，图书馆要树立新的服务理念和人文精神，提高人员的专业知识和综合服务技能，建设和整合系统资源和信息技术系统。深谋远虑，设定目标，制定循序渐进的战略进程，并制订具体的阶段性实施计划。

（二）确立全新的服务理念

图书馆的管理者、馆员与用户需要改变自己的思想，在世界信息网络基础上，了解当今世界信息技术和信息服务行业的发展现状，并了解当今世界的开放性和竞争力，从而形成一个新的服务理念。新服务理念是对服务目标、服务意识和服务创新等服务概念的深刻诠释。

（三）改善图书馆的功能布局

图书馆建筑、设施和设备的设计和布局可以直接被读者感受到，对读者的影响也最为明显。好的图书馆的建筑设计和布局，要与自然环境相结合，并具有现代性的设施资源和各类人性化的服务。另外，图书馆设计与建造时要对各服务功能区进行合理的规划和布局，依据各功能区的特点进行装饰，并设置合理的交通线路，为用户提供方便，提升用户对图书馆的利用效率和水准。

（四）实现技术环境现代化

现如今，电子计算机被广泛应用，电子技术与网络技术日益发展，图书馆的传统工作模式发生了根本性转变，现代图书馆的服务环境逐渐向技术环境现代化迈进。为了给读者提供更优质的服务，图书馆需要加大对技术设施的投入力度，引进现代化设施设备和管理力量，丰富图书馆现实与虚拟馆藏资源建设，使用户足不出户也能实现阅览文献资源。

（五）提高馆员的综合素质

图书馆在进行服务观念转型的过程中，也需要加强自身内部管理，加强对图书馆员的职业技能培训，培养馆员的专业技能以及职业素养。图书馆应制定有益于发挥馆员才能、有利于开发与建设信息资源的规章制度，使图书馆资源体系内部各部分功能相互联系、相互促进，实现系统内的动态平衡，为用户提供多领域、高层次、高品质的文献信息服务。

（六）建立可持续发展的服务环境

1. 结合生态环境

图书馆的设计应尽量与当地地形相结合，不破坏基地原有的生态环境。一些花期较长的灌木和花卉，以及一些景观和雕塑装饰可以适当地种植在室外。室内光线应尽可能柔和，根据室内功能分区，合理配置兼具装饰性与实用型的家具。同时，要做好隔音处理，保证阅览区域不被噪声干扰。

2. 结合地域文化

可持续发展概念主要包含两部分含义：一是生态环境的可持续发展，二是人类精神文明的可持续发展。图书馆作为一种建筑文化，在建造与发展过程中首先应以尊重地区生态环境与文化传统为前提，在此基础上实现技术与文化的双重发展。

（七）通过法规规定图书馆的权利和义务

现今社会，图书馆的资源与文化建设已经相当完备，但是管理不善的现象也时常存在。这就需要依靠法律法规的明确来规范图书馆的权利与义务，同时提出用户的权利与义务。图书馆应依据读者的反馈改善服务环境，规范图书馆管理，确保图书馆的健康发展。通过规范图书馆的建设标准，如面积标准、图书数量标准、座位标准等，也可以使图书馆发展过程有迹可寻。

（八）建立服务创新体系和高素质的服务团队

1. 树立以人为本和科学精神相融合的管理理念

先进的科学技术的利用，根本目的在于为用户提供更优质、更全面的服务。基于技术下文献资源的完善与发展，图书馆应贯彻"以人为本"的人文精神，并将这种精神渗透到每一名馆员心中，使他们秉持科学发展的思想，从用户角度出发，全心全意为用户服务。

2. 在业务层面上本着专业性和人文关怀的原则

从业务上看，图书馆必须加强图书馆馆员的专业能力培训，努力培养适应社会服务创新发展需要的新型专业人才，为图书馆的服务创新奠定坚实的基础。人文关怀原则应贯穿图书馆服务的全过程。

第七章 新媒体技术在图书馆服务中的应用

媒介的出现会深刻影响人们的生活方式、改变人们的思考方式，乃至会对社会发展、人类进步产生巨大的作用力，特别是在社会、文化、政治、经济等方方面面。

第一节 新媒体对大众阅读行为的影响

一、大众阅读行为概述

（一）阅读的相关理论

1. 阅读的本质

阅读是人类特有的一种社会活动，是人类认识世界、改造世界的重要手段，是人们汲取知识、启迪心智的最基本途径。阅读实质上是从"信息"中获得意义的过程，这个过程的完成依赖于阅读者原有的存储知识、文字材料蕴含的信息和阅读所处环境等因素的相互作用。因此，综合各个领域对阅读定义的观点，可以得出：阅读是指读者主动从媒介所提供的符号信息中获取意义的一种实践活动、社会行为和心理过程。

2. 阅读的特征

特征是人们认识事物与区别其他事物的基础标志。就阅读而言，具有以下三个特征：

（1）阅读是视觉感知的活动

读者首先由视觉感知文字信息，其次由传导神经将文字信息输入大脑，最后大脑的中枢神经从中提取所需的信息。人们通过默读和朗读，把无声的文字转变为有声的语言，同时听觉器官感知并监听口读。感知文字符号信息只是阅读的手段，阅读的主要对象是书面语言（文本、数字、图像等），通过视觉的扫描从书面语言中获取意义。感知只能了解读物的个别属性和外部特征，从而获得感性认识。人们的一切认识都是从感觉开始的，感知是阅读的开端，从这个意义上讲，感知能力是十分重要的。

（2）阅读是一种复杂的语言技能活动

阅读是由一系列阅读行为和阅读技巧组成的语言实践活动。阅读技能又可以细分为许多微技能，如字词的识别、语义的分析、提取有关知识、思考推理、归纳等等。这些过程在人脑中是同时进行的，只有学会释词断句、撷取重点、归纳中心、查阅工具等技能，才能把书本上的语言变成自己的语言，把文章所要表达的中心思想通过思考转化成自己的思想。

（3）阅读是个人思维活动和理解的过程

在阅读的过程中，人们通过感官感知文字信息后还必须经过思考、想象、判断、推理等一系列的思维活动，才能将文字信号转换成各种概念和思想。无论是从生理的角度还是从心理学角度，理解文章都是一个复杂的过程，这种过程被一定规律所支配，由人的大脑思维非常独特的特性所决定。理解是人们逐步认识事物的联系，直至认识其本质、规律的一种思维活动，阅读理解的实质就在于以原来掌握的固有知识与读物中的新知识建立必要的联系，理解的过程是对文献进行再加工的过程。在这种过程中，人们通过对文献内容的逻辑分析和综合判断等一系列的思维活动，将文献中的语言进行总结、提炼，变为自己的思想，从而获得阅读的乐趣，从中获取知识。

3. 阅读的功能

阅读对人的素质中最基本、最核心的部分——价值观、道德观、人生观和审美观等方面有着深刻的影响。阅读不能延伸人生的长度，却可以改变人生的深度和厚度。通过阅读，我们可以视通四海、思接千古，与智者交谈、与伟人对话，构建起丰富的精神世界。中国阅读学研究会副会长兼秘书长甘其勋对"阅读"的功用有独到的见解："阅读应该具有求知、立德、开智、审美的多重功能。"他还形象地把这四者比喻为旋律和谐、节奏一致的四重奏。

（1）阅读具有求知功能

阅读是获取信息和占有知识的重要手段，是一种不受时空限制的、受到人们普遍接受的行为方式。人们获取知识的主要途径除自身实践外，还要靠阅读，阅读实际上就是挖掘知识的过程。阅读的材料越多，获取的信息、占有的知识也就越丰富。人们掌握了丰富的知识，方能达到认识世界和改造世界的目的。

阅读是人们的终生活动，不论对儿童、少年、青年、中年或老年人，都具有增加知识的效果，"学会求知"在某种意义上就是学会阅读。通过阅读，既能接受前人探索自然、观察社会的成果，从中吸取经验和教训，也能通过报刊、书籍和网络搜集需求的最新信息。阅读是读者认识客观世界的向导和桥梁。

（2）阅读的审美功能

人类追求的最高价值是真、善、美。其中，"真"属认识的价值，"善"属道德的价值，"美"属艺术的价值。阅读的审美价值即指读物和阅读活动本身对读者产生的美感陶冶作用。

阅读可以增强读者的审美意识，培养读者的审美能力，激发读者的审美创造精神。阅读的审美价值来自读物内容方面的思想、哲理、品质、情操的意境美与读物形式方面的语声、结构、形象的节奏美。阅读是复杂的心智技能，阅读审美价值的实现依赖于读者对读物内容和形式美的体验、鉴赏和评价。读者在阅读活动中能陶冶高尚的审美情感，能熏染健康的审美趣味，从而完善读者的审美心理结构。

（3）阅读的开发智力、锻炼思维功能

智力指人认识、理解客观事物并运用知识、经验等解决问题的能力，包括记忆、观察、想象、思考、判断等。这个能力包括以下几点：理解问题、计划问题、解决问题、抽象思维、表达意念以及语言和学习的能力。其中思维能力是最主要的智力因素，处在智力因素的核心地位。阅读过程从本质上说也是思维过程，当阅读者聚精会神地阅读时，即是在不断地思索、想象、判断、推理和评价。

广泛的阅读能不断地促进知识的积累和技能的增长。一个人的知识越丰富，对事物的观察就越敏锐、深刻，而在诸多能力中起决定性作用的思维活动就能在广阔的领域中进行，就能对事物的判断和推理更准确，也会更富有想象力和创造力。

（4）阅读培养品德、陶冶情操的功能

陶冶情操，培养品德，除了依赖于社会实践之外，善于阅读也是重要的途径之一。阅读有助于人们深刻地了解人与人、人与社会之间的关系实质，而这正是科学地对待人生、树立高尚道德情操的必要基础。阅读有价值的读物会使读者的心灵得到净化，性情得到陶冶，甚至影响读者的人生道路和人生观。

总之，阅读作为人们精神生活的基本内容和精神交流的重要渠道，其促进社会发展的作用是不可替代的。

（二）读者阅读行为概述

读者行为学是一门研究读者行为规律的学科，阅读行为是读者行为的表现，而读者行为是指读者在信息需求的支配下，查找、选择、阅读和利用信息资源的行为方式，是一个从需要到行动的过程，是对外部环境和心理环境的外显反应。因此，研究读者阅读行为规范，就要对读者在其阅读需要、动机、阅读能力、阅读目的等方面进行分析和总结，寻找其规律。

1. 读者阅读行为的内涵及特性

（1）阅读行为的内涵

阅读行为是阅读中读者在生理和心理过程的表现形式，是阅读情境中的一种能动反应，它是实现阅读活动的内容、目的、效果的手段。阅读行为包含读者、读物和阅读时境三大要素。阅读行为的实现过程，是人们对媒介信息符号的感知过程。在阅读过程中，读者是阅读行为的主体，是阅读行为产生的前提，媒介所提供的信息是阅读行为的作用对象。读者通常是对文本形成初步的看法，然后搜索自己关注的信息，并根据阅读的目的和情境调整阅读策略。

（2）阅读行为的特性

尽管读者的阅读行为会因为个人的需求、动机、能力、文化阶层等不同而异，但总体而言，读者的阅读行为有其共性。

①阅读行为的广泛性

当今，在知识主宰人类生产和发展，主导整个经济社会进步的信息化时代，任何有阅读能力的读者都会以各种阅读方式广泛阅读，汲取知识，丰富自身的知识结构。全民阅读已经成为社会发展的必然趋势。

②阅读行为的多样性

社会实践产生阅读需求，阅读需求决定阅读动机，阅读动机引起阅读行为，因此，阅读行为是一个从需求到行动的过程。阅读行为受外在环境和心理因素的影响，是读者对阅读环境和心理环境的外在反应。这种反应的复杂性，构成了阅读行为的多样性。对阅读地点、阅读内容、阅读形式、阅读时间的不同选择都体现着不同的阅读行为。

③阅读行为的目的性

阅读是一种目的性、动机性很强的心理活动过程，阅读目的在整个阅读活动中的意义是不言而喻的，目的越明确，阅读的效率就越高。目的性是读者阅读行为的显著特点之一，没有阅读目的的阅读行为是毫无意义的行为。每个读者都是为了获取某一方面的知识而去阅读的，这是自觉的、有目的的阅读行为。

④阅读行为的阶层性

由于人们在经济、政治、文化等方面的条件不同，从而形成了不同的社会层次。不同层次的读者反映在思想、行为和社会地位等方面也有很大程度的差别。他们在文化程度、兴趣、个人修养方面存在着差异，因而在阅读需求、动机、理解深度、阅读方法及阅读目的方面有较大差异。同一阶层读者的兴趣、爱好相近，其阅读内容也会相对较为接近，其阅读能力、方式也较集中和相似。如知识分子读者、学生读者、工人读者、干部读者其阅读行为明显带有各自的特点，存在着差异，这体现出读者阅读需要在阅读内容和阅读水平上的层次性。

⑤阅读行为的社会性、环境性

阅读行为总是不能脱离一定的外部环境，包括阅读者个体的社会文化背景及阅读发生环境，阅读者文化背景的差异必然导致他们认知习惯、学习方法和思维方式等方面的差异。就跨文化阅读来说，文化背景差异势必影响到阅读者的解读方式和理解水平。只有具体地研究读者，把读者放在特定的时代和社会环境中加以考察，才能认清读者的社会性特点。

⑥阅读行为的连续性

阅读是一个循序渐进的知识积累的过程，更是潜移默化的人格修炼过程，读者的阅读行为表现为一种连续不断的过程，即阅读需求—阅读动机—阅读目的—阅读行为—阅读目的实现—新的阅读需求—新的阅读动机—新的阅读行为……如此循环往复。

2. 读者阅读需求

众所周知，人的行为总是伴随着人的需求、情感、意志，人的活动总是由某种需求、目的来引发的，阅读活动自然也不例外。阅读需求是人们进行阅读活动的动力源泉，有了阅读需求，才会为自己提出阅读的目的，形成阅读动机，从而产生阅读行为。读者的阅读行为通常是在两种情境下发生：一是读者有某种需求，通过各种途径或手段去寻求阅读对象，从而产生阅读行为；二是读者并没有明确某种阅读需求，只是由于处于外界某一情境下而产生阅读行为。因此，研究读者的阅读行为必须先了解他们的阅读需求。

二、新媒体对大众阅读行为的冲击

在当今新媒体盛行的时代，随着网络新媒体、移动新媒体、数字新媒体以及融合新媒体等相继出现，深刻地冲击着大众阅读行为，纸质阅读率持续下降，数字化阅读迅猛发展，快速浏览、消费式阅读、实用型阅读、精读等多种状态共存，阅读从"纸媒时代"的线性阅读逐渐步入以传统媒体阅读为主导、以新媒体阅读为主流的"大阅读时代"。尽管传统阅读方式的主导地位暂时难以撼动，但新兴的数字化阅读方式呈迅速增长趋势，已经引发了阅读方式的深刻变革，碎片化、多元化、大众化、娱乐化的阅读方式盛行，"深阅读"越来越少，"浅阅读"越来越多；"翰墨书香"越来越少，"数字屏幕"越来越多；"专心致志"越来越少，"走马观花"越来越多。面对新媒体的冲击，特别是数字化阅读带来的转变，读者阅读行为在阅读动机、阅读兴趣、阅读方式、阅读内容等方面悄然发生着改变。

（一）新媒体环境下阅读的优势

1. 传播内容丰富，阅读无限量

新媒体时代就是信息大爆炸的时代，信息量成倍乃至呈几何级增长，各种各样的信息内容冲击着我们的大脑，浩如烟海的信息容量给了我们无限的选择。网络上各类信息汇聚成海：新闻、视频、音频、微博、电子书等都以秒为单位实时刷新着我们面对的各种屏幕；融合了文字、声音、图像、动画、视频等多种形式的媒体，不仅克服了传统的报刊、广播和电视之间难以逾越的障碍，而且阅读效果更是"图""文""声""像"并茂，内容更加形象生动，大大提高了人们的阅读兴趣。毫无疑问，采用图文、音乐、视频、动画等多媒体形式立体呈现内容和主题的方式将是未来媒体传播的发展趋势，也必将提升我们的阅读体验。网络阅读以技术为基础，为我们带来了海量的信息和快捷的链接。新媒体造就了更多的信息源，丰富了内容供给，我们不仅可以阅读到感兴趣的内容，还可以围绕阅读内容调用各种资源，展开各种链接、评论、历史背景、视音频资料等辅助阅读。互联网使全球信息资源共享成为可能，它几乎能提供所有我们所需的信息，可以说其他任何一种媒体都无法超越具有海量信息的网络媒体。这极大地丰富了我们的阅读内容，我们可以不限时、不限量地阅读和传播信息，可以选择自己关心或感兴趣的话题，甚至参与其中、体验互动。新媒体的这种特性是传统媒体无法具备的。纸质报刊、图书、广播、电视等传统媒体的信息容量有限，针对的受众也有限，且制作成本巨大，难以实现实时检索、互动传播等功能，但新媒体则完全不同，伴随着互联网数据的不断膨胀，我们只须轻点鼠标，便可以从搜索引擎、各类数据库中迅速地获取所需的信息。

2. 传播介质多样，阅读无障碍

无论是网络新媒体、移动新媒体、数字新媒体还是正在起步的融合新媒体，都越来越受到大众的青睐，并潜移默化地改变着人们的阅读方式。读书可以不用一本本地去翻，我们能够借助各种数字化工具随时随地实现阅读。从某种意义上说，我们阅读的内容始终没有变，无论它是刻在甲骨上，是写在竹简中，还是印在油墨飘香的纸张上，抑或展现在冰冷刺眼的荧屏上，我们要读的始终是其承载的信息，而不是甲骨、不是竹简、不是纸张，也不是荧屏。但是传播介质的改变确实改变了我们的阅读方式和阅读体验，现在我们可以借助各种各样的智能终端，在任何地点、选择任何形式去阅读，而且具有更环保、更便利、低成本等方面的优势。电脑在线阅读是数字化阅读中种类最为丰富的一个大类，包含了新闻、网络文学、网络杂志、论坛、博客、邮件、RSS 订阅和各种教程等，通过浏览器或专门的阅读器向读者提供丰富的资讯。第一时间获得信息、第一时间反馈信息、音视频并茂、可以随意选取等特点，这是传统阅读所不能匹敌的。移动智能终端（特别是手机）

充分发挥了其灵动、智能、便携、快捷的优势，为我们变换出丰富多彩的阅读形式。中国有十多亿的手机网民规模，这奠定了手机成为一大阅读工具的基础，无论何时，无论走到哪里，我们都可以看到拿着手机埋头阅读的"低头族"，他们或流连于娱乐资讯，或沉迷于网络游戏，或静心读一本小说，或陶醉于一部大片。同时平板电脑和电纸书（电子阅读器）的迅速发展也不可小觑，并渐渐成为人们的阅读利器，尤其是电纸书，因其采用电子墨水屏而最接近纸质书籍的阅读感受，成为最为适合数字阅读的设备。移动智能终端的普及彻底颠覆了人们的阅读模式，当前"界面"阅读大有替代"纸面"阅读之势，移动终端上的阅读习惯正在形成，受众在移动终端上的阅读率不断上升，这不仅仅是受众获取资讯和兴趣内容的渠道，也成为一种休闲和填补碎片化时间的重要方式。

3. 传播方式开放，阅读无边界

从传播的方式来讲，传统媒体属于线性的传播，常常受时空的制约。新媒体则可以突破地域、时域的限制，传播方式实现了从单向到双向甚至多向的转变，发布者和受众、受众和受众可以进行动态的交流，在互动中不断丰富媒体内容。我们可以通过网上大量的超文本链接，对阅读的进程、方向和结果进行选择，也可以从网上存储的浩如烟海的信息中，根据自己的需要，随意查询，从而彻底改变传统的阅读方式。同时新媒体传播方式更具个性化，博客、播客、微博、微信等自媒体的传播方式，使得每一个人都能够成为信息的发布者，人人都是中心。我们已经迎来了一个"自媒体"的时代，只要有网络存在，一台电脑、一部手机、一台平板都能成为我们表达自己观点、传播自己信息的媒介。新媒体完全打破了时空的局限，使信息的传播渠道更加多元化，也使我们的阅读行为更加多元化，我们既能看书读报，又可以观看视频和高清图片，而且完全不受时间和地域的局限，既可以横向跨平台阅读，又可以纵向追踪了解事件报道，接受方式从固定到移动转变，实现了受众与媒体的零距离接触。同时"网络公开课"日益影响着中国的高等教育，拉近了中国与世界教育的距离。现在，网易公开课、新浪公开课、搜狐名校公开课以及中国公开课（央视网）等风靡网络，深受网民的追捧。

4. 传播速度极快，阅读无时差

当我们打开各种门户网站，满屏的新闻信息扑面而来，而其中很多都是即时信息。正是网络技术的发展，使新媒体成为实时传播的工具，它去除了复杂的剪辑和烦琐的后期制作与排版，极大地缩短了编辑的时间，使信息内容第一时间呈现在我们面前，这是任何传统媒体都无法做到的。目前很多大型门户网站都能做到文字、图片、声音和视频的实时传播，内容更新更加方便快捷，能够实时地推送到读者面前。同时新媒体的使用者对于第一时间发布信息拥有越来越高的主动性，以微博为例，在许多突发事件报道中，它都发挥了重要作用，甚至可以现场直播，传播速度相当迅速。新媒体在信息的传播上具有极强的时效性。

（二）新媒体环境下大众阅读行为的变化

随着信息技术特别是移动网络的迅速发展，屏幕阅读成为人们主要的阅读方式，以电脑在线阅读、手机阅读、平板等手持设备阅读为代表的数字化阅读方式盛行，人们的阅读习惯也在悄然改变，由单一线性阅读到多元互动阅读，阅读的目的、内容、方式、途径甚至阅读体验都在发生变化，阅读行为不再受时空限制，并逐渐成为我们生活的一部分，可以说在当今时代阅读即生活。但是我们也应看到，虽然数字化阅读具有快捷、方便、及时等优点，但同时也容易令人产生思维惰性，追求感官刺激，导致只入眼、不入脑，有广度、没深度。

三、新媒体环境下公共图书馆面临的挑战

新媒体技术的发展和广泛应用使公共图书馆工作遇到了前所未有的冲击和挑战。人们利用 Internet、VPN、WAP 等方式，在任何时间、任何地点通过诸如电子邮件、网站、协作系统、虚拟社区等信息交流技术和系统，来方便地检索和利用图书、期刊、图像、音乐等信息内容，这一切使图书馆面临着读者服务方式、资源建设、平台建设等方面的变革。

（一）读者服务方式的变革

传统图书馆服务是以服务到馆读者为主要目标，采用的是面对面的单一服务方式。在新媒体环境下，由于阅读的对象不断扩展，获取信息的途径更加便捷，阅读环境更开放，阅读文化视角多形态的信息传播和获取方式，使读者不再满足于单一的实体服务，要求服务形式上呈现三维空间效果，使其能置身各种不同形式信息的包围之中，全方位感受和体验服务成果。图书馆的服务方式将完全转变为提供各种信息技术资源和信息服务的中心，这就要求公共图书馆不仅要具有提供馆内文献存取和服务的能力，还要有可以通过网络互联不断扩大电子文献和网上文献的处理与服务的能力，有提供联网的通用软件、各种文献数据库的信息检索、传输和存贮等功能服务。

（二）信息资源建设的变革

传统图书馆实行的是以纸质为主的文献资源建设思想，重藏轻用。新媒体环境下，信息的快速增长和存在形态的多样化，使图书馆的馆藏资源内涵突破了传统文献资源的范畴，要求图书馆在资源建设上要充分利用纸质文献资源、数字资源和网络资源的优势，逐步融入以数字信息技术为核心的存储格局，要针对读者进行个性化、特色馆藏文献的资源

建设，推动和加快开放存取资源（开放存取期刊和机构库）的建设，早日实现全社会的共建共享。

（三）公共平台建设的变革

在图书馆发展的初始阶段，各省市公共图书馆纷纷搭建了属于自己的本地化的系统建设和平台服务。在新媒体发展日新月异的今天，阅读介质的革新必然带动读者群体阅读选择上的革命，这就要求公共图书馆采用统一标准和开放协议，提供数字资源的统一检索、馆际互借，传递共享功能，联合虚拟参考咨询功能，积极搭建开放的数字平台，实现公共图书馆服务的全国性联动，使图书馆能够通过各种媒体终端为读者提供服务。

四、新媒体在大众阅读推广中的作用

新媒体的发展速度十分惊人，在我们刚刚熟悉号称"第四媒体"的网络新媒体时，移动新媒体已经作为"第五媒体"悄然挤上新媒体的霸主地位。新媒体已然颠覆了很多传统观念，数字化网络成为人类生活的重要组成部分，甚至成为我们部分功能的延伸，我们已经进入一个全新的新媒体时代。新媒体始终随着时代的变化而变化，并与传统媒体在不断地竞争、渗透与融合中共同发展，有效地推动了大众阅读。

（一）新媒体带给读者"即时即速"的阅读感

新媒体可以通过互联网高速传播并实时更新，具备传播速度快、时效性强的特点，而且更新成本低，随时可以加工发布，甚至可以把即时的信息即时地传送给所有受众，这是以往传统媒体很难做到的。与报纸、广播、电视相比，只有新媒体才能做到信息的即时采集、即速发布，甚至在事件发生的同时就能够进行同步传播。而传统媒体却有明确的发布时效和时段，采用定时定量的发布机制，比如电台、电视台都有节目预告，可以安排出一周或者更长时间的节目内容，甚至包括新闻类节目。而新媒体不受印刷、运输、发行等因素的限制，信息上网的瞬间便可同步发给所有用户。正是基于此，新媒体更关注当下，关注新闻事件的第一时间，并可以在随后的跟踪及跟进中不断深入、细化，可以使信息在24小时内始终处于更新状态，滚动发布。由此可见新媒体的即时刷新提高了新闻的时效性，其本身"接收的异步性"又方便读者随时随地按需要进行信息接收。

（二）新媒体推动大众阅读的"多维多度"发展

新媒体的形态随着数字技术和互联网的高速发展，不仅更新越来越快，且表现形式也越来越丰富，它们或者各司其职，或者协同作战，进行多渠道、多层面、多角度的信息传播。新媒体技术弥补了传统媒体获取信息的枯燥性、延迟性和单向直线性等方面的不足，使读者能够及时得到全覆盖、全方位、立体式的信息资源。新媒体客户端的多样化，也是其多维度特征的表现之一，为我们选择接收信息拓宽了渠道，我们可以坐在家里通过数字电视、电脑网络等纵览天下，可以在交通工具上享受移动电视带来的数字盛宴，也可以随时随地用手机获取个性化的资讯。

第二节　网络媒体在图书馆服务中的应用

目前网络新媒体在图书馆服务中的应用已经普及，图书馆的互联网门户网站和官方微博等迅速发展，但至今对于网络图书馆并无明确定义，我们可以看到数字图书馆、电子图书馆、网络图书馆、在线图书馆、虚拟图书馆、图书馆网站等不同提法，而且人们常常把这些混为一谈。为了便于研究，我们做了简单的梳理，把网络图书馆从数字图书馆、电子图书馆中分离出来。我们认为网络图书馆是借助互联网平台，以建设图书馆门户网站等为主要形式的，融信息资源的建设、管理与服务为一体的在线数字资源接口。网络图书馆，可以理解成数字图书馆的网络版，它可以通过互联网为读者提供全方位、个性化的数字信息服务，包括用户管理、阅读引导、信息检索、资源查询等。

网络图书馆的建设必须依托强大的数字资源的支撑，这就要求图书馆以资源建设为核心，围绕馆藏文献数字化，做好信息资源的加工、存储、管理和传输，同时加强馆际联合，开展文化资源的共建共享，建设跨库无缝链接与智能检索的知识中心，进而更好地为广大用户提供实时的、便捷的、个性化的信息服务。

一、网络图书馆的服务优势

随着全国文化信息资源共享工程和数字图书馆推广工程的深入推进，图书馆对数字门户网站的建设十分重视，并不断地积极拓展数字资源的开发与利用。网络图书馆的规模在不断扩大，服务也在不断加强，它已经成为昼不关门、夜不闭户的全天候图书馆；成为百问不厌、百答不烦的服务型图书馆；成为开门建馆、惠及大众的全民型图书馆；成为技术先进、功能全面的智能型图书馆。它充分继承了数字技术与互联网的优秀基因，具有与生俱来的服务优势，可以整合不同载体、不同地域的信息资源，可以跨越区域、跨越时空，最终为用户提供方便、快捷、个性化、高效能的信息化服务，并成为大众获取价值信息的精神家园。

（一）资源丰富，形式多样

网络图书馆利用先进的计算机技术及网络技术，积极开发和利用网络信息和数字资源，突破了传统图书馆以纸质文献为主要载体的局限，转向以包括电子文献在内的数字资源为主的格局，成为集各种数字信息于一身的资源中心。庞大的数字文化资源，为新时期图书馆事业的发展提供了强有力的技术支撑，也为网络图书馆的建设打下了坚实的基础。

（二）覆盖广泛，惠及全民

根据调查，我国省市级图书馆全部拥有自己的网络图书馆，而地市、区、县级开通网络图书馆的更是数不胜数。它们大多资源完备，覆盖广泛，被人们称为"没有围墙的图书馆"。首先，网络图书馆对读者没有条件限制，它面向全体社会成员，为所有人提供信息服务，特别是给那些没有机会到图书馆读书的群体创造了良好的服务平台。与此同时，它还可以为个人、企事业单位及政府部门等提供多样化的、灵活的、有针对性的个性化服务。其次网络图书馆对场地和时间也没有限制，人们对馆藏信息资源的利用不必受时间和地域的局限，摆脱了实体图书馆只能到馆借阅的束缚，可以随时随地享用信息资源。我们可以在图书馆，也可以在办公室；可以在社区文化站，也可以在家里；可以在白天，也可以在深夜，总之只要能够登录到网络图书馆的主页，就可以在任何时间、任何地点享受它的资源信息。网络技术的广泛应用，为进一步拓宽图书馆服务范围提供了条件，网络图书馆的服务能够覆盖全国省、市、县、乡镇（街道）、村（社区），充分体现了图书馆的公益性，做到了惠及人民，成为普通百姓加油充电的供给基地和修身养性的精神家园。

（三）开放互联，共建共享

网络图书馆可以实现全方位的开放性服务，因为它具有开放性的建设平台、开放性的整合资源、开放性的管理模式。图书馆文献信息传播的网络化，促进了文献信息资源的传播与共享，推动了文献信息资源的社会化，提高了图书馆的服务效能。网络图书馆作为开放的知识与信息服务中心，充分给予社会中每个成员自由获取知识和信息的权利，为所有用户提供了不受时空限制的网上书目检索、参考咨询、文献提供等服务，从根本上改变了人们获取信息和使用信息的方法，提高了人们的学习效率，并且便于人们随时随地分享、互动。

可以预见，随着网络技术的发展，特别是"云计算"和"三网融合"技术的开发利用，网络图书馆的服务能力和水平将会进一步提高。同时网络图书馆可以借力文化共享工程，利用文献资源共享信息平台，加强公共数字文化资源生产，打破资源独立的壁垒，实现信息资源和知识资源的智能共享,创造近乎无限的资源空间,提高资源利用效率。网络图书馆的共建共享不仅极大地丰富了公共文化产品服务的内容和形式,提高了文献信息资源的保障能力,更提高了新媒体环境下图书馆数字文化产品的供给与服务能力,形成了一个资源丰富、方便快捷、技术先进的满足人民群众基本文化需求的重要阵地。

(四) 发挥特色,区域互补

网络图书馆在共建共享的同时,瞄准区域特点,重点开展地方特色资源的发掘和整理,实现了对地域性文化资源的传承与利用,为地区地方特色文化和民族特色文化的传承和发展提供了支撑。这不仅避免了因重复建设造成的资源浪费,而且极大地丰富了图书馆的信息容量。所谓馆藏特色资源是各个图书馆具有特色的资源,是各馆经过长期建设积累,在某一方面形成一定规模、结构且比较完整的优势文献资源。馆藏特色资源形式各异、内容丰富多彩,能为读者提供多样的视角和具有特色的服务。例如中国国家数字图书馆开设的地方馆资源,便集中了一些省级图书馆的特色资源,其中包括广东、黑龙江、吉林、湖南、湖北、浙江、安徽、四川等省馆具有特色的资源,分为视频数据库和图片数据库两类。视频数据库有湖南图书馆的湖南地方戏剧资源库和湖北省图书馆的非物质文化遗产专题资源库。图片数据库包括地方文献和地方出版物图片、珍贵古籍善本图片、历代人物图像,具有浓郁地方特色的建筑、美术、木雕艺术图片,以及少数民族绘画艺术中富有艺术特色的文化遗产之一的藏族唐卡等,馆藏特色资源视频、图片数量非常多。各级图书馆都已充分认识到馆藏特色资源建设的重要性,而且已经建成了一批主题明确、特色鲜明、类型丰富的馆藏资源。比如天津图书馆特色馆藏有:服装装饰外刊精选、革命文献、古籍善本图录、缩微影像;安徽省图书馆的馆藏特色资源有:安徽文化、安徽国家级名城、工艺美术、廉政文化、企业信息专题文献、文化简报、安徽戏曲、红色旅游、淮河纪事、馆藏名人手札等;河北省图书馆的馆藏特色资源有:皇家陵寝、河北戏曲、红色旅游、河北杂技、唐山皮影、河北古建筑、民间遗产、文化旅游等;江苏省图书馆的馆藏特色资源有:轻纺艺术杂志、盲人有声读物等;吉林省图书馆的馆藏特色资源有:百年长春资源库、长影影片资源库、伪满十四年史料资源库、"红色记忆"专题数据库、萨满文化专题数据、馆藏国家珍贵古籍数据库等。由此可见,我们可以举全国图书馆之力,以文化共享工程和数字图书馆推广工程为抓手,发挥特色,优势互补,共建优秀地方特色数字资源,提升数字图书馆资源建设和保障的整体水平。

二、网络图书馆的发展前景

《中共中央关于全面深化改革若干重大问题的决定》中提出:"建立公共文化服务体

系建设协调机制，统筹服务设施网络建设，促进基本公共文化服务标准化、均等化。"这表明了政府对公共文化事业的高度重视，为图书馆建设指明了方向，也为我们加快建设网络图书馆提出了要求。

（一）坚持公益理念，发挥教育功能

网络图书馆作为图书馆的主要组成部分，作为公益性公共文化服务的重要阵地，也必然承担着保存人类文化遗产、提供知识信息、传播先进文化、开展社会教育的重要职能。网络图书馆具有信息资源丰富、覆盖范围广泛、传播速度快等特点，应该积极抢占网络文化阵地，维护和保障广大公众的基本文化权益，突出公益性，在尊重和保护知识产权的前提下，提供广域网范围的免费服务。作为资源中心和服务阵地，它不仅要能够提供各种数字信息资源，更应该充分发挥社会教育功能，创设良好的学习环境，成为聚集优秀文化资源的信息宝库，成为开展公众教育的坚实堡垒，成为重组与更新知识的第二课堂，成为分享人类文明成果的精神家园。

（二）加强技术研发，制定标准规范

网络图书馆要加快高新技术在图书馆领域的应用与推广，就要利用"云计算"和"三网融合"技术推动技术研发与标准规范的制定，为公共数字文化建设提供强有力的服务资源保障和技术标准支撑。标准规范的建设，尤其是在开放和可以相互操作基础上的标准与规范建设是数字图书馆建设高效、经济、可持续的根本保证，是数字图书馆能够长期发挥作用的必要条件。忽略数字图书馆标准规范体系建设，将会导致资源的重复开发，影响资源的共建共享，限制数字图书馆的作用空间和发展能力。网络图书馆作为数字图书馆的网络平台，要借力数字图书馆推广工程，加强标准规范的制定，统一技术平台标准规范，统一资源建设标准规范，统一资源服务标准规范，坚持共建共享、开放共赢的原则，加强合作共建，联合建设超大规模的资源库群，建设互联共享的知识网络，扩大资源总量，形成规模效益，有效扩充网络图书馆的数字资源。

（三）创新服务模式，提高服务效能

网络图书馆应坚持"需求主导、服务为先"的原则，了解群众对公共数字文化的需求，建设丰富适用的数字资源，加强公共数字文化的惠民服务，创新服务模式，拓展服务渠道，扩大服务功能，丰富服务手段，为广大人民群众提供多层次、多样化、专业化、个性化的数字文化服务，切实保障信息技术环境下公共文化服务的公益性、基本性、均等性、便利性。网络图书馆不是简单地把自己的信息服务推送到网络上，而是要打破被动局

面，采取主动的服务方式，以用户信息活动为中心，建设立体化的服务网络，为用户提供全方位的交互服务，以精准的智能信息检索服务，一体化的综合信息服务，向用户提供个性化、高效、快捷的服务。

第三节　手机媒体在图书馆服务中的应用

随着互联网与移动通信的结合，造就了一种全新的网络环境——移动互联网。利用移动互联网传播公众信息的新媒体——手机，已成为具有巨大发展空间的信息终端。目前，移动信息服务广泛应用于各个领域，在图书馆中利用手机移动信息平台来扩展服务，已成为图书情报界的研究热点，手机图书馆具有便捷性、实时性、互动性和个性化的特点，不仅可以实现网站浏览、借阅服务，而且可以提供文献检索、互动阅读、参考咨询、自助服务等形式丰富的动态服务，成为大众欢迎的"口袋图书馆"。

手机图书馆就是利用移动信息服务技术，在图书馆提供无线接入方式的基础上，通过手机、平板电脑等接入网络的移动终端享用数字资源的"移动图书馆"，它是一种新兴的图书馆信息服务，具有手机增值服务和图书馆服务的双重属性，是图书馆信息服务的延伸与补充。手机图书馆将无线通信网络和图书馆系统结合起来，利用高普及率的手机终端延伸拓展了传统的图书馆服务，信息通知、借阅管理、在线阅读等几乎所有的数字图书馆功能都将在手机平台上得以实现，极大地方便了读者，拓展了图书馆的服务范围，提高了图书馆的服务效率。

一、手机图书馆的服务优势

（一）便捷性

手机图书馆能以最方便快捷的方式获得信息与服务。有线网络服务的方式，无法随时随地获得图书信息资源，手机图书馆打破了时间、空间和电脑终端设备的限制，用户可以利用短信、登录网站和安装 app 软件等方式，随时随地接收或浏览文字、图片、声音等各类信息。手机图书馆的移动性，让手机真正成为读者的"随身图书馆"，手机的便携性、随身性让其无所不能、无处不在。在手机图书馆的环境下，借助于人工智能和移动通信环境，读者可以通过手机向馆员提问并获取帮助，读者不必限制在电脑桌前，可以自由自在、随时随地进行不同目的、不同方式的信息获取和帮助，从而提高读者对图书馆资源的利用率。

（二）实时性

手机图书馆服务不受时间、地点、空间的限制，能随时随地提供信息与服务，最大化地利用图书馆的资源，成为读者的"随时图书馆"。图书馆的实体资源服务时间有限，用户在服务时间以外无法获取所需的信息资源，即使全天开放服务的数字化资源也会受外在环境的影响，如 IP 地址、硬件水平的限制等，而只能到图书馆或局域网范围内才能获取相应的服务。手机图书馆具有"无处不在、无时不在"的特点，不仅可以让读者在任何时候和地点都可以享受到图书馆资源的服务，还可以让用户充分利用"垃圾时间""碎片时间"来阅读各种信息。极大地提高了图书馆的信息服务能力，使图书馆的服务范围、服务时间不断扩大和延长，满足读者随时随地获取信息的需求，最大限度地实现图书馆的价值。

（三）互动性

手机媒体可以随时随地发出和接收信息，图书馆可以通过手机进行信息传递，包括图书续借、借阅证挂失、问答咨询、书目查询、借阅信息等，这类服务的特点是图书馆与读者之间有互动过程，读者收到短信后随时可以用回复的方式咨询详细业务。读者向图书馆发送请求，图书馆将相应的信息反馈给读者，让读者及时了解相关信息内容，可以做到随时随地交流，方便了图书馆员和读者间的互动。此外，手机用户可以加入图书馆移动信息服务系统。在线阅读时不仅可以做书签、笔记，可以划词翻译，可以写书评等，而且可以参与读者社区聊天、在线评论、写博客、网上发帖等。可以说手机扩大了图书馆的影响力，加强了图书馆宣传的渗透力。

二、手机图书馆的服务模式

（一）基于短信的模式

短信简称 SMS，基于短信的服务模式是图书馆利用手机短信的服务平台，为读者提供的主动推送式服务，如读者借阅情况查询、图书预约、图书到期提醒、读者证挂失等。这种服务方式对软硬件的要求较低，只要具有短信收发功能的手机都可使用此业务。

优点：及时、快捷，便于跟踪，能够覆盖较大的用户群体。

缺点：格式简单，文本消息字符长度受限，长消息需要分拆成几个短信发送，对于数据库复杂的信息检索无法实现。

手机短信作为最基本的手机图书馆服务实现模式，由于其技术含量相对较低，容易实现，我国的手机图书馆几乎都实现了手机短信服务。

（二）基于 WAP 网站的模式

WAP 即无线应用协议，是一项开放的、通用的、全球性的网络通信协议。手机 WAP 上网已经成为移动用户常用的功能之一，因其不受时间、空间的限制，非常方便。图书馆手机阅读平台资源丰富、操作简便、互动性强，持证读者可利用手机或平板电脑等移动终端登录并免费访问该平台上的所有资源。读者通过具有上网功能的手机，可以脱离计算机随时随地访问手机图书馆网站，从而方便地进行文献检索、个人信息查询、借阅信息查询、图书到期或逾期信息查询、图书预约或续借手续办理等，同时还可以访问图书馆电子资源、点播视频节目、在线阅读、在线咨询、订制个性化互动服务，甚至数据库资源下载等功能，实现与图书馆自动化和数字化系统的交互操作。

优点：与手机短信功能相比，手机图书馆使用方便，与使用互联网一样快捷；具有将通知、查询、阅读三种服务方式于同一平台上完成的优势，提升了手机服务的功能，满足了读者手机阅读的需要。

缺点：受限于 WAP 模式，其网络访问带宽与数据传输速率较小，导致服务效果有时不稳定。

（三）基于客户端软件的模式

基于客户端的实现模式是图书馆为读者提供的个性化软件服务。读者在使用时，须下载软件到手机上，再进行功能操作。手机客户端是一种 G/S 模式，比 WAP 的 B/S 模式更方便快捷，采用的是 J2 ME 技术。

优点：J2 ME 客户端开发更具灵活性，功能更丰富，操作更方便快捷，可以实现最佳的读者体验、最精美的用户界面、最从容的交互方式，可以有效地减少网络流量，同时还可以为上网的手机提供丰富的图像、视频等多媒体内容。

缺点：操作系统各异，配置参差不齐，各种多媒体文件格式不兼容，图书馆以现有的技术能力开发手机客户端软件难度相当大，多平台移植与维护成本更新代价高。

三、手机图书馆的服务功能

（一）借阅、查询服务

图书查询检索功能和原来数字化检索功能基本一致，读者通过手机上网登录图书馆自助服务网站，点击相应菜单，通过任意词匹配检索，用高级检索和简单检索两种进行书

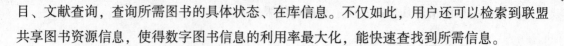

目、文献查询，查询所需图书的具体状态、在库信息。不仅如此，用户还可以检索到联盟共享图书资源信息，使得数字图书信息的利用率最大化，能快速查找到所需信息。

（二）通知、提醒服务

通知、提醒服务是手机在图书馆服务应用中内容最基础的部分，当读者所借图书或者读者证快到期时，图书馆通过手机为读者提供图书到期催还提醒服务。读者登录个人信息界面就可以进入借阅信息、续借、借阅证件挂失、预约信息、超期欠款、我的书库以及系统推荐资源等功能。当读者所借图书或者读者证快到期时，图书馆通过短信方式向已在图书馆网络平台绑定的手机号码发出到期提醒短信，提醒读者还书或者延期读者证。提醒服务使读者不用时刻惦记着书籍的借阅状态，不用怕超期被罚款。

（三）新书推荐、信息发布服务

图书馆可以定期更新 WAP 网站上的新书目录、活动精选、书摘书评、新闻公告及讲座信息等，也可以通过 app 软件把这些信息推送到用户桌面，还可以用短信、微信的方式发送给读者，为读者提供更多、更快的信息服务，使读者能及时了解馆藏新书和各种活动动态，这样就大大拉近了图书馆与读者的距离，加强了两者之间的互动性。

（四）咨询服务

通过手机 WAP 网站和订制的 app 软件，图书馆可以在读者和图书馆员之间建立一个虚拟的"面对面"的交流平台，可使双方进行随时互动交流，同时建立知识累积库，通过智能语义分析，为读者提供自助服务，简化图书馆员的咨询工作。

（五）个性化订制服务

手机图书馆将无线通信网络与数字图书馆系统结合起来，在方便用户，提高服务效率的同时，也为读者提供个性化服务。个性化服务是图书馆根据读者的兴趣、爱好、需求等开展的一种服务，也是图书馆信息服务向纵深发展的一种体现。目前手机图书馆个性化服务主要有短信订制和信息资源查询订制。读者通过登录图书馆移动服务网站，根据自己的兴趣和需求订制信息与服务。具体来说，就是读者将自己所要咨询的问题以短信的方式发送至手机图书馆咨询中心，图书馆工作人员通过手机短信或 WAP 平台针对读者的问题进行解答，以最快的速度将这些信息传递给读者，以满足图书馆用户个性化需求。

四、手机图书馆的发展策略

随着移动通信技术的进步和三网融合的不断深化，特别是 4G 网络的铺开，促进了手机图书馆的建设与服务快速发展。4G 通信技术不仅有利于开发图书馆丰富的馆藏信息资源，而且有利于提升图书馆服务的质量和效能，可以为用户提供更高质量的多媒体服务，量身定做的个性化服务，从而满足读者的阅读需求。

（一）完善手机图书馆服务内容

当前，手机在图书馆的应用只是将成熟的移动通信技术应用到图书馆服务中来，把图书馆自动化系统的 WEB 模块功能从 PC 机转移到手机上，这就造成手机图书馆能够提供的服务内容不可能太深入，服务内容较为单一，目前大部分图书馆的手机服务只是单向的短信提醒、信息公告，或者只停留在读者预约、续借、书目查询等文献借阅的最基础的浅层次服务上，为读者提供的数据库交互检索、咨询交流等内容相对较少。此外，许多图书馆并未将电子图书、期刊、专业数据库全文服务延伸到移动终端设备，有些图书馆虽然实现了文献信息资源的在线阅读和下载，但其提供的文献信息资源在数量和范围上与读者的需求还有很大差距。如国家图书馆的"掌上国图"手机阅读服务，仅提供 30 余种报纸和千余种图书的在线阅读和下载，数字化全文服务尚未真正普及。

读者对于图书馆的要求是希望通过手机界面便捷地获取阅读的多样化服务，因此，图书馆应该考虑更多的内容提供方式，与资源供应商深度合作，推出适合手机图书馆的信息内容和服务项目，才能实现图书馆应用手机服务的真正价值。

（二）加强整合图书馆信息资源

目前，图书馆的文献数字信息资源丰富，但这些资源的检索查询方式、数据格式和界面不同，加之手机的操作系统各异，兼容性较差，读者每看一个数据库都要重新登录，通过一个界面无法浏览所有的数据库，这就要求图书馆要充分考虑到用户利用信息服务的便利性，对信息资源进行深度加工，加强整合图书馆的数字信息资源，建立标准化的数据库，实现信息资源、信息技术、信息内容的集成，提供统一的检索平台和信息服务体系，形成统一的 WAP 界面，使读者能够利用同一检索入口对信息资源进行同步检索，方便快捷地查询所需要的资料。

（三）建立资源与服务的共建共享平台

要解决技术、资源、经费、推广等方面的问题，建立一个优质的手机阅读平台，盘活图书馆馆藏文献，避免资源的重复建设，不仅需要依托互联网技术，同时也需要各图书馆之间的合作，建立资源与服务的共建共享，从而弥补单个图书馆资源与服务的不足，提高图书馆服务水平和公共服务价值。

目前以国家图书馆牵头，充分利用全国文化信息资源共享工程平台，启动了"数字图书馆推广工程"。数字图书馆推广工程将建设分布式公共文化资源库群，搭建以各级数字图书馆为节点的数字图书馆虚拟网，建设优秀中华文化集中展示平台、开放式信息服务平台和国际文化交流平台，打造基于新媒体的公共文化服务新业态，最终实现数字图书馆的服务惠及全民，切实保障公共文化服务的公益性、基本性、均等性、便利性，最大限度地发挥数字图书馆在文化建设中引导社会、教育人民和推动发展的功能。

国家数字图书馆基于新媒体服务资源建设的重点是：重点开展基于手机、数字电视、网络电视等新媒体服务的资源建设，拓展国家图书馆服务阵地，开展跨行业合作。推广工程将在国家数字图书馆资源成果基础上，加强全国各级图书馆的资源共享推广与合作共建，在全国范围内形成有效的数字资源保障体系，从而使图书馆的手机服务实现最大化的资源共享。

第四节　数字电视在图书馆服务中的应用

在新媒体环境下，图书馆服务的创新手段——数字电视图书馆，作为文化部、财政部实施的"数字图书馆推广工程"，已成为国家数字图书馆资源建设重点中"基于新媒体服务的资源建设"的重要组成部分。随着推广工程的深入开展，各地图书馆在硬件配置、技术平台和资源建设方面取得了长足发展，同时也带动了国家数字图书馆服务形式的全面创新，越来越多的省、市和县级图书馆会加入数字电视图书馆的建设中来。数字电视图书馆是图书馆为读者（用户）提供到馆服务、互联网服务、手机服务以外的又一种新型服务载体，是现代图书馆延伸服务的新模式；是图书馆为读者提供多元化服务的新载体，是保障公共文化服务公益性、基本性、均等性、便利性的有效举措，是现代图书馆实现自身进一步发展的新手段。

数字电视又称数位电视或数码电视，是指从演播室到发射、传输、接收的所有环节都是使用数字电视信号，或对该系统所有的信号传播都是通过由0、1数字串所构成的二进制数字流来传播的电视类型。数字电视是一个从节目采集、节目制作、节目传输到用户端都以数字方式处理信号的端到端的系统。

数字电视图书馆是利用数字电视的交互功能，开发相应的接口，将数字图书馆与数字电视连接起来，结合数字电视传播技术和数字信息技术，以专业服务频道的形式把图书馆的资源和服务主动提供给用户，让观众能以新的方式观看和利用电视节目内容，可享受到丰富的数字化图书馆服务。目前，图书馆主要通过交互式数字电视、IPTV 和互联网电视三种业务形式进行数字电视业务的拓展，它借助数字电视网络把图书馆搬到千家万户，通过数字电视这一载体，使读者（用户）随时随地阅读、观看图书馆提供的相关信息、资源，成为用户按需索取的图书馆，成为通过电视荧屏就能免费享受图书馆提供的文献信息等服务的名副其实的家庭图书馆。数字电视图书馆将丰富的馆藏资源同先进的传输手段结合，充分利用电视网络资源，为用户提供 OPAC（联机公共目录查询系统）查询、图书预约续借、看展览、听讲座、接受远程教育、进行参考咨询与互动等服务，实现图书馆的功能拓展和服务延伸，进而为用户带来不一样的阅读体验，最大限度地满足人民群众的精神文化需求。

一、数字电视图书馆的服务特点

（一）广泛性

数字电视图书馆把图书馆的馆藏资源通过视频、音频、文字、图片等多种内容形式呈现给用户，可看、可听、可读，将不熟悉或不习惯使用计算机、手机的用户通过电视这个大众平台纳入图书馆的用户范围内，扩大了数字文化服务的人群覆盖面。以国家图书馆为例，其开通的数字电视图书馆，将经典文化和优秀资源借助广电双向平台实现了入户服务，仅北京地区的受众就达上百万户。所有数字电视用户，可以随时享用图书馆的服务，不仅可以看公益文化视频节目，还可以读书看报、浏览图文信息等资源，并通过交互技术体验图书馆的特色功能，从而提供全方位的阅读服务，使图书馆融入广大用户的生活中，满足不同用户的需求。

（二）跨时空性

数字电视具备时移（回放）功能，在收看电视节目过程中可随时暂停、快进、后退，从而使数字电视图书馆能够突破传统媒体受困于时间、空间的限制，不受传统图书馆馆内服务的约束，为丰富群众业余生活提供了新途径，使得读者足不出户就能享受图书馆的各种优质资源，享受数字电视图书馆带来的高效便捷服务，为社会发展和人民生活质量的提高提供知识和智力的保障。

（三）交互性

数字电视提供的最重要的服务就是视频点播（VOD）。VOD 是一种全新的电视收视方式，它不像传统电视那样，用户只能被动地收看电视台播放的节目，它为用户提供了更大的自由度，更多的选择权，具有更强的交互能力，传用户之所需，播用户之所点，有效地提高了节目的参与性、互动性。随着"三网融合"的不断推进，电视图书馆将成为巨大的交互式多媒体平台，用户不仅可以自由操控电视的各项智能功能，还可以收藏自己喜欢的栏目，可以对视频节目、书刊内容进行评论、分享，用户互动交流等成为信息传播和普及的重要渠道。以"国图空间"为例，它是国家图书馆与北京歌华有线电视合作开通的世界上第一个由图书馆制作的专业电视频道。该频道采用双向信息传输技术，增加了交互能力，将传统的单向传播方式转变为双向交互式传播，使数字电视图书馆成为方便快捷的交流信息的互动平台。

（四）可控性

与良莠不齐的网络资源不同，数字电视图书馆的内容具有可控性。数字电视内容是经过编辑、整理并由国家新闻出版广电总局授权的数字电视运营商严格审核后才允许发布的。电视阅读内容条理清晰、健康、安全，便于查找，不会淹没在海量信息之中。此外由于有线电视网络是一网专用，不易受到黑客攻击，版权保护容易实现，不易盗版侵权，为数字出版提供了安全保证。

（五）专题性

数字电视图书馆以图书馆为依托，可以充分发挥图书馆的资源优势，注重开发多样化资源，策划多种类型的选题，运用图书馆学、情报学、信息管理学专业手段整合图书馆馆域网内外资源，对各个专题进行策划、加工、制作、揭示，通过专业化的信息处理，改变一般数字图书馆只是将物理馆的内容移植到网络上的局限，打造多元文化形态的综合性信息服务平台。通过数字电视，图书馆可以将特定的信息向特定的用户群进行定时或滚动发布，从而提高了图书馆服务的针对性和有效性。

二、数字电视图书馆的服务功能

图书馆通过数字电视平台走入家庭，不断研发具有图书馆特色的电视服务功能，不仅可以提供查阅图书馆馆藏书目、办理图书续借手续、浏览图书和期刊等功能，而且可以通过开展专业频道播出、视频点播、参考咨询等服务项目，为用户提供更开放、更灵活的图书馆服务内容，提升图书馆的文化传播能力，丰富人民群众的文化生活。数字电视图书馆的发展，使图书馆的信息服务得到了进一步的深化，从而提升了数字图书馆的服务水平。利用数字电视这个新平台，图书馆可以实现下述四个方面的服务：

（一）导航服务

导航服务是数字电视图书馆的窗口服务，它利用数字电视图文并茂地介绍图书馆的一些基本情况，如图书馆的历史沿革、馆藏情况、新书通报、服务对象、借阅制度、图书馆各种活动的新闻公告等，并根据馆藏特色，利用数字电视指导读者如何利用图书馆的资源，怎样进行文献、信息的检索查询等。

（二）视频播放服务

在数字电视图书馆系统中，视频播放可以让用户通过电视终端及时收看图书馆举行的各种专业讲座、学术报告以及各种用户培训、辅导讲座等视频影像，适时为用户提供符合当前形势的视频节目播放服务。此外，图书馆馆藏光盘资源，可以统一以光盘塔的形式对外服务，为用户提供光盘点播服务，满足用户自学的需求。这样既可以避免光盘被损坏，又可以提高光盘的使用率。

（三）预览预约服务

随着数字电视图书馆的进一步发展和完善，用户不仅可以预览图书馆馆藏电子图书，还可以利用电视终端查询图书馆的馆藏书目和自己的借阅信息，进行自助式的图书预约和续借。

（四）专题服务

根据用户的信息需求，图书馆可确定视频资源收集范围和专题内容，在对信息资源进行分类、整理、序化的基础上，制作成有针对性和实用性较强的专题视频信息，并通过数字电视快捷地提供给用户。以国家图书馆的自有品牌栏目《文津讲坛》为例，该栏目选择的多为用户感兴趣的主题，知识涵盖历史、宗教、航天等多个学科，至今已经举办各类讲座400余场。

三、数字电视图书馆的发展方向

（一）制定规范，全面推广

目前，人们已经认识到利用现有的电视网络将图书馆服务推送到家庭，是一种最经济、最高效的服务模式。为引导全民阅读的多元化发展，我国多家图书馆都已开展了基于交互电视的数字信息服务，数字电视图书馆已经成为图书馆开展无边界图书馆服务的重要延伸方向。

数字电视图书馆的快速发展，开创了以数字电视为媒介，以家庭数字图书馆为主体的服务模式，有效地促进了数字图书馆服务新业态的形成。"数字图书馆推广工程"在下一阶段将着力加强数字电视图书馆服务相关标准规范的研制，进一步完善项目体系建设。借助各地图书馆特色馆藏优势，优化资源加工流程，加大资源加工力度，逐步形成以特色服务为主体，以资源共建、共享为基础，覆盖全国的"家庭数字图书馆"文化服务体系，为提升我国公共数字文化水平发挥积极作用。

（二）发挥优势，拓展功能

数字电视具有普及率高、操作简单，传输信号稳定、画面呈现清晰，节目容量大、服务范围广，可交互操作、符合个性化要求等特点，在家庭文化娱乐和文化传播方面拥有巨大的影响力和不可替代性，数字电视图书馆继承了数字电视的这些优点，同时又具有图书馆的资源优势，二者完美的结合必将实现阅读领域的一次飞跃。把图书馆服务"搬进读者家"，实现了读者"坐享其成"的梦想，为读者省去从家到图书馆的奔波劳顿，这将在很大程度上改变人们传统的阅读习惯。电视图书馆走入家庭，结合虚拟图书馆服务，使读者建立家庭电视图书馆成为可能。家庭电视图书馆将把数字资源和虚拟现实技术相结合，改变了人们被动接受或机械点播的现状，能够为读者提供主动选择方式，为读者提供"全息服务"，提供更为广泛的个性化服务。

（三）三网互联，高度融合

目前电信网、广播电视网、互联网在向宽带通信网、数字电视网和新生代互联网演进过程中，其技术功能逐渐趋于一致，业务范围趋于相同，实现三网融合，网络互联互通，资源共建共享已成共识。图书馆应该构建以三网融合为基础的数字图书馆建设框架，将网站平台、智能移动终端平台与数字电视平台整合——不仅是资源的整合，更重要的是服务的整合，来共同构筑图书馆的立体网络服务体系，为用户提供不受地域限制、不受时间限制、不受访问工具限制的服务，提高图书馆的个性化服务水平。

第八章 新形势下图书馆服务创新

第一节 大数据时代图书馆服务变革与创新

大数据开启了一次重大的时代转型，正在改变着我们的生活及理解世界的方式，成为新发明和新服务的源泉。在信息指数级发展的大时代，变革数据思维显得尤为重要。"互联网+"的广泛应用，使得大数据如虎添翼，渗透到社会的各行各业，成为时代的主旋律。在此背景下，图书馆作为传统行业，机遇与挑战并存，只有顺势而为，让图书馆资源建设和用户服务插上"互联网+"的翅膀，漫步云端，才能在变革中求生存、图发展。

一、大数据与"互联网+"概述

（一）大数据及其特点

随着互联网、移动互联网、物联网的高速发展和移动通信技术的快速进步，人类的知识信息快速增长，大数据概念也直运而生。大数据时代靠"概率说话，而不是板着'确凿无疑'的面孔"，我们必须做出改变，以大数据的战略眼光，重新审视这个世界及我们从事的行业，对行业数据进行深入挖掘与分析，做出更加有效的判断和决策。

（二）大数据与图书馆

图书馆作为人类文化信息的保存地，在保持传统服务模式的同时，很多图书馆亦十分重视信息技术的应用。长期以来，图书馆已进行着大数据的积累，如各种电子资源的积累及智能手机、移动图书馆、微信等的普及，给图书馆提供了海量数据，并呈快速上升趋势，云计算、RFID等新技术的应用和发展，为大数据提供了广泛的来源。大数据的兴起，无疑给图书馆传统服务带来了挑战与机遇如何把握机遇，关键在理念更新，思维变革，服务创新，特别是"互联网+"的广泛渗入。在变革与创新中求发展，成为当前图书馆面临的重要任务。近来，各高校及公共图书馆纷纷发布相关大数据，分析读者借阅行为，以数据发声，全面合理配置资源，改进阅读体验，提升服务质量。

（三）"互联网+图书馆"

互联网的出现是人类通信技术的一次革命，作为一种传媒，它改变了人类信息文化的传播与交流方式。长期以来虽无"互联网+"之名，却有其实，如电子商务、互联网金融、在线影视等行业都是"互联网+"的杰作。随着互联网技术在各行各业的逐渐渗透和广泛嵌入，国务院印发《关于积极推进"互联网+"行动的指导意见》，指"'互联网+'是把互联网的创新成果与经济社会各领域深度融合，推动技术进步、效率提升和组织变革，提升实体经济创新力和生产力，形成更广泛的以互联网为基础设施和创新要素的经济社会发展新形态。""互联网+"上升到国家战略层面，其对传统行业的影响日益深远。"互联网+"即"互联网+传统行业"，而"互联网+图书馆"正是图书馆这一传统文献信息服务行业与互联网技术的深度融合，为图书馆服务带来了新的发展生态。

二、大数据时代"互联网+图书馆"新服务

大数据与"互联网+"，既是传统图书馆的机遇，也是挑战，对传统图书馆而言，在互联网时代，无论怎么喜欢以前的服务方式，都必须做出改变。因此，图书馆人要变革思维，借助互联网技术，全面改进图书馆从资源到读者服务的模式，树立用户为中心的服务理念，创新服务方式，提升专业化精准服务水平。

（一）树立"以人为本"的全新服务理念

在"互联网+图书馆"的新理念下，读者获取文献信息的途径多样化，不再局限于图书馆或数据库中，传统的服务方式必须变革，融入用户思维，实现从被动服务到主动服务观念与思维的转变，主动适应并锐意探索"以人为本"的服务方法。一是利用互联网技术，借鉴 Amazon 利用数据提升销售量的做法，利用读者借阅和浏览历史数据进行有针对性的图书推送服务，激发阅读兴趣；二是采用 O2O 模式，实行线上借阅配送，有公共图书馆已开始尝试，高校可先在教师中试点，由学生助理馆员负责配送；三是升级学科馆员服务，主动融入学院教学科研，利用图书馆与互联网大数据，进行信息数据分析，为教学科研提供专业化服务；四是高校整合现有资源，建立畅通的知识服务渠道，为不同类型读者提供个性化的服务，做到全面专业，让每位读者满意是图书馆人的终极职业目标。

（二）建立以用户为导向的资源建设模式

大数据时代，图书馆要借助互联网技术，变革传统资源建设模式，在合理布局馆藏的基础上，树立用户观念，最大限度满足用户需求。各高校图书馆基本都已开通了线上线下读者荐购模式，电子书商如超星图书系统亦有荐购功能。对纸质图书的采购，在一般的读者荐购的基础上，亦可参照绍兴图书馆的做法，与书商、大型书店合作利用"图书馆+书店"模式，读者直接从书店选书，进入采购流程。对电子书而言，可采用"用户驱动采购"模式，图书馆提前预设条件，根据读者行为触发订购。同时，作为专业馆员，还要积极挖掘用户借阅信息，分析借阅行为，合理馆藏。如甘肃农业大学图书馆近年来通过综合平衡新旧学科分析馆藏资源总量和上几年入藏与借阅数据，参考读者荐购意见，确定下一年各类图书采进量，以平衡读者需求与馆藏的关系，取得了较好的效果。

（三）打造高素质创新管理服务团队

人才是决定图书馆服务的关键性因素，在"互联网+图书馆"的模式下，要进行服务体系的改革和创新，就必须培养创新型图书馆服务与管理人才。一要变革观念，让每一名馆员认识到在大数据时代下进行图书馆服务创新的重要意义。二要加大对现有馆员专业系统培训力度，使广大馆员掌握互联网新技能，能够适应"互联网+"新环境的服务方式，并且在不断的实践中更新知识体系，全面提升职业精神和专业水平。图书馆及学校教师培训部门应创造外出系统培训学习的机会，营造和谐的发展环境，拓宽与同行交流的平台。三要引进相关人才，构建管理服务梯队，图书馆管理者要考虑专业或行业背景，保持适当的延续性。四要重视学术立馆工作，以科研促进专业理论水平和实践技能的提升，带动学术团队建设，打造一支数据素养与互联网专业技能过硬的队伍。

（四）加大基础投入，实现跨界多元服务

大数据时代"互联网+图书馆"的发展，首先是技术设备的投入，要加大存储设备、服务器更新升级及相关技术设备的配套等，如采用 RFID 图书馆智能系统，实现图书的自动盘点、自助借还、区域定位、自动分拣等功能，有效改进图书管理方式，解放人力，提高工作效率，从而使馆员有精力与时间投入到其他专业技术服务中去。其次是空间环境的投入。"互联网+"的理念带来了"图书馆+"的概念产生，即图书馆跨界服务。未来的图书馆将变成集信息服务、学习、休闲与交流于一体的综合性服务机构，如教师项目研讨室、学生读书交流室以及"图书馆+咖啡""图书馆+书店""图书馆+制作室"等服务将在图书馆占有一席之地，只要用户有需求，图书馆就应尽力满足，充分体现"以人为本"

的服务理念。

（五）完善数字馆建设，实现资源共享

数字图书馆是没有围墙的图书馆，是对传统图书馆的颠覆，随时随地，只要有网络的地方，就有图书馆，极大地便利了用户的阅读，使读者的碎片化时间利用率得以提高。目前，各馆通过自建、购买与共享等方式，积累大量数字资源，而各种新媒体服务的推广应用，更使得数字阅读如虎添翼。正如阮可①指出的，传统图书馆如果运用互联网思维，将馆藏资源进行数字化转化，把图书馆拓展成为海量的数字文化综合体，就有可能实现从静态到动态、从单向到互动、从平面到立体的转身。利用"互联网+"的机遇，整合一切资源满足读者需求，共享绿色发展之路。但目前各高校在资源共享方面不能令人满意，资源藏用理念传统，变革数据共享观念迫在眉睫。高校不仅要共享电子文献资源和信息技术，还要共享成功经验，可以借鉴先行者 FULink（福州地区大学城文献信息资源共享平台）等的共享模式，构建大学图书馆资源共享平台，让资源随时随地，让阅读无处不在。

（六）开展"数字记忆"存档挖掘服务

大数据时代，图书馆竞争在于数据总量及对数据挖掘和分析应用能力的竞争，因此，作为高校文献信息中心的图书馆，要重视挖掘整理潜在有价值的信息，并做好整理归档工作。大英图书馆公布了一项存档计划，以大英图书馆为首的六所图书馆，将记录所有英国网站、网络新闻、博客与电子书，以保存该国的"数字记忆"，包括 Twitter 和 Facebook，赶在网页丢失前存起来供后代了解真实的 21 世纪。对于高校而言，每天都在产生大量的教学、科研、管理、宣传等数据信息，如不注意保存，将随时有可能淹没于快速发展的知识洪流中。图书馆应肩负起存档重任，重视大数据的积累、保存与整合利用。这是大数据时代赋予我们的机会与使命，图书馆人应该有所作为，行动起来，追寻职业价值。

第二节　新技术在图书馆服务中的应用

信息技术的快速发展极大地改变了用户获取信息的方式，也影响着包括图书馆在内的信息服务行业的发展趋势和服务模式。国际图联趋势报告对图书馆行业发展的总体预测，其中第一条就是关于技术。关于技术的趋势预测主要包括：网络是图书情报服务的主战

---

① 阮可. 公共图书馆"信用+阅读"：开启中国阅读新时代［J］. 图书馆学刊. 2018，40（1）：8-12.

场；数据是图书馆资源的基本类型；智慧图书馆成为新的建设目标。由此可见，新技术的出现和发展不可避免地给图书馆信息服务带来深刻影响。当前网络挖掘技术、Beacon 技术、AR 技术和 3D 打印技术的快速发展，也给图书馆服务带来了根本变化。

一、网络挖掘技术的应用

在新的转型变革期，图书馆信息化、知识化服务的本质并没有发生根本性的变化，变化的只是服务的模式和路径，图书馆需要以网络化、数字化的方式渗透到满足用户信息化、知识化需求的方方面面，从而推动整个社会的文明化进程。网络是图书馆情报服务的主战场，完善基础设施建设、构建信息互联互通的传导机制、扩大信息交流面、提升服务效率是数字信息化时代图书馆创新服务的基础。数据是图书馆资源的基本类型，包括两层含义：一是电子数据成为图书馆知识化服务的主要载体内容，电子书、电子期刊、数据库在馆藏中的比例将呈现不断攀升的趋势；二是与用户相关联的数据同样是图书馆资源的重要组成部分，图书馆应该能够应用大数据、云数据、数据挖掘技术充分挖掘其价值，探索新的服务创新契机。在公共图书馆服务中的具体应用表现为三个方面：①构筑高速的信息服务网络，以图书馆门户网站和信息系统作为用户服务的主要平台；②以文献目录数据库为基础，建设知识服务数据库，统筹自有和共享数字资源，提升知识服务能力；③以原来的读者数据库为基础，挖掘用户阅读偏好和使用习惯，形成读者大数据，一方面便于图书馆开展资源建设，另一方面利于图书馆进行用户精准服务，提高信息服务水平。

二、Beacon 技术的应用

智慧图书馆预示着图书馆信息知识服务的智能化发展，智能化、智能型将是图书馆转型发展的核心任务，而 LBS 地理位置服务则是智能图书馆建设的基础。LBS 通常包括两个步骤：一是图书馆利用智能定位技术精准地确定移动终端设备或用户所处的地理位置，提取用户相应的需求信息；二是图书馆依据所提取的用户需求信息为其提供个性化的服务。由此可见，LBS 的顺利实施通常需要以下条件：①移动终端设备的普及和移动网络的全覆盖；②基于用户地理大数据的挖掘和服务创新。Beacon 技术则是 LBS 地理位置服务实现的有效技术，其通过配置的低功耗蓝牙（BLE）通信功能的设置使用 BLE 技术向周围发送自己特有的 ID，接收到该 ID 的应用软件会根据该 ID 采取一些行动，可用于室内定位、馆内导航、个性化位置推送等。Beacon 技术应用于图书馆服务带来的显著变化就是可以实现读者基于地理位置的个性化信息服务。例如，根据读者所在的空间进行智能化检索和推荐、进行订制化信息推送、联系附近的馆员寻求帮助等。

三、AR 技术的应用

随着计算机图形图像技术和空间定位技术的发展，以及部分移动终端上全球定位系统、重力加速计和电子罗盘等功能模块的实现，增强现实（AR）技术日渐成熟，应用场景和领域也越来越广泛。随着将 AR 加持到用户移动终端已成为现实，图书馆能利用 AR 技术开展用户阅读和使用体验，让用户对图书馆空间和资源都有更直观的了解，这是互联网背景下图书馆强调用户体验、注重用户服务的典型案例。具体而言，AR 技术可前期应用在图书馆阅读体验、图书推荐和体验游戏 3 项工作中。①AR 图书最大的特点就是场景的真实性，流动的河流、立体的房屋、逼真的人物，将抽象的实物生动展示，把枯燥的知识变得生动而有趣。AR 图书可以放在图书馆展示厅，一方面充分展示图书馆引用前言科技的态度；另一方面也有效地激发读者的好奇心，提升用户的阅读体验。②AR 技术可以支持用户实时地查阅阅读评论，用户扫描该书时，他就能查看前面读者的阅读心得和评论，随着越来越多评论的产生，用户就能更全面地了解此书，这种用户之间隐性知识的交流有助于读者产生更多创造性的理解和知识。③游戏服务已经得到了越来越多图书馆人的关注，而 AR 技术则能让图书馆的游戏服务更加生动和逼真，通过游戏让读者了解图书馆、关注相关资源并接受信息素养培训。

四、3D 打印技术的应用

近年来，3D 打印技术作为新工业革命的代表技术得到了飞速发展，被广泛应用于多个领域。3D 打印技术有效地支持了创意的可视化，通过原型制作助力技术创新，而在教育领域，由于 3D 技术支持用户自主创意和创新，在创新意识和技能培训中备受欢迎，创客教育已将 3D 打印技术列为基础支持技术。随着全社会对创新的推崇，包括图书馆在内的知识服务机构也越来越多地开展或从事创客教育，越来越多的国内外图书馆均建设了创客空间，推动创客教育，引导和鼓励用户开展创新。具体而言，一方面，图书馆可建立专门的创新创意工坊，让读者通过 3D 打印机等设备将自己的创新创意想法变成可视化实物，逐步帮助学习者培养以解决问题为导向的创新思维模式；另一方面，图书馆可借助 3D 打印技术，方便馆员和图书馆志愿者开展图书馆服务设计、空间再造等工作，充分挖掘隐藏在个体中的隐性知识、促进隐性知识的社会化与显性化，从而让图书馆更有力地承担起知识服务的责任与使命。

科学技术是第一生产力。信息技术的迅猛发展推动着经济革新、文化革新、教育革新的进程。科学与信息技术的飞速发展极大地改变着公共图书馆服务的外部环境，重塑着公共图书馆新的服务发展趋势。阮冈纳赞①的《图书馆学五定律》告诉我们，图书馆是一个生长着的有机体，这就意味着，公共图书馆只有能动地随着外界环境的不断变化，灵活调整、转变其固有的结构形态、服务模式，积极应对先进科学技术为其带来的挑战，才能真正成为不断成长的有机体。公共图书馆在关注这些技术发展的最新趋势时，必须明确技术是一种手段、一种工具，技术只有在与具体解决方案、服务内容相结合时，才能真正地发挥其效用。因此，图书馆在服务创新的过程中，需要能够将这些技术灵活运用于具体服务实践中，提升服务效率，拓展服务领域，丰富服务内容，优化服务体验，强化服务效能，确保图书馆对所有用户深层次需求的满足。

第三节　图书馆服务创新动力机制

动力是推动事物运动变化的因素，多种动力因素关系的组合就形成了某一事物运动发展的动力机制。所谓图书馆服务创新动力机制是指在图书馆服务过程中，以提高图书馆核心服务能力为中心，以满足用户信息需求与现实问题的解决为目标，通过重组图书馆服务创新动力因素而形成的一种推动图书馆服务质量与服务效率，持续不断提高的内外因素的有机组合形式。

只有解决了动力机制问题，图书馆才可能积极培育自身的服务创新能力，才可能认真解决好运行中的一系列问题。因此，研究和建立我国图书馆服务创新的动力机制至关重要。

一、服务创新动力机制的理论研究

（一）服务创新的基本动力理论

在技术创新领域，对于技术创新的动力已经有很深入的研究，比较重要的驱动力包括技术推动力、需求拉动力、政府行为推动力、企业家创新偏好等。然而，技术创新学说一般只强调某一种驱动力的作用，而对于其他的驱动力却有所偏废。在服务创新的现有研究中，人们发现服务创新的不同动力之间存在交互作用。服务企业的创新实际上是四处发生的，有关新产品和服务改进的创意与新知识更多地可以来自研发部门以外的其他员工、顾客甚至是竞争对手。

---

① 阮冈纳赞著；夏云等译. 图书馆学五定律 ［M］. 北京：书目文献出版社. 1988.

（二）图书馆服务创新的动力理论

图书馆服务创新动力主要表现在两个方面，即内源动力与外源动力。内源动力是一种自发的内在力量，存在于图书馆系统内部，产生于图书馆参与市场竞争和进行自我发展的内在需要，以及图书馆对服务创新工作社会、经济利益最大化的追求。具体来说，图书馆服务创新的内源动力是指图书馆服务在新技术的作用下，产生更高质量的服务创新理论、服务创新内容、服务创新模式等，使图书馆的发展优势更加明显。

外源动力是指图书馆建设和发展所赖以生存的外部环境对图书馆的作用力，主要来源于图书馆与社会需求的交互过程中，及政府有意识地对文化产业的规划和行为。社会需求和政府行为是影响图书馆外部竞争优势的重要因素，还有社会经济的发展、文化进步等因素，它们衍生出的社会关系，形成了图书馆服务创新的外源动力。

（三）图书馆服务创新的动力机制类型

1. 服务利益驱动机制

人的行为动力来源于个体满足"自我"和社会的利益，没有某种利益就不会产生某种行为。图书馆服务创新利益是通过服务创新行为所能够获得的各方面的满足。包括图书馆通过服务创新对社会带来的公共利益和社会对图书馆的利益回报。服务利益的大小具有诱导和进一步激励图书馆从事服务创新工作的双重功能。只有当服务创新能给图书馆和社会带来实实在在的好处时，图书馆才有足够的动力去进行服务创新。这是图书馆服务创新的根本动力。

2. 社会需要拉动机制

推动创新首要的是对市场的关注，以及通过教育和帮助加强用户参与。客户密集度和参与度是影响服务企业创新模式的两种主要的市场驱动力之一。社会成员和政府组织的信息需求能够形成图书馆服务变革和创新的强大动力。这种需求拉动机制的形成需要一定的社会经济条件，并因这种条件的不同而表现出明显差异的作用效果。

3. 技术进步推动机制

推动创新的关键因素之一是和外部技术组织的良好交流，而信息技术是服务创新的关键驱动力。建立在网络基础上的图书馆信息服务，由于其软硬件系统、服务模式与服务手段、服务资源等更是与计算机网络技术密切相关，服务创新所涉及的因素更多、更复杂，因此技术进步的作用机理和作用程度也更加独特。

4. 政府支持促进机制

政府的一个重要角色就是服务创新的触发器。这个角色非常重要，它可能直接促进某种创新，也可能导致新规则的产生。这两种因素都可能是服务创新的动因。由于图书馆服务效益显现的长期性，决定了短时期内无法直接观察到图书馆服务在经济社会发展中发挥的作用，因而在文化建设中往往被忽视。政府的介入可以运用公共财政来保障公共文化服务，也就是保障了人民群众对公共文化产品的需求，从而促进图书馆服务创新快速发展。这就是政府支持的促进机制。

上述四种动力机制不是相互孤立、独自发挥作用的，相反，它们之间是相互依存、紧密联系的。只有当几种机制相互配合、共同发挥作用时，对图书馆服务创新的巨大推动作用才能清楚显现出来。此外，动力机制不是自生、自发的，需要一个不断培育和优化的过程。在这一过程中，政府责无旁贷。图书馆则应该从塑造共同愿景、追求长远目标、担负社会责任等方面去培育相应的动力机制。

二、图书馆服务创新的对策分析

随着科学技术的发展和信息载体两个要素对促进图书馆发展作用的日益突出，图书馆工作的重心已经由原来的追求藏书数量转移到图书馆服务创新质量上。服务质量提高的关键是图书馆的服务创新能力。作为信息服务业发展核心源泉的服务创新已经成为图书馆界关注的焦点。然而任何一项事物在其发生、发展、壮大的过程中都会遇到各种阻力。针对这些问题，根据图书馆服务创新动力机制的要求，可以从以下几个方面寻求突破：

（一）通过市场细化，奠定图书馆服务创新的市场基础

现代服务业发展，首先取决于市场需求的驱动。图书馆要注意分析现有的信息服务环境，寻找与本馆的任务、目标、资源条件等相一致的细分市场，及时进行市场营销研究和信息收集、市场测量和市场预测工作，要在制订图书馆服务创新规划、树立图书馆服务创新理念、选择服务创新模式等各个方面下功夫。充分利用图书馆信息资源的特有优势，并通过馆内机构改革和业务重组，积极开发个性化服务、集成化服务和特色化服务等新型服务项目。加快培育和拓展信息市场，以最大限度地实现图书馆的根本目的，提高自己的服务竞争力。

（二）通过现代技术运用，形成图书馆服务创新的技术基础

图书馆的发展是与信息技术密切相关的，信息技术不仅决定着社会信息量的大小和信息载体的物理形态，而且决定图书馆进行信息加工和开展服务所能采取的方式。对图书馆来说，当前的主要任务是及时引入新技术。最为关键的技术是数字图书馆技术，它是信息技术在图书馆应用的集中体现。依托图书馆现有的信息平台资源、网络资源以及信息服务

技术的应用基础，充分利用资源数字化技术、超大规模数据库技术、多媒体信息技术、数据压缩技术、存储技术、迁移技术、安全技术、数据仓库技术、挖掘技术、自然语言检索技术、网络传输技术等现代数字技术，为图书馆提供一体化的信息服务创新解决方案，逐步将图书馆公共信息平台打造成与国际接轨的信息服务引擎和枢纽。

（三）通过合作共享，优化图书馆服务创新的资源基础

第一，我国图书馆界要做好集约经营、系统调控，充分利用各馆在服务、技术、产品、市场上的优势，建立以效率为核心的共享合作机制，从而发挥聚集优势、竞争优势和规模优势，全面提升图书馆服务水平。第二，加强与世界各国图书馆在信息服务方面的合作，把各级各类图书馆打造成国际信息服务平台上的一个节点。第三，开展与相关信息服务商的跨界合作。这种合作就是考虑与 Google、Yahoo 等搜索引擎的跨界合作，让用户能够直接获取网站中知识性、学术性内容而不局限搜索引擎的表层链接。这种跨区域跨界的合作共享将成为图书馆服务创新的新内容和新推动力。借助网络信息技术，图书馆和信息机构及组织之间的业务关系日趋融合，为在合作中促进服务的创新和质量的提高奠定坚实的信息资源基础。

（四）通过网络化架构，培育图书馆服务创新的组织基础

第一，加大图书馆培育和引进外部人才的力度，并制定相应的措施，如建立人才分享技术开发成果的奖励制度，提供必要的国内外培训机会等留住人才。第二，培养和造就有服务创新能力的图书馆管理者。图书馆服务创新的创造性、不确定性决定了其管理本质上是一种非程序化的决策。这就要求作为图书馆信息服务主体管理者的图书馆馆长必须有眼光、有胆略、有管理能力，善于运用和组织社会资源，实现服务创新要素的有效配置。第三，充分发挥各级图书馆协会的协调、组织、服务、监督等方面的作用，注重协调发展，完善现代图书馆的社会化网络关系，通过组织行业性活动提高图书馆服务创新整体水平和竞争能力。

（五）强化图书馆服务创新发展过程中政府的作用

政府在图书馆事业发展中的重要作用就是制定保障图书馆事业发展的完善的图书馆法律，制定并实施科学、合理的产业政策，更好地引导图书馆的外源动力机制与内源动力机制相配合。在制定推动图书馆事业发展相关政策的过程中，要认真进行行业诊断和政策评价，辨识图书馆服务中的优势和不足，研究图书馆发展的动力机制及作用规律。要建立科学的政策评价体系，根据评价结果，针对图书馆发展中的不足进行调整、补充和完善。从

政府的政绩观和满足人民群众基本文化需要的紧迫性出发，政府主导下的图书馆服务创新一般都会以一种非常快的速度推进，在较短的时间内达到一定的规模、质量。

图书馆服务创新不是盲目地改革和变动，而是有深刻的实践动因，必须以相关理论为指导，有的放矢地讲创新，才能使图书馆服务创新更科学、合理，更能体现其实用价值。

第四节　图书馆空间再造创新服务

随着时代的变革与发展，图书馆服务模式从单一走向多元已成为历史发展的一种必然趋势。如何在新时代中更好地发挥图书馆的服务功能，凸显图书馆的社会地位，服务更多的人群，提高图书馆的核心竞争力，图书馆空间再造是一个可探究的方面。目前，已有不少图书馆在进行这方面的尝试，从最初的信息共享空间（IC）扩展为学习共享空间（LC）、研究共享空间（RC），现在又扩展为创客空间，图书馆的空间再造运动从很多方面重新定义了图书馆。

一、图书馆空间创意化

传统意义上讲，图书馆是读者获得文献与信息的地方，但图书馆不仅仅是人们获取信息的场所，也是一个公共空间场所，可以满足人们获取知识、信息的同时，将其转化为社会可创造价值，因为人们可以在此交流、创建新的关系，甚至激发新的灵感，从而创造更多的社会资本。简言之，图书馆空间创意化，不仅能让人们从中获得信息资源，更能感受文化的场所氛围，体验一种新兴的生活方式，从而让人们爱上图书馆，使图书馆成为人民生活中一个必需的场所。

二、图书馆空间再造机制与策略

空间作为一种社会关系，不仅被其支持，也生产和被其生产，且当空间被定义为一种使用价值时，社会的转变就已预设了空间的拥有与集体管理。参照此理论的阐释，通过对公共图书馆物理空间的去中心化，以反对数字图书馆时代虚拟服务空间的单一化等现象与问题的揭示，得有关公共图书馆空间再造的思考与探讨成为一种可能性，乃至必要。

（一）虚拟空间与实体空间相结合

依据现在科技发展的趋势，图书馆界也提出了"图书馆泛在化"的理念，其最明显的特征是不受空间的约束，服务无所不在。因此，图书馆为用户提供的服务项目和服务手段乃至服务场所在不断拓展。如无线上网的自由空间、智能互联的泛在阅览、24 小时的自助借阅、智能载体的现场体验、数字媒体的融合平台大屏触控的信息幕墙等等。图书馆可以通过虚拟的网络化的方式随时随地为用户提供服务。在"互联网+"、云媒体下，图书馆之间的合作也不再有地域之分，源建设和服务都是可以共享的，用户可能在不知不觉中就享受到了图书馆的数字文献保障服务。

现在的读者到图书馆已经不仅仅为了借书、看书而来，他们可能只是想利用一下图书馆的无线网抑或做一些智能体验等，这些都体现了图书馆的价值，成为吸引用户来利用图书馆的一个理由。

（二）分众细化，开设个性化的交流空间

作为一种现代网络环境下的新型图书馆服务机构，图书馆可以设置家庭作业区、学前儿童托儿所、不同类别的教育和职业培训课程，打造各类用户需求的个性化场所。例如，伦敦的"概念店"，它不仅强化了社会教育这一主要目标、主要职能，还根据不同人的不同需求细化服务模式，利用图书馆这一拥有大量的信息资源、教育设施和舒适环境的理想场所为民众提供不同的服务。由此可以延伸出更多的个性化交流空间，如老年人阅览区、少儿体验区、数字化服务区等。另外，近几年渐渐普及并有所延伸的共享空间，为读者提供场地、网络及工具，让兴趣相投的读者聚到一起，激发其创意设计的灵感，读者也可以将各种创意工具带到图书馆进行交流、切磋。美国费城的天普大学图书馆新馆设计改变了以往图书馆仅是书本和文献存放地的传统观念，而是设计了更多的用户交流思想的社交空间，即用户可以一起交流合作、知识分享的多样化空间。

无论是新馆空间设计或是旧馆空间改造，要建造成新型图书馆，都应该是利用现代化的科学技术条件，分众细化服务模式，以人为本，为读者提供更加人性化的服务。

（三）体验互动，引入 VR 技术拓展现实空间

体验互动理念与第三空间理念是相互联系的，是在"互联网+"的新环境下产生的一种新的认知，需要一定的技术作为支持。新技术不仅让图书馆在服务内容和服务方式上有革命性变化，也加深了用户的参与程度，而互动空间更是强调一种图书馆与用户的交流，图书馆不仅给用户提供信息，并可以从用户那里实时得到信息反馈。

体验互动空间不仅可以让用户有舒适感、归属感，还可以自由、平等地提供各类新科技体验。图书馆不仅能提供现实空间中的讲座、展览、研讨、竞赛、共同阅读、自助服务、志愿服务等的体验互动，还可以提供网络空间的数字冲浪、微信接力、粉丝点评、远程咨询、个性推送、视频欣赏、图像传递、网络直播、多屏融合等的体验互动。

近年来，虚拟现实技术与各种现有的多媒体技术进行有机结合，发展迅速。基于网络环境的虚拟现实图书馆是虚拟图书馆的延伸，作为新技术在图书馆应用后形成的新形态，延伸了图书馆网络服务，拓展了图书馆的现实空间，是图书馆虚拟信息资源馆藏建设的组成部分。VR 技术等通过有机组合形成了虚拟现实图书馆特有的三维可视化实时控制的最终结果，可用于图书馆管理、图书馆第二课堂教育、图书馆学科馆员制度等方面。

三、图书馆新空间未来可发展的趋势与思考

未来图书馆服务将从单一借阅空间向交流分享空间转变，从产品思维向用户思维转变，从被动服务模式向主动服务模式转变。未来，用户来到图书馆，不仅因为它是一个场所，更重要的是因为图书馆为他们提供了一个既可以阅读又可以与人分享、交流的场景，以及场景中自己浸润的情感，用户的需求大多也都将来自场景。因此，如何为用户提供需求的场景将成为图书馆未来空间规划的侧重点。

（一）图书馆空间再造变化趋势

1. 更加注重人的需求

未来图书馆将更加注重人的需求，从过去为藏书、设备及其相应设施而设计向为人、社区及其交流创新而设计的方向发展。图书馆的空间再造要以人为本，将服务定为立馆之本。图书馆融入社区也是一个趋势，图书馆与社区资源相融合，促进社区的知识分享、情感交流，激发社区的活力，说到底最根本还是在图书馆所在的辖区内为更多人提供服务。

2. 更加关注技术与服务的有机融合

纸质图书馆的原始形态是古代的"藏书楼"，"藏书楼"仅仅是建筑学概念上的"馆舍"，主要功能体现在以藏为主，和公众见面的概率很低，强调的是图书馆的典藏与记忆功能。现代图书馆的功能从储藏、流通到发布等均有质的飞跃，最为突出的是典藏与信息的传播功能得到了重大的提升，强调的是公众阅读获取信息资源的次数和信息在使用过程中的价值增值。"互联网+"新技术的出现更加强调的是被广大读者最有效地利用信息，如 VR 技术充分调动了人机互动、可视化操作中人的主导作用和兴趣，发掘人主动思维的潜能。Web3.0 技术的应用可模拟出虚拟场景，只要有互联网，人们可不受时空限制，体验到像在真正场景中游览一样，查看周围的环境信息。再者，通过 VR 技术等现实科技让中华古籍能够化藏为用，产生更大范围的影响。

因此，在"互联网+"背景下，依托新媒体等新技术，提供各种学习空间，让民众享受更多的文化便利，方便民众自主学习是未来图书馆空间再造的一个重要立足点。就技术发展而言，从基础的数字图书馆，到 app 自媒体平台，再到 MOOC 线上教育等学习平台，

技术手段的革新也催化了图书馆空间的变革，图书馆最终成为一个独特的文化频道与学习交流平台。

3. 更加注重图书馆的可获取性和可接近性

图书馆的建设应该放到大的社会背景下，作为城市基础设施的一部分。这样图书馆的活动空间会大很多，相应的职责也随之变化，不会像以前藏书楼时代，只有保存、收藏功能。因此，图书馆必须转型，要为每一个市民和每一个组织提供城市发展所需要的知识与信息，并且激发市民的创造力，为城市经济发展增添动力。

（二）几点思考

对图书馆的转型和再造，国内不少图书馆已经在进行尝试与探索，但还没有在图书馆界形成普遍共识。如何为用户提供思想交流、激发创意、支持创新的空间，是当前及未来支持社会创新系统优化和公共服务建设任务中的题中之义。

1. 搭建多元化学习平台

从阅读学习场所提升为社会学习平台是图书馆的服务转型中很重要的一步。未来图书馆的发展应体现出更大的社会包容性，在包容性服务上创新发展，例如开设各类职业培训公益讲座等各类开创性服务。有研究调查表明，接受过图书馆信息素养教育的学生在学习能力上超过未接受该课程的学生；经常利用图书馆服务的学生优于不利用图书馆服务的学生；信息素养教育有利于提升学生查询能力和解决问题的能力。由此可见，为众多用户提供多元化的学习平台是图书馆空间再造可挖掘的重要改造方向，亦是图书馆在提供创新服务方面值得思考和探索的。

2. 服务和管理模式的转变

图书馆建筑要适应当代社会变革的需要，重心由收藏书籍变为交流与分享。图书馆建筑设计的一个国际化趋势是从为藏书、设备和相关物理设施而设计转移为向更加注重为人、社群效应、经验和创新而设计。在这种趋势下，图书馆不仅仅是为读者提供阅读和自修的场所，更多的是提供人际交流和知识创造的空间。图书馆建筑要顺应这一变化趋势，图书馆的服务和管理模式也要跟着发生转变。评价一个图书馆的绩效应该不再是以借阅量指标为主，推广活动、数字阅读、数字咨询等也与之并列。

空间再造对图书馆来讲是一场革命，就是要对原来的信息组织、管理方式、服务方式和流程进行反思和再造，这是图书馆界面临的一个重要问题。空间再造是一个艰难的过程，也没有一个成熟的套路可走，但首先应该考虑的是如何打破原有的思维模式，转变服务理念和管理模式。

3. 资源整合，提高服务效能

"互联网+"和大数据的时代，每天都会产生大量的数据信息，如图书馆系统内本身的数据资源及读者产生的信息资源等，可以说资源无处不在。如何将这些资源进行整合，从而提高图书馆的服务效能是值得思考的。资源整合即充分利用图书馆自身的资源同时注重开发新的资源并将两者有机结合。图书馆的空间再造就是将馆内资源与馆外资源整合、交换，实现共建共享的过程。馆内资源整合包括图书馆项目、活动的策划，信息资源的共享以及内部管理的整合等。开发新资源主要是积极主动引进外部的资源并整合，以解决图书馆空间再造与服务拓展中的经费、人员、活动创意与策划等问题，如深圳图书馆在空间再造时，主动引进政府机构、文化团体、专业协会、公益组织和文化志愿者等方面的力量，在丰富新空间服务内容与手段的同时，也为各相关各方提供了宣传场所和服务市民的机会，达到了互利双赢的效果。

参考文献

[1] 刘斌，林蓉. 大数据时代图书馆信息服务创新与管理研究 ［M］. 哈尔滨：哈尔滨出版社，2021.

[2] 郭晓红. 馆管理与服务创新研究 ［M］. 长春：吉林科学技术出版社，2021.

[3] 宫磊. 高校图书馆管理与服务创新研究 ［M］. 长春：吉林大学出版社，2020.

[4] 凌霄娥. 图书馆管理艺术与信息化应用研究 ［M］. 西安：西北工业大学出版社，2020.

[5] 江莹. 基于信息资源建设与读者服务的高校图书馆发展研究 ［M］. 长春：吉林大学出版社，2020.

[6] 穆桂苹，王鸿博，崔佳音. 图书馆管理与阅读服务研究 ［M］. 沈阳：辽海出版社，2020.

[7] 朱白. 图书馆资源管理与服务 ［M］. 咸阳：西北农林科技大学出版社，2020.

[8] 蓝开强. 现代图书馆管理创新实践 ［M］. 吉林出版集团股份有限公司，2020.

[9] 刘春节. 现代图书馆管理创新研究 ［M］. 中国财富出版社，2020.

[10] 吴环伟. 图书馆文献资源建设与共享服务创新 ［M］. 吉林出版集团股份有限公司，2020.

[11] 赵树颖. 图书馆功能的演进与创新 ［M］. 北京：团结出版社，2020.

[12] 刘路. 智慧图书馆大数据与服务创新研究 ［M］. 哈尔滨：哈尔滨出版社，2020.

[13] 孙桂梅，刘惠兰，王显运. 图书馆管理与服务创新研究 ［M］. 北京：现代出版社，2019.

[14] 任杏莉. 图书馆管理与服务创新研究 ［M］. 长春：吉林科学技术出版社，2019.

[15] 曲凯歌. 图书馆服务创新与管理研究 ［M］. 郑州大学出版社，2019.

[16] 袁萍. 图书馆管理策略与阅读服务创新研究 ［M］. 辽海出版社，2019.

[17] 师美然，张颖，张雯. 图书馆创新与现代管理研究 ［M］. 长春：吉林人民出版社，2019.

[18] 马利华. 图书馆信息管理与服务研究 ［M］. 延吉：延边大学出版社，2019.

［19］董伟. 新媒体时代图书馆管理与服务研究［M］. 长春：吉林人民出版社，2019.

［20］周甜甜. 高校图书馆管理与读者服务研究［M］. 延吉：延边大学出版社，2019.

［21］孙爱秀. 图书馆管理与信息应用［M］. 沈阳：沈阳出版社，2019.

［22］李君. 大数据环境下公共图书馆服务深化思考与探索［M］. 上海：上海辞书出版社，2019.

［23］张理华. 大数据时代高校图书馆信息服务创新研究［M］. 北京：北京理工大学出版社，2019.

［24］谭晓君. 图书馆管理与服务创新研究［M］. 天津：天津科学技术出版社，2018.

［25］杨丰全. 新形势下图书馆创新性管理与服务［M］. 长春：东北师范大学出版社，2018.

［26］林强，崔世锋，轩红. 信息化背景下图书馆管理与服务的创新研究［M］. 上海：上海交通大学出版社，2018.

［27］刘银红. 图书馆创新服务与现代管理［M］. 吉林出版集团股份有限公司，2018.

［28］汪涛，蒋美英，王艳红. 图书馆的服务创新与管理研究［M］. 呼和浩特：远方出版社，2018.

［29］孙彦峰. 图书馆资源管理与档案服务创新［M］. 延吉：延边大学出版社，2018.

［30］陈越华，何生荣，陈小琴. 图书馆资源管理与档案服务创新［M］. 北京：中国纺织出版社，2018.

［31］陈智华. 图书馆创新管理与用户服务研究［M］. 天津：天津人民出版社，2018.

［32］朱昭萍，张丽霞，高岩. 图书馆管理与阅读服务创新研究［M］. 吉林出版集团股份有限公司，2018.

［33］胡潇潇. 现代公共图书馆服务与管理创新研究［M］. 长春：吉林人民出版社，2018.

［34］韩洁. 现代图书馆全面质量管理与创新服务研究［M］. 北京：中国社会科学出版社，2018.

［35］陈三保. 新形势下图书馆服务与创新［M］. 昆明：云南科技出版社，2018.

［36］任丽红. 公共服务视域下高校图书馆的创新服务［M］. 长春：吉林大学出版社，2018.

［37］马雨佳，于霏，高玉清. 现代图书馆信息管理及服务研究［M］. 北京：九州出版社，2018.